À la découverte de notre monde 8

explorations humaines

À la découverte de notre monde 8

explorations humaines

Christine Hannell
Stewart Dunlop

Consultant à l'édition française
Pierre-Yves Béliveau (Ontario)

Traduit de l'anglais par
Marjolaine Solari

Les Éditions de la Chenelière
MONTRÉAL

À la découverte de notre monde 8 : explorations humaines

Traduction : de *Discovering the Human World* de Christine Hannell et Stewart Dunlop, © 2000 Oxford University Press Canada 2000 (ISBN 0-19-541344-X)

© 2001 Les Éditions de la Chenelière inc.

Coordination : Johanne Tremblay
Révision linguistique : Nicole Blanchette
Correction d'épreuves : Renée Bédard
Infographie : Fenêtre sur cour
Conception graphique : Tearney McMurtry
Illustrations : Visutronx Services (Cartes) et Ibex Graphic Communications Inc.
Consultants à l'édition anglaise : Rob Mewhinney et Theresa Varney

À Chelsea, Quinlan, China et aux enfants du village de Kusi, Ghana.

Les auteurs remercient les personnes qui ont apporté une contribution ou des suggestions à la rédaction de cet ouvrage.

Christine Hannell remercie Anna Hillen, Tez Darnell, Tiina Randoja, Amy Britten, du Guelph Business Development, Denis Roy, du Kirkland and District Community Business Centre, Jodi Hodginson, du Greater Toronto Airports Authority, Denise Burlingame et Gloria Irani, de la mine de diamants Ekati, Dofasco, McNeill Consumer Products Co., la bibliothèque de l'Université de Guelph et la bibliothèque du Comté de Wellington.

Stewart Dulop remercie Erik Kramers, du Canada Center for Remote Sensing.

Les Éditions de la Chenelière
7001, boul. Saint-Laurent
Montréal (Québec)
Canada H2S 3E3
Téléphone : (514) 273-1066
Télécopieur : (514) 276-0324
chene@dlcmcgrawhill.ca

Tous droits réservés.

Toute reproduction, en tout ou en partie, sous quelque forme et par quelque procédé que ce soit, est interdite sans l'autorisation écrite préalable de l'Éditeur.

ISBN : 2-89310-746-X

Dépôt légal : 1er trimestre 2001
Bibliothèque nationale du Québec
Bibliothèque nationale du Canada

Imprimé et relié au Canada

1 2 3 4 5 IQS 05 04 03 02 01

Nous reconnaissons l'aide financière du Canada par l'entremise du Programme d'aide au développement de l'industrie de l'édition (PADIÉ) pour nos activités d'édition.

L'Éditeur a fait tout ce qui était en son pouvoir pour retrouver les copyrights. On peut lui signaler tout renseignement menant à la correction d'erreurs ou d'omissions.

À Chelsea, Quinlan et China

et

à tous les enfants du
village de Kusi au Ghana.

Outils géo

Les cartes topographiques	6
Les images satellites	41
Les pays développés et les pays en voie de développement	45
Les cartes d'occupation des sols	54
Les facteurs de production	127
Les diagrammes de diffusion	185

Études de cas

Les constantes de peuplement dans les Prairies	12
La densité de population en Ontario	26
La croissance de Winnipeg	43
Les risques pour la santé dans les pays en voie de développement	91
Les restaurants McDonald's	107
Comment le Canada se compare-t-il?	120
La fabrication de l'acier	132
Le virus asiatique	163
L'aéroport international Lester B. Pearson	167
La mine de diamants Ekati^{MD}	172
Une culture en voie de disparition	189
Faire face aux obstacles	205
Soudan: partir ou rester?	211
La gestion de la migration en Allemagne	215
Une famille immigrante à Toronto	229
Tous les chemins mènent à Toronto	236
Un retour dans le temps	249

Habiletés en géographie

Les courbes de niveau des cartes topographiques	258
Les images satellites	259
Les diagrammes circulaires	260
Les pyramides des âges	262
Les diagrammes de dispersion	263
Les diagrammes à bandes empilées	264

Table des matières

Module 1 — Découvrir les constantes humaines

Chapitre 1	Les constantes de peuplement	4
Chapitre 2	Les constantes de la population	20
Chapitre 3	La croissance des villes	37
Chapitre 4	Les constantes urbaines	52
Chapitre 5	L'accroissement de la population	71
Chapitre 6	Les différences entre les populations	84

Module 2 — Découvrir les systèmes économiques

Chapitre 7	L'économie et toi	104
Chapitre 8	L'évolution économique du Canada	114
Chapitre 9	Les facteurs de réussite	126
Chapitre 10	Les systèmes économiques dans le monde	140
Chapitre 11	Les échanges commerciaux	153
Chapitre 12	L'économie locale	166

Module 3 — Découvrir les déplacements de la population

Chapitre 13	La diffusion de la culture	182
Chapitre 14	La migration	193
Chapitre 15	Les constantes de migration	208
Chapitre 16	L'immigration au Canada	220
Chapitre 17	Les moyens de transport	232
Chapitre 18	Les transports et les communications : hier et aujourd'hui	246

Habiletés en géographie	258
Glossaire	267
Index	272

Module 1

Découvrir les constantes humaines

En plus d'étudier les constantes du monde physique, les géographes cherchent des constantes dans les lieux où les gens vivent et dans leurs modes de vie. Il est intéressant de comprendre pourquoi la population et ces caractéristiques varient. Ces peuplements forment plusieurs constantes que les géographes veulent décrire et expliquer. Les géographes veulent aussi connaître les raisons qui poussent les gens à vivre dans certains endroits. Par exemple, pourquoi certains quartiers des grandes villes sont-ils aussi populeux, alors que d'autres parties du monde sont inhabitées?

Ce module va t'aider à découvrir les constantes de la population du monde. Tu verras où se trouvent les peuplements et les facteurs qui ont déterminé leur localisation. Tu apprendras comment les gens de différentes villes et de différents pays occupent le sol et organisent leur vie. Tu étudieras également les constantes de l'accroissement de la population mondiale. Ce faisant, tu « visiteras » des lieux et des régions du monde, y compris ceux qui sont présentés sur la mappemonde ci-dessus.

Les constantes de peuplement

Découvre les constantes des divers peuplements où vivent les gens.

Chapitre 1

Les constantes de la population

Découvre comment la population est répartie à travers le monde.

Chapitre 2

La croissance des villes

Découvre l'importance du site et de l'emplacement pour la croissance des villes.

Chapitre 3

Les constantes urbaines

Découvre les constantes de l'occupation du sol et l'organisation sociale des villes.

Chapitre 4

L'accroissement de la population

Découvre comment la population mondiale s'accroît.

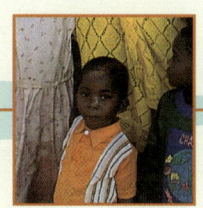

Chapitre 5

Les différences entre les populations

Découvre les différences entre le niveau de vie des pays développés et celui des pays en voie de développement.

Chapitre 6

Chapitre 1

Les constantes de peuplement

Mots clés

peuplement linéaire
peuplement dispersé
peuplement groupé

Dans ce chapitre, nous examinons les constantes de peuplement. L'information et les activités t'aideront :
- à reconnaître trois constantes de peuplement ;
- à décrire l'effet des constantes de peuplement sur les services offerts ;
- à montrer que tu comprends l'influence de l'histoire et de l'environnement sur le peuplement.

L'origine des peuplements

Un *peuplement* est tout endroit où les gens vivent ou *s'établissent*. La taille des peuplements varie ; il peut s'agir autant d'une maison isolée que de la plus grande ville sur Terre. Au Canada, des peuplements de plus de 10 000 personnes sont souvent nommés *villes* alors que de plus petites agglomérations seront qualifiées de *petites villes*. Certains pays se servent uniquement de leur population pour définir une ville. Au Canada, par exemple, un lieu où 1 000 personnes et plus vivent est appelé *village* ; un lieu où moins de 1 000 personnes vivent est une *municipalité*.

Les peuplements existent parce que les humains sont des êtres sociables. Nous aimons la compagnie de nos semblables. Déjà, à la préhistoire, les gens vivaient en groupes d'unité familiale étendue. Ils chassaient et cueillaient pour survivre. À cette époque, seul un petit nombre pouvait vivre des produits de la terre. Tout cela a changé lorsque les gens ont développé des techniques d'agriculture. L'agriculture a permis de produire plus de nourriture qu'une famille en avait besoin. Comme la recherche de nourriture n'occupait plus tout le temps des gens, ils pouvaient faire autre chose, par exemple du commerce, de l'artisanat, offrir des services à la communauté et d'autres types de travaux. Les surplus des produits de la terre étaient vendus à ces gens, qui vivaient dorénavant dans des agglomérations plus grandes que jamais.

Chapitre 1 Les constantes de peuplement

Les premiers sites de peuplement choisis devaient permettre aux gens de satisfaire à leurs besoins essentiels. Les meilleurs emplacements étaient situés au-dessus des niveaux de crue avec un accès aux *réserves d'eau*, à une terre *fertile* pour les cultures, aux *arbres* pour le chauffage et aux *pâturages* pour les animaux.

Les constantes de peuplement au Canada français

Au Canada, durant les 17e et 18e siècles, les immigrants venus de France se sont établis sur les deux rives du fleuve Saint-Laurent, où la terre était fertile. Le fleuve était une réserve d'eau essentielle et une voie de transport pour les marchandises et les personnes. Pour garantir un accès au fleuve à tous les habitants, les *seigneurs* divisaient la terre en longues bandes étroites ou lots rectangulaires, perpendiculairement au fleuve (voir la photographie aérienne de la figure 2 b) à la page 7).

Figure 1
Cet endroit a déjà fait partie de l'ancienne civilisation de Mésopotamie. Certains des premiers peuplements ruraux permanents s'y sont installés. Quelles caractéristiques font de cet endroit un bon site de peuplement?

Peuplement linéaire : une constante de peuplement où les maisons et les autres édifices suivent le tracé des routes et des cours d'eau.

Ce mode d'organisation sociale et d'aménagement de l'espace se nommait le système *seigneurial*. Chacune des suites de lots rectangulaires constituait un *rang*. À la fin du régime français, en 1763, 90 % de la population vivait à moins d'un kilomètre du fleuve. Plus tard, on a construit des routes qui traversaient les lots. Ces montées étaient perpendiculaires à la rive du fleuve. Puis on a construit des routes parallèles au fleuve (des chemins de rang), plus loin à l'intérieur des terres, et la population a commencé à s'établir le long de ces routes.

Même si le fleuve ne joue plus un rôle aussi important qu'autrefois, les constantes de peuplement demeurent semblables (figure 2). Le modèle seigneurial a conduit au développement d'un **peuplement linéaire**.

Cartes topographiques

Les cartes topographiques montrent de façon détaillée certaines caractéristiques de la surface de la Terre. Ces cartes sont utiles pour étudier les constantes humaines parce qu'elles montrent les peuplements actuels ainsi que d'autres éléments. Elles permettent d'étudier les caractéristiques physiques du terrain sur lequel les peuplements sont construits, y compris l'altitude et la pente du terrain ainsi que les étendues d'eau, comme les rivières et les lacs. Ces caractéristiques décrivent le « site » de tout peuplement.

Lorsqu'une carte topographique couvre un territoire assez grand, elle permet de connaître l'emplacement d'un peuplement — c'est-à-dire sa relation avec les autres peuplements et avec le terrain environnant.

Les cartes topographiques montrent aussi les *courbes de niveau* — des lignes qui relient les endroits d'une même altitude au-dessus du niveau de la mer. Les cartes topographiques de ce chapitre ont été réduites par rapport à leur échelle de 1 : 50 000. Sur les cartes des pages 7, 9, 10 et 14, chaque case du grillage bleu représente 1 km^2. La distance entre deux lignes bleues représente donc, en réalité, un kilomètre de terrain.

INTERNET

Pour en savoir plus sur les cartes topographiques en général et sur les cartes topographiques canadiennes à deux échelles différentes, consulte le site Internet de l'éditeur : http://www.dlcmcgrawhill.ca

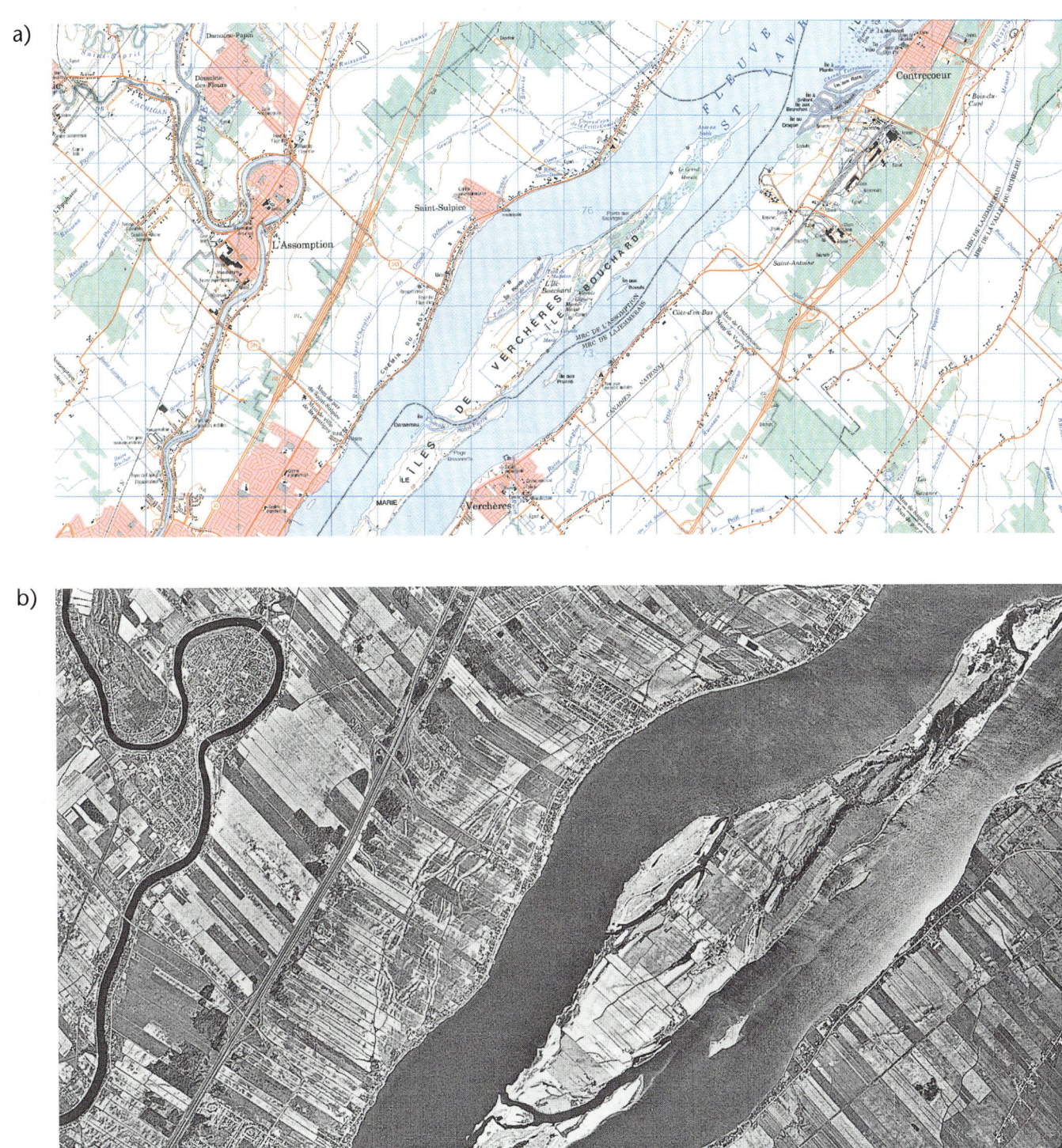

Figure 2
La carte topographique (a) et la photographie aérienne (b) montrent la constante de peuplement seigneurial à l'est de Montréal.

FAIS DES DÉCOUVERTES

1. Explique comment le système seigneurial a amené un peuplement linéaire au Canada français.
2. Quels avantages et inconvénients peut présenter un système seigneurial? Explique.
3. Trace une carte de la partie du Québec montrée à la figure 2 de la page 7. Ta carte devrait montrer:
    a) le terrain et le fleuve.
    b) le tracé des routes (rangs et montées).
    c) les peuplements linéaires.
    d) la forme des lots.

Les constantes de peuplement au Canada central

Après 1760, les immigrants britanniques ont commencé à s'établir en Ontario. Les Britanniques ont été suivis par les loyalistes américains, fidèles à la couronne britannique, au début des années 1780. Dans la province que l'on appelle aujourd'hui l'Ontario, la plus grande partie des terres agricoles étaient divisées en concessions rectangulaires parallèles aux rives des lacs. Plus tard, on a divisé ces concessions en fermes séparées par des routes. Le gouvernement a décidé de réserver, parmi ces propriétés, des terres pour le clergé et la couronne. Les peuplements ruraux séparés par des terres réservées formaient un motif de damier.

Le gouvernement a cependant décidé de construire des routes supplémentaires pour permettre le déplacement de ses troupes, qui devaient assurer la défense du Haut-Canada en cas d'attaque. Ces routes ont permis à des familles de voyager et de s'établir sur des terres agricoles en bordure des lacs Ontario et Érié.

Par conséquent, la population rurale montrée à la figure 3 est plus dispersée qu'au Canada français — les symboles des peuplements sont beaucoup plus éloignés. Mais puisque les fermes se trouvent le long des routes parallèles aux rives des lacs, le peuplement est aussi en partie linéaire. Le peuplement rural d'une grande partie du Canada anglais demeure aujourd'hui en partie linéaire et en partie dispersé.

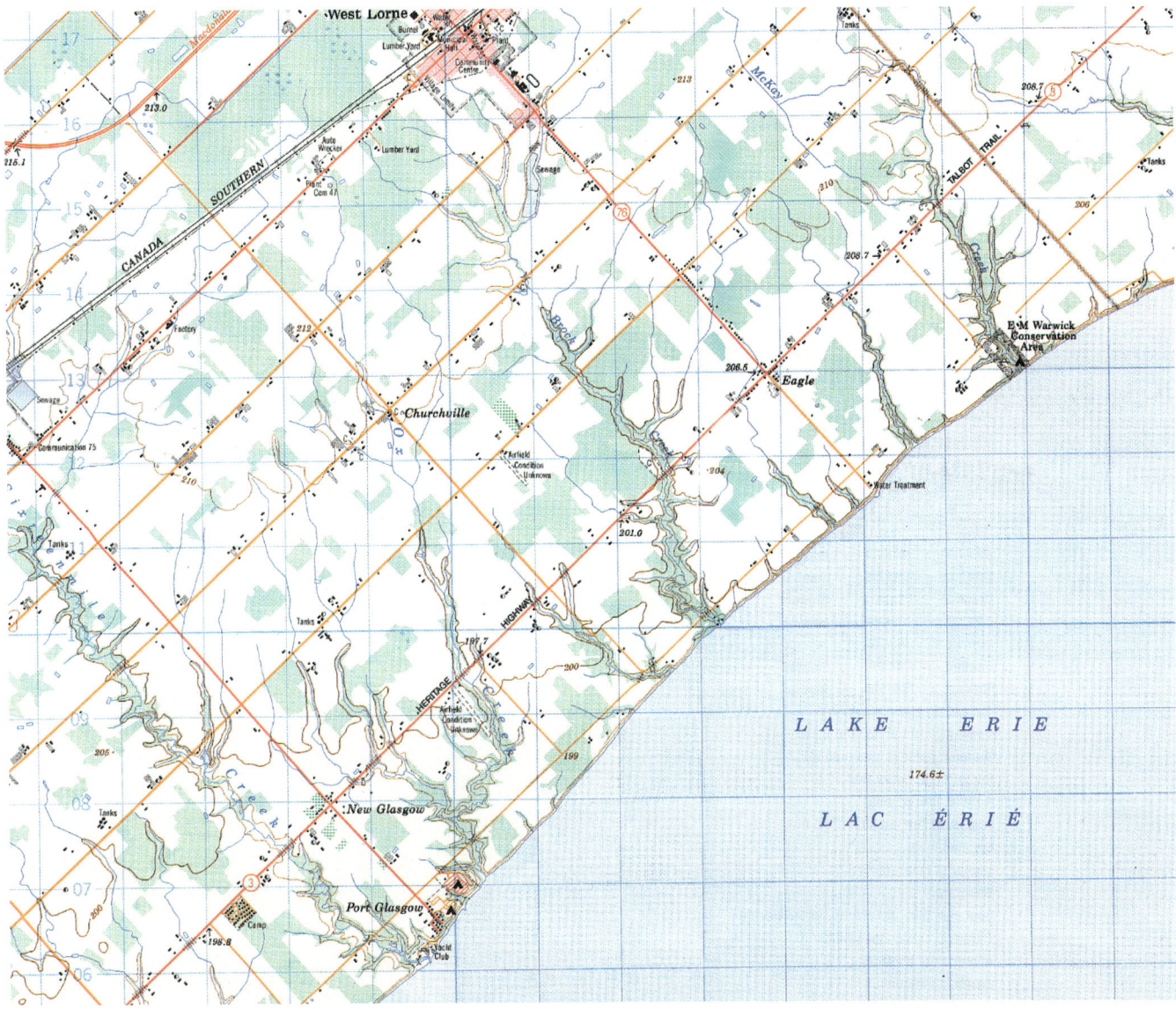

Figure 3
Constante de peuplement rural sur la rive nord du lac Érié

Les constantes de peuplement dans les provinces atlantiques

D'autres régions du Canada ont leurs propres constantes de peuplement, principalement en raison de leur géographie physique. Par exemple, Terre-Neuve est une région rocheuse avec seulement quelques parcelles de bonne terre agricole. La pêche y a été l'industrie principale depuis les débuts du peuplement jusque vers la fin du 20e siècle, alors que cette industrie s'est presque effondrée. Traditionnellement, ces insulaires vivaient dans de petits villages de pêche dispersés le long des nombreuses baies et criques du littoral accidenté. Dans les années 1960, le gouvernement de Terre-Neuve a présenté un projet d'unification de plusieurs petits villages pour en faire des centres plus grands. Ce projet avait pour but de structurer et de dispenser plus facilement les services publics. Par exemple, auparavant chaque petite communauté était responsable de son école tandis que maintenant, un bureau central gère les écoles d'une plus grande région.

Malgré ces changements, la population de Terre-Neuve demeure principalement côtière, comme le montre la figure 4.

Figure 4
Le peuplement de Terre-Neuve est dispersé le long des côtes car les gens vivaient majoritairement de la mer.

Chapitre 1 Les constantes de peuplement   11

FAIS DES DÉCOUVERTES

1. Travaille en équipe de trois ou quatre. Copie le tableau suivant. Avec tes camarades, remplis chaque section du tableau. Compare le tableau de ton équipe avec celui des autres équipes. Ajoute toute information que ton équipe a pu oublier.

Constantes de peuplement	Caractéristiques physiques	Forme des peuplements	Taille des peuplements
Sud de l'Ontario 			
Terre-Neuve 			

2. Discute des questions suivantes avec les membres de ton équipe et explique tes réponses.
    a) Les événements historiques ont-ils joué un rôle important dans la constante de peuplement de l'Ontario ?
    b) Les événements historiques ont-ils joué un rôle important dans la constante de peuplement de Terre-Neuve ?

LIEN FRANÇAIS

Les constantes de peuplement dans l'Ouest canadien

La géographie physique des régions de l'ouest du Canada est très variée. Dans les provinces des Prairies, le relief est très plat. Par contre, une petite partie seulement de la Colombie-Britannique présente un terrain plat, à faible altitude. Ces terres se trouvent surtout dans la vallée Fraser où la population a connu une croissance très rapide. Puisque le reste de la province est en grande partie montagneux, le peuplement s'est fait dans les vallées. Ces communautés sont apparues surtout en raison des industries traitant les ressources naturelles de la Colombie-Britannique — en particulier l'exploitation forestière et l'exploitation minière. Le long du littoral, il y a quelques villages qui vivent de la pêche et de l'exploitation du bois.

Étude de cas : Les constantes de peuplement dans les Prairies

Avec seulement quelques grandes rivières et sans montagne, les provinces des Prairies ont un relief beaucoup plus plat que bien d'autres régions du Canada. Ce relief permet de structurer le peuplement de façon très régulière. La Loi agraire de 1872 divisait la partie ouest du Canada en cantons de 36 sections de un mille carré chacune (1,6 km sur 1,6 km). Chaque section était divisée en quatre quarts de section de 65 hectares. Les quarts de section, nommés *fermes familiales*, étaient vendus à des gens qui désiraient pratiquer l'agriculture. Un quart de section coûtait 10 $ seulement. Des terrains étaient aussi donnés aux compagnies de chemin de fer pour encourager la construction d'une voie ferrée à travers les Prairies. Une fois divisé, le

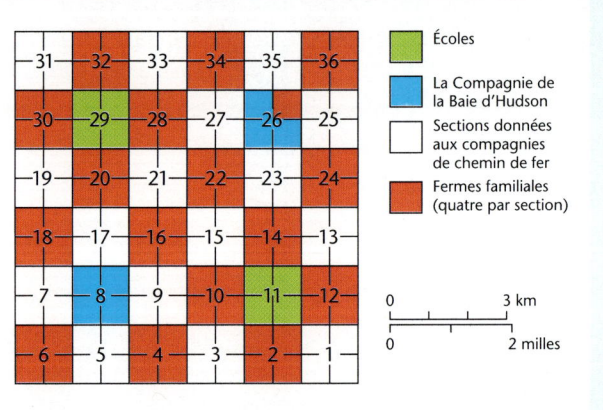

Figure 5
Voici le tracé d'un canton de l'ouest du Canada. Tu peux voir quelques sections réservées à la Compagnie de la Baie d'Hudson et aux écoles.

Peuplement dispersé : une constante de peuplement où les maisons et les autres édifices sont très éloignés les uns des autres.

Peuplement groupé : une constante de peuplement où les maisons et les autres édifices sont rapprochés les uns des autres.

territoire ressemblait à un damier où les terres agricoles alternaient avec les terrains destinés au chemin de fer.

Tu peux voir ce motif de damier si tu survoles les Prairies.

On peut dire que le peuplement agricole des Prairies est **dispersé**, car chaque ferme sur laquelle une famille a construit sa maison a une grande superficie (un quart d'un mille carré). Tu peux en voir un exemple à la figure 7 de la page 14.

La figure 7 montre aussi des **peuplements groupés**. Par exemple, les villages de Plum Coulee et de Horndean se sont développés le long de la voie ferrée pour fournir des services aux familles fermières. Gnadenthal est l'un des plusieurs villages du sud du Manitoba fondés par les mennonites venus d'Europe de l'Est à la fin du 19e siècle et au début du 20e siècle. Les familles fermières mennonites ont reçu des blocs de terrain plutôt que des quarts de section, car elles préféraient construire leurs maisons dans des villages. Les gens marchaient jusqu'à leurs champs pour y travailler. Blumengart est un village de colons hutterites — un autre groupe d'immigrants d'Europe de l'Est — qui vivent en communauté plutôt que dispersés.

Routes, chemin de fer et peuplement

Dans la plupart des régions du monde, y compris l'est du Canada, l'*agriculture de subsistance* était le premier type d'agriculture pratiqué. Les gens produisaient de la nourriture pour eux-mêmes et pour leur famille plutôt que pour la vente. Dans les Prairies, cependant, l'agriculture a été *commerciale* dès le départ. Dans les années 1890, les fermes des Prairies faisaient pousser du blé pour le vendre aux marchés d'Europe en pleine expansion. Il leur fallait

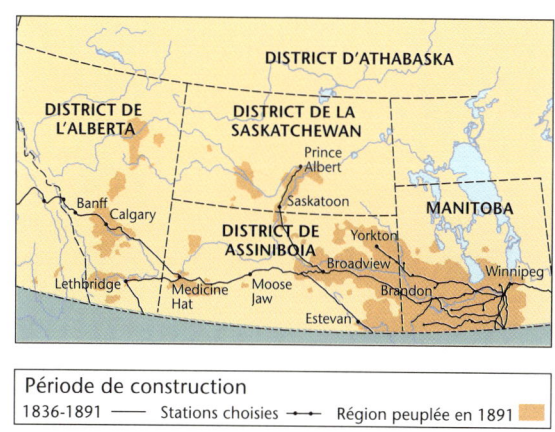

Figure 6
La construction du chemin de fer dans les Prairies, 1836-1891

donc un lien avec le reste du monde. Les chemins de fer ont fourni ce lien.

Le chemin de fer a influé sur la constante de peuplement dans les Prairies. Les embranchements de la voie ferrée ne pouvaient se trouver à plus d'une demi-journée (à cheval et en chariot) des fermes. Il était ainsi possible de livrer les céréales aux « élévateurs de grain » et de rentrer à la ferme le même jour. Par conséquent, les embranchements de la voie ferrée ne devaient pas être séparés les uns des autres de plus de 20 milles (32 km). Des peuplements groupés comme ceux de la figure 7 se sont développés à intervalles réguliers le long de la voie ferrée.

Avec le temps, les camions ont remplacé les chevaux et les chariots, et les routes ont été améliorées. Les camions facilitaient la livraison des céréales aux élévateurs de grain, ce qui a causé la fermeture de plusieurs embranchements de la voie ferrée. Plusieurs petits villages ont ainsi disparu et beaucoup de gens sont partis vivre dans les grands centres.

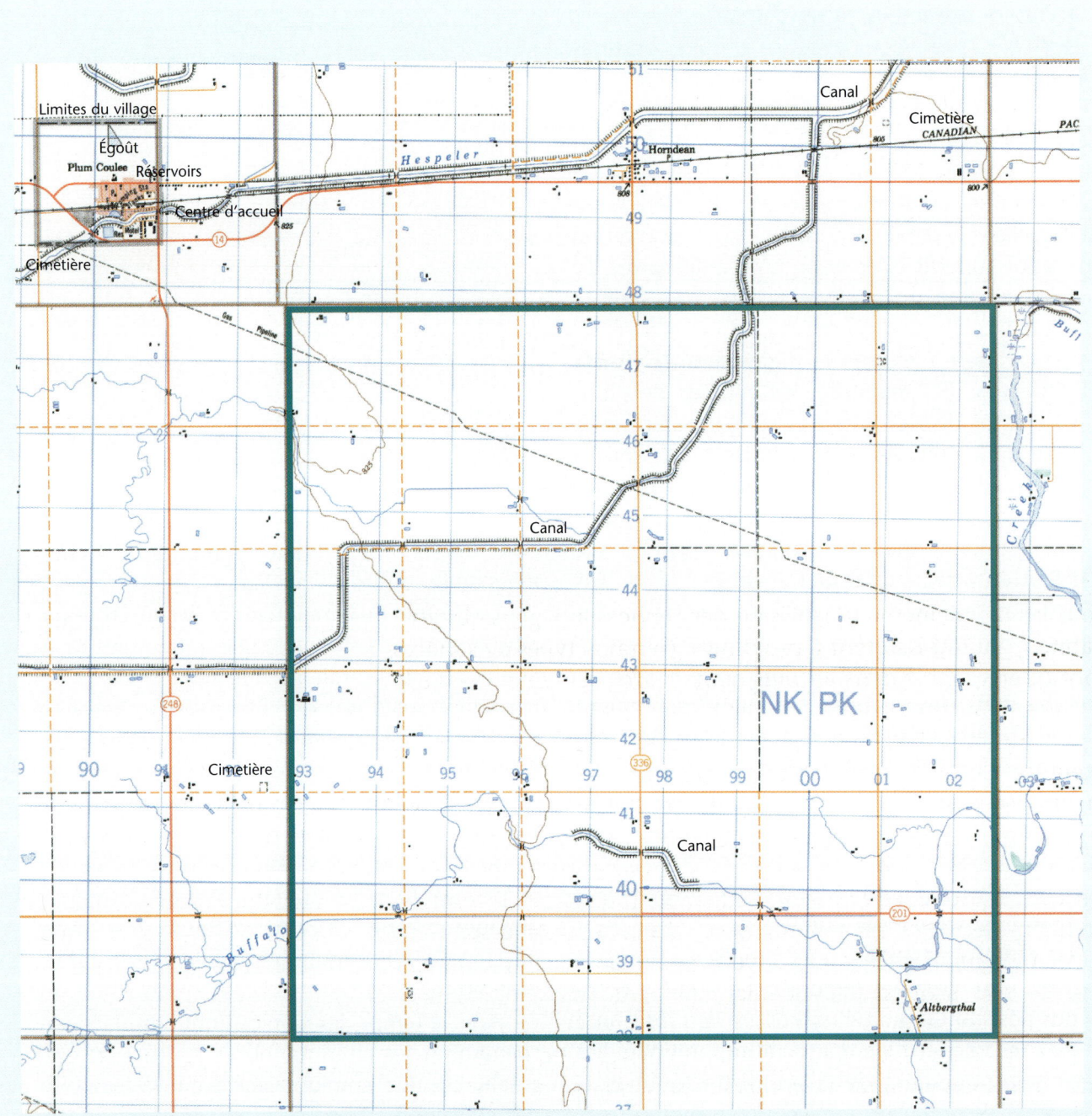

Figure 7
Cette carte topographique représente une partie du sud du Manitoba. Tu remarqueras qu'il y a deux grilles séparées sur les cartes topographiques de la partie ouest du Canada : la grille des kilomètres carrés (bleue) et la grille des milles carrés suivant les cantons et les sections.

Fais des découvertes
AVEC DES CARTES

1. Travaille en équipe de trois ou quatre. Discute avec tes camarades et réponds aux questions suivantes au sujet de la figure 7.
   a) Comment sais-tu que cette partie du Manitoba a un relief plat?
   b) Trouve la population approximative de la communauté mise en évidence. Suppose que chaque petit regroupement de carreaux noirs est une ferme habitée par quatre personnes.
   c) Pourquoi, selon toi, y a-t-il peu de peuplement dispersé près des colonies de mennonites de Gnadenthal ou d'hutterites de Blumengart?
   d) Toutes les routes (lignes rouges et orange) suivent les limites nord/sud et est/ouest des sections. Selon toi, est-ce un réseau idéal de routes en milieu rural? Justifie ta réponse.

LIEN MATHÉMATIQUES

Consulte la page 258 pour apprendre comment les courbes de niveau montrent l'altitude du terrain sur les cartes topographiques.

Peuplements et services

Tous les peuplements fournissent des services aux gens qui les habitent ou qui habitent à proximité. Certains types de services sont offerts même dans les plus petits regroupements comme les villages. D'autres types de services se trouvent seulement dans les plus grandes agglomérations. Le tableau de la figure 8 donne des exemples de certaines constantes concernant différents types de magasins.

Pourquoi, selon toi, y a-t-il des épiceries dans tous les types de communautés alors qu'il n'y a pas de magasins de meubles partout? Puisque les gens achètent souvent de la nourriture, ils préfèrent demeurer près d'une source d'approvisionnement. Par contre, les gens achètent des meubles tous les deux ou trois ans seulement et sont prêts à se déplacer un peu plus loin pour trouver ce qu'ils cherchent.

Les épiceries et les magasins que l'on fréquente régulièrement offrent des *services à forte consommation*. Un autre service à forte consommation est fourni par les stations-service. Les gens ont besoin de ces services de façon régulière et n'ont pas besoin de se déplacer loin pour les obtenir. Les magasins de meubles et les concessionnaires d'automobiles offrent des *services à faible consommation*. Entre ces deux types de services se trouvent les *services à consommation moyenne* comme les magasins de vêtements et de chaussures.

Type de magasin	Taille minimale de peuplement	Distance à parcourir	Fréquentation possible
Épicerie	Village	Très court trajet	Au moins une fois par semaine
Magasin de chaussures	Petite ville	Court trajet	Une ou deux fois par année
Magasin de meubles	Ville moyenne	Long trajet	Une fois par année ou tous les deux ans
Magasin à grande surface	Grande ville	Long trajet	Plusieurs fois par année

Figure 8
Pense à trois autres genres de magasins que tu pourrais ajouter au tableau. Quelles seraient leurs constantes ?

Tous ces services sont des services de *vente au détail* — c'est-à-dire des magasins qui vendent des biens au public. Les magasins à grande surface, par exemple, vendent une vaste gamme de produits souvent à prix réduits. Cependant, on ne trouve ces magasins que dans les grands centres urbains. Il en va de même des services de *vente en gros*. Les commerces en gros achètent des biens des entreprises et les revendent aux magasins.

Les agglomérations peuvent offrir des services autres que la vente au détail, par exemple des divertissements (les cinémas) et des services financiers (les banques).

Beaucoup de résidentes et de résidents travaillent dans les secteurs des services alors que d'autres travaillent dans le secteur industriel. Dans une ville comme Hamilton, une grande partie de la population gagne sa vie dans les industries associées à la fabrication de l'acier. D'autres villes ont un port — qui emploie beaucoup de gens — ou sont des lieux de villégiature, comme Acapulco, au Mexique.

Plus la communauté est grande, plus les services offerts sont nombreux et variés. C'est ce qu'illustre la figure 10 pour les 10 *régions métropolitaines de recensement* (RMR) en Ontario. Les RMR comprennent la ville et ses banlieues.

Figure 9
Hamilton est une ville industrielle.

Régions métropolitaines de recensement (RMR)	Population en 1996	Nombre total de magasins	Épiceries et supermarchés	Magasins de vêtements pour femmes	Magasins de chaussures
Toronto	4 263 757	5 725	611	721	379
Ottawa–Hull	1 010 498	1 591	132	234	101
Hamilton	624 360	1 067	122	126	66
London	398 616	853	121	113	57
Kitchener	382 940	640	121	67	29
St. Catharines–Niagara Falls	372 406	596	153	40	19
Windsor	278 685	423	90	40	20
Oshawa	268 773	322	67	25	14
Sudbury	160 488	241	16	33	11
Thunder Bay	125 562	194	44	18	6

Figure 10
Les RMR de l'Ontario

Fais des découvertes

1. Pourquoi la distance moyenne pour se rendre à l'épicerie est-elle plus courte que celle pour se rendre à un magasin de meubles ?
2. Les RMR de la figure 10 sont classées de la plus grande population à la plus petite.
    a) Classe les RMR du plus grand nombre total de magasins au plus petit.
    b) Quelles ressemblances ou quelles différences y a-t-il entre ton classement en a) et celui de la figure 10 ?
    c) Quelle relation y a-t-il entre la population et le nombre de magasins ?

Consulte la page 123 pour découvrir une autre façon de montrer cette relation.

Résumé

Dans ce chapitre, tu as découvert que les communautés sont apparues aux endroits où les gens pouvaient satisfaire à leurs besoins les plus importants. Tu as étudié plusieurs constantes de peuplement et tu as aussi appris que les communautés fournissent des services à leur population et aux populations environnantes.

Révise tes découvertes

1. Explique brièvement pourquoi certains peuplements ruraux sont dispersés et d'autres groupés.
2. Décris comment la fermeture d'un embranchement de la voie ferrée dans les Prairies peut influer sur les familles qui pratiquent l'agriculture à proximité.
3. Indique les avantages qu'il y a à établir les services à consommation moyenne et les services à faible consommation dans les grandes villes.
4. Explique comment l'amélioration du réseau routier peut influer sur les services fournis :
   a) dans les petits villages.
   b) dans les villes plus grandes.

Mets tes découvertes en pratique

1. Fais un sondage pour connaître les constantes de fréquentation des magasins dans un centre commercial de ta localité. Suis les étapes ci-dessous :
   a) Avec ton équipe, prépare un tableau comme celui de la figure 11. Identifie les trois colonnes les plus à droite avec les en-têtes suivants : service à forte consommation (comme une épicerie), service à consommation moyenne (comme un magasin de chaussures) et service à faible consommation (comme un magasin de meubles). Choisis des services que l'on trouve dans un centre commercial local.
   b) Rends-toi au centre commercial et pose à 30 personnes qui se trouvent près de l'un de ces trois services les deux questions suivantes :
      – Combien de fois par semaine, par mois ou par année utilisez-vous ce service ?
      – Quelle distance avez-vous parcourue pour utiliser ce service ?
      Coche la case appropriée du tableau pour chacune des réponses.
2. Avec les membres de ton équipe, représente les résultats de ton sondage à l'aide d'un diagramme à bandes. Suis les étapes ci-dessous :
   a) Fais trois diagrammes à bandes pour représenter la «fréquence» des visites (un diagramme pour chaque type de magasin). Inscris le type de magasin comme titre pour chacun de tes diagrammes. Sur l'axe horizontal, indique les trois catégories de fréquence ; sur l'axe vertical, écris les nombres de 0 à 30.

Chapitre 1 Les constantes de peuplement

		Épicerie	Magasin de chaussures	Magasin de meubles
Fréquence	Une fois par semaine ou plus			
	Une fois par mois			
	Une fois par année ou moins			
Distance parcourue	Moins de 1 km			
	De 1 à 5 km			
	Plus de 5 km			

Figure 11
Utilise un tableau pour consigner les réponses des gens.

Trace ensuite les bandes pour montrer le nombre de personnes qui ont répondu « oui » à chacune des trois fréquences. Fais la même chose pour les deux autres types de magasins.

b) Fais trois autres diagrammes à bandes pour représenter les résultats obtenus dans « Distance parcourue ». De nouveau, inscris le type de magasin comme titre pour chacun de tes diagrammes. Sur l'axe horizontal, indique les trois catégories de distance et sur l'axe vertical, écris le nombre de réponses de 0 à 30. Trace ensuite les bandes pour montrer le nombre de personnes qui ont répondu « oui » à chacune des catégories de distance pour un magasin. Fais la même chose pour les deux autres magasins. La figure 12 présente un exemple de l'un de ces diagrammes.

3. Compare les deux diagrammes correspondant à chaque magasin. Individuellement, résume tes découvertes en une page.

4. D'après cette expérience, modifierais-tu ton questionnaire afin de l'améliorer ? Si oui, comment ?

Distance parcourue
Épicerie

Figure 12
Voici un modèle de diagramme à bandes pour les questions 2 a) et 2 b).

Chapitre 2

Les constantes de la population

Mots clés

recensement
densité de population
révolution industrielle

Dans ce chapitre, nous examinons les constantes de la population en Ontario, au Canada et dans le monde. L'information et les activités t'aideront :
▸ à reconnaître et à décrire les caractéristiques des lieux à forte ou à faible densité de population ;
▸ à montrer que tu comprends comment l'histoire influe sur la répartition de la population ;
▸ à montrer que tu comprends comment l'environnement influe sur la répartition de la population.

Compter les personnes

Presque tous les pays du monde font des **recensements** de la population. Te souviens-tu de la dernière fois qu'un recensement a eu lieu au Canada ? Le Canada fait un recensement de sa population tous les cinq ans. Le dernier recensement du 20e siècle a eu lieu en 1996.

L'information consignée par Statistique Canada dans le recensement de la population peut se diviser en deux catégories :

Recensement : le dénombrement détaillé des habitants d'un pays.

Ce qui ne peut pas changer au sujet d'une personne. Exemples :	Ce qui peut changer au sujet d'une personne. Exemples :
son lieu de naissance	son lieu de résidence
sa date de naissance	son état civil
son origine ethnique	le nombre d'enfants
	son emploi
	son revenu
	ses biens (ex. : une voiture, un ordinateur)

L'information recueillie lors des recensements aide le gouvernement à comprendre l'état de l'économie. Elle l'aide aussi à mesurer ou à déterminer des conditions sociales comme le seuil de pauvreté et le taux de criminalité. Les agences de services sociaux et la police se servent des mêmes données comme outil d'aide à la résolution des problèmes sociaux.

Pour obtenir les données sur la population, Statistique Canada compte d'abord le nombre de personnes de chaque *ménage* à travers le Canada. Les résultats sont ensuite groupés en *agglomérations de recensement* (AR). Chaque agglomération comprend habituellement de 300 à 400 ménages. Dans les régions rurales, plusieurs agglomérations sont regroupées en *subdivisions de recensement* (SDR). Ces subdivisions font ensuite partie d'unités encore plus grandes, les *divisions de recensement* (DR). Dans les grandes villes (nommées *régions métropolitaines* aux fins du recensement), les agglomérations de recensement (AR) sont groupées en *secteurs de recensement* (SR). La figure 2 décrit cette classification.

Figure 1
Les données de recensement permettent aux gouvernements de planifier la construction de nouvelles écoles et de nouveaux hôpitaux, et aux compagnies de choisir l'emplacement de nouvelles usines ou de nouveaux services.

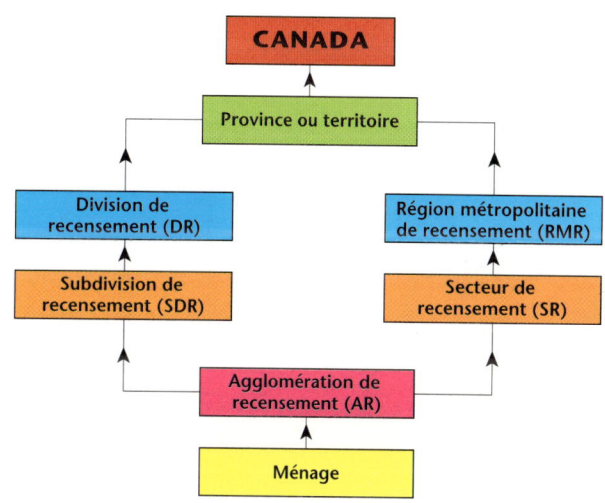

Figure 2
Ce diagramme montre comment on regroupe les données de recensement sur les ménages pour les provinces, les territoires et le Canada.

INTERNET Pour en savoir plus sur le recensement au Canada, consulte le site Internet de l'éditeur: http://www.dlcmcgrawhill.ca

Fais des découvertes
AVEC DES TABLEAUX

1. La figure 3 montre un tableau des régions métropolitaines de recensement (RMR) selon le recensement de 1996.
   a) Quelle ville a connu la plus forte augmentation de sa population totale depuis le recensement de 1991 ?

Régions métropolitaines de recensement (RMR)	Population de 1991 (en milliers)	Population de 1996 (en milliers)	Pourcentage de variation de 1991 à 1996
1. Toronto	3 899	4 264	9,4
2. Montréal	3 209	3 327	3,7
3. Vancouver	1 603	1 832	14,3
4. Ottawa–Hull	942	1 010	7,3
5. Edmonton	841	863	2,6
6. Calgary	754	822	9,0
7. Québec	646	672	4,1
8. Winnipeg	660	667	1,0
9. Hamilton	600	624	4,1
10. London	382	399	4,5
11. Kitchener	356	383	7,4
12. St. Catharines — Niagara	365	372	2,2
13. Halifax	321	333	3,7
14. Victoria	288	304	5,7
15. Windsor	262	279	6,3
16. Oshawa	240	269	11,9
17. Saskatoon	211	219	3,8
18. Regina	192	194	1,0
19. St. John's	172	174	1,3
20. Sudbury	158	160	1,8
21. Chicoutimi-Jonquière	161	160	–0,3
22. Sherbrooke	141	147	4,7
23. Trois-Rivières	136	140	2,7
24. Saint John	126	126	–0,1
25. Thunder Bay	125	126	0,5

Figure 3
Les régions métropolitaines de recensement du Canada classées selon leur population de 1996

b) Quelle ville a connu la plus forte augmentation de sa population, en pourcentage, depuis le recensement de 1991 ? Explique pourquoi les réponses en a) et en b) sont différentes.
2. Est-il vrai, en général, que les RMR les plus grandes en 1991 ont connu la plus grande croissance de 1991 à 1996 ? Donne quelques raisons pour lesquelles les grandes villes peuvent croître plus rapidement que les petites villes.
3. Les industries du secteur primaire du Canada ont connu un certain déclin économique dans les années 1990. Certaines villes dépendent de ces industries. Lorsque l'activité industrielle ralentit, la population de ces villes croît moins rapidement et parfois même diminue.
    a) Quelle(s) ville(s), selon toi, ont subi l'effet de la faiblesse du marché du blé ?
    b) Quelle(s) ville(s), selon toi, ont subi l'effet de la faiblesse du marché des minerais métalliques ?

La densité de population

Nous avons vu au chapitre 1 que la population des régions agricoles est plutôt dispersée, avec quelques regroupements dans les centres de services. Les villes, par contre, abritent un grand nombre de personnes sur une superficie relativement petite. La densité de population décrit cette différence entre les régions *rurales* et les régions *urbaines*. Pour calculer la densité de population, on divise le nombre total de personnes vivant dans une région par la superficie, en kilomètres carrés, de cette région.

Suis les étapes suivantes pour déterminer la densité de population de ta classe :
1. Mesure la longueur et la largeur de ta salle de classe, au mètre près.
2. Multiplie la longueur par la largeur pour obtenir l'aire de la salle de classe, en mètres carrés.
3. Compte le nombre de personnes dans la salle de classe.
4. Divise le nombre de personnes par l'aire en mètres carrés (tu obtiens la *densité au mètre carré*).
5. Multiplie le résultat par 1 000 000 pour obtenir la densité au *kilomètre carré* (il y a un million de mètres carrés dans un kilomètre carré).

Figure 4
Hong Kong possède une des plus fortes densités de population au monde.

Module 1 Découvrir les constantes humaines

Densité de population : un rapport qui indique le nombre de personnes vivant dans une unité de superficie, habituellement le kilomètre carré.

La forte **densité de population** de ta classe risque de t'étonner. La densité est toujours plus faible lorsqu'il s'agit de villes plutôt que de pièces où sont réunies plusieurs personnes.

Fais des découvertes
AVEC DES CARTES ET DES TABLEAUX

1. Calcule la densité de population du canton mis en évidence dans la figure 7 de la page 14. Chaque section représente un mille carré ou approximativement 2,5 km². Suppose qu'il y a quatre personnes par ferme et que chaque groupement de carreaux noirs représente une seule ferme.

2. Travaille en équipe de quatre et remplis le tableau de la figure 5. Suis les étapes ci-dessous :
   a) Fais une copie du tableau pour ton équipe. Chaque membre de l'équipe devrait choisir l'une des cartes topographiques du chapitre 1 (assure-toi que chaque membre choisit une carte différente) : la figure 2 de la page 7, la figure 3 de la page 9, la figure 4 de la page 10 ou la figure 7 de la page 14.
   b) Sur ta carte, choisis 10 carreaux de un kilomètre (délimités par les lignes bleues). Assure-toi de choisir différents types de peuplement, y compris des carreaux sans regroupement.
   c) Ne tiens pas compte des villes et estime le nombre de maisons dans chaque carreau.
   d) Suppose qu'il y a quatre personnes par maison. Multiplie le nombre de maisons par quatre pour obtenir la population totale de chaque carreau. Écris le nombre de personnes à l'endroit approprié dans le tableau.
   e) Additionne les populations des 10 carreaux. Écris la somme dans le tableau.
   f) Divise la somme par 10 pour obtenir la densité moyenne de la population rurale par kilomètre carré. Écris ta réponse dans le tableau.
   g) En équipe, dresse une liste des facteurs qui expliquent les différences de densité entre les quatre régions.

3. Travaille en équipe. Chaque équipe doit décider si elle traitera le Canada en entier, une province ou un territoire.
   a) Avec ton équipe, sers-toi des données de la figure 6 de la page 25 pour calculer la densité de population de la région que tu as choisie.

LIEN MATHÉMATIQUES

Chapitre 2 Les constantes de la population

Carte	Carreau										Total	Densité/km²
	1	2	3	4	5	6	7	8	9	10		
Québec (figure 2, page 7)												
Ontario (figure 3, page 9)												
Terre-Neuve (figure 4, page 10)												
Manitoba (figure 7, page 14)												

Figure 5
Tableau pour la question 2 de la page 24

b) Compare les densités de population pour déterminer si ta région a une forte ou une faible densité (le Canada, dans son entier, a une faible densité de population). Consulte un atlas pour trouver des raisons qui expliquent la forte ou la faible densité de ta région.

Province/Territoire	Superficie (en milliers de kilomètres carrés)	Population (en milliers) en 1996
Terre-Neuve	406	552
Île-du-Prince-Édouard	6	135
Nouvelle-Écosse	55	909
Nouveau-Brunswick	73	738
Québec	1 541	7 139
Ontario	1 069	10 754
Manitoba	650	1 114
Saskatchewan	652	990
Alberta	661	2 697
Colombie-Britannique	948	3 724
Territoire du Yukon	484	31
Territoires du Nord-Ouest	3 426	64
Canada	9 971	28 847

Figure 6
Ce tableau indique la superficie et les données sur la population du Canada et des provinces et territoires en 1996. Le Nunavut n'apparaît pas dans ce tableau parce qu'il a été créé en 1999.

Étude de cas : La densité de population en Ontario

Si tu as déjà voyagé en Ontario, tu as probablement vu plusieurs différences entre les régions. Entre autres, il y a des différences dans la densité de population. Par exemple, quelles densités de population peux-tu prédire pour les trois endroits de l'Ontario illustrés dans la figure 7 ? La figure 8 montre différentes densités de population dans les subdivisions de recensement de l'Ontario. Chacune des couleurs correspond à un taux de densité différent.

On trouve la plus forte densité de population dans la région de Toronto, avec 6 279 personnes par kilomètre carré. Les activités de cette région à forte densité vont de l'industrie et du transport à la finance, au commerce, aux affaires et à l'éducation. Dans tout l'Ontario, c'est à Toronto qu'on trouve le plus grand nombre de magasins.

Compare ces conditions de vie urbaine avec la vie sur une ferme du sud de l'Ontario. La ferme se trouve en région rurale, comme celle que l'on voit à la figure 7 b). Il y a moins de gens en région rurale qu'en région urbaine. Cependant, la plupart des gens se connaissent bien et ont un très fort sentiment d'appartenance à leur communauté.

Figure 7
Les densités de population varient considérablement entre les vastes centres urbains, les régions agricoles du sud de la province et les régions froides du nord de l'Ontario.

a)

b)

c)

Chapitre 2 Les constantes de la population

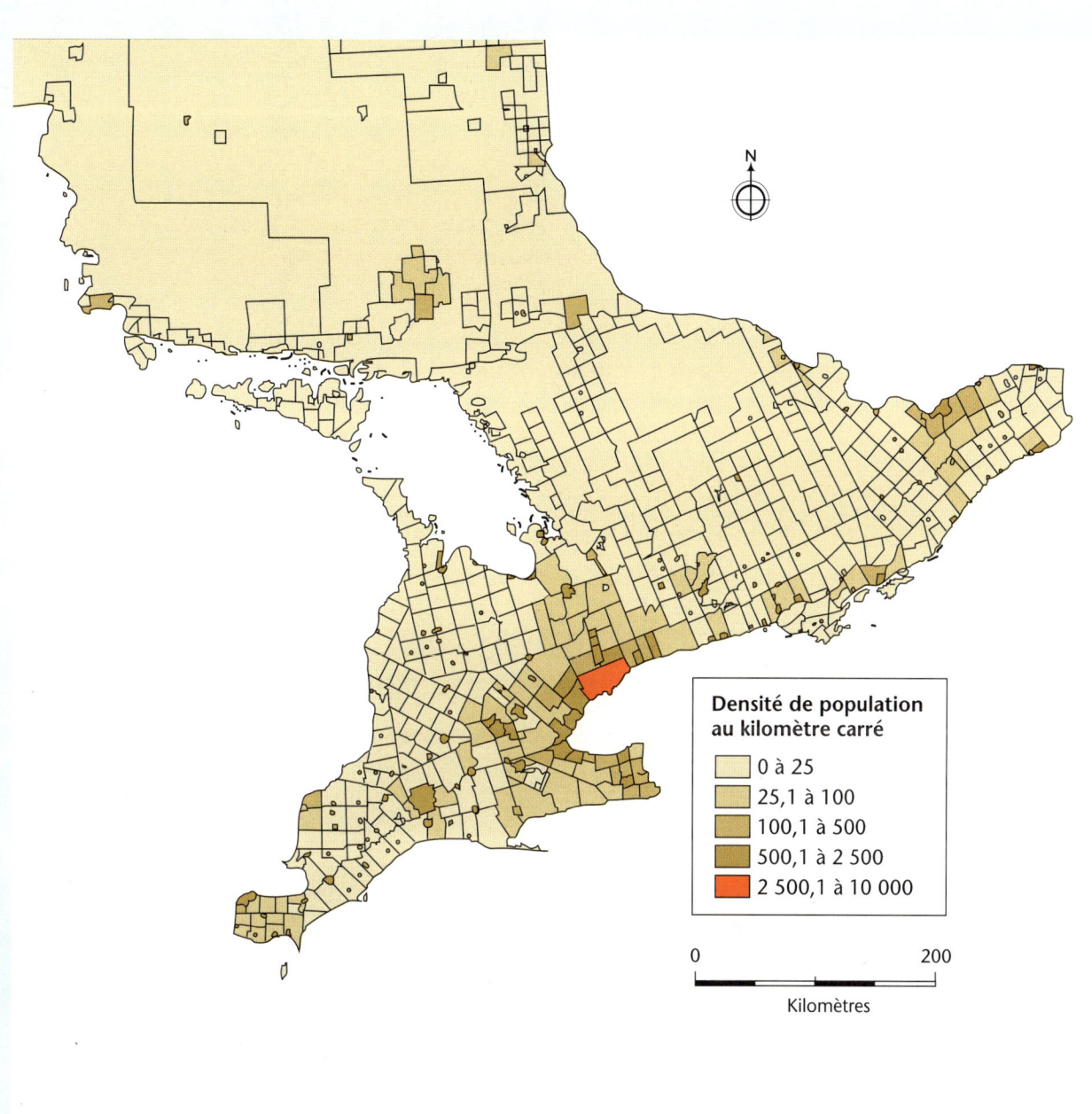

Figure 8
La population de l'Ontario par subdivision de recensement, 1996

On trouve la densité de population la plus faible de l'Ontario à Rainy River, dans le nord-ouest, avec un taux de 0,1 personne par kilomètre carré. La population du nord et du nord-ouest de l'Ontario est dispersée et on trouve de grandes étendues non habitées. La plupart des gens demeurent dans des communautés minières ou forestières ou de petits centres de services le long des routes.

Fais des découvertes

1. Retrouve la densité moyenne de population, que tu as calculée à la question 3 a) de la page 24, pour toute la province de l'Ontario. Peux-tu expliquer pourquoi il s'agit d'une statistique trompeuse? (Indice : pense à l'endroit où vivent la plupart des gens en Ontario.)
2. Dresse une liste de raisons pour expliquer pourquoi la plupart des gens en Ontario demeurent près des Grands Lacs.
3. Pourquoi, selon toi, la population du nord de l'Ontario est-elle dispersée?

La répartition de la population

La liste que tu as dressée à la question 2 ci-dessus peut t'aider à comprendre la *répartition de la population* de l'Ontario — c'est-à-dire où les gens vivent. On peut représenter la répartition de la population par des couleurs, comme à la figure 8, ou par des points, comme à la figure 9. La figure 9 montre de façon frappante que la majorité des Canadiennes et des Canadiens vivent à moins de 300 kilomètres de la frontière avec les États-Unis.

La répartition de la population à travers le monde suit des constantes résultant d'événements historiques. Quelques-uns des plus importants ont eu lieu vers la fin du 18e siècle. À cette époque, en Angleterre, on a permis aux gens de clôturer leurs champs. Pour la première fois, les gens travaillaient sur leurs propres fermes plutôt que de cultiver des terres communes. Par la suite, de nouvelles cultures, comme celle du navet, ont fait leur apparition. La *rotation des cultures* (ou le changement du type de culture dans chacun des champs, chaque année) est devenue une pratique courante. Cette pratique a aidé à préserver la fertilité du sol et à prévenir les maladies des cultures. L'agriculture est devenue plus productive et a pu faire vivre plus de gens.

Chapitre 2 Les constantes de la population

Figure 9
Cette carte montre la répartition actuelle de la population du Canada, où chaque point représente 1 000 personnes (à l'exception du Grand Nord, où chaque point représente 100 personnes).

Révolution industrielle : un ensemble de changements dans la technologie, la vie sociale et la politique qui s'est produit à la fin du 19e siècle. À cette époque, le charbon servait de source d'énergie pour faire fonctionner les machines à vapeur et plusieurs autres inventions mécaniques. L'Europe, et plus particulièrement la Grande-Bretagne, sont ainsi devenues les régions industrielles les plus importantes du monde.

Peu après ces progrès en agriculture, la **révolution industrielle** s'est produite. Cet événement historique a créé une demande de main-d'œuvre dans les villes. Les fermes les plus productives fournissaient la nourriture aux centres industriels en pleine croissance. Alors que la population des régions agricoles augmentait rapidement, on a commencé à remplacer plusieurs travailleuses et travailleurs des fermes par de la machinerie. Ces gens ont dû migrer vers les villes pour trouver du travail. Pendant la révolution industrielle, la population d'Europe de l'Ouest a augmenté considérablement. Au début du 20e siècle, l'Europe de l'Ouest avait une forte densité de population, soutenue par l'industrie et l'agriculture commerciale.

Dans les parties du monde où l'on pratique encore une agriculture plus traditionnelle, la densité de population a aussi augmenté. C'est particulièrement vrai en Inde (où plus de la moitié de la population vit de l'agriculture) et en Chine (où près de la moitié de la population cultive les terres). L'agriculture est moins mécanisée dans ces pays qu'en Europe et en Amérique du Nord, et les humains et les animaux font une grande part du travail. Il s'agit surtout d'une agriculture de *subsistance* plutôt que *commerciale* (autrement dit, les familles cultivent la terre et élèvent des animaux pour leurs propres besoins plutôt que pour la vente). La figure 11 montre les fortes densités de population en Inde et en Chine, dont les populations réunies représentent plus du tiers de la population mondiale.

Figure 10
Tableau pour la question 1

	Inde	Canada et États-Unis
La taille de la ferme		
Le type d'agriculture (de subsistance ou commerciale)		
Les outils et la machinerie agricoles utilisés		
La destination des produits de la ferme		
Le niveau de revenu de la ferme		
La densité de population du ou des pays		

Fais des découvertes
AVEC DES PHOTOGRAPHIES ET DES CARTES

1. Travaille en équipe. Copie le tableau de la figure 10. Avec tes camarades, remplis le tableau à partir des deux photographies de la figure 12 à la page 32 et de la carte de la figure 11.

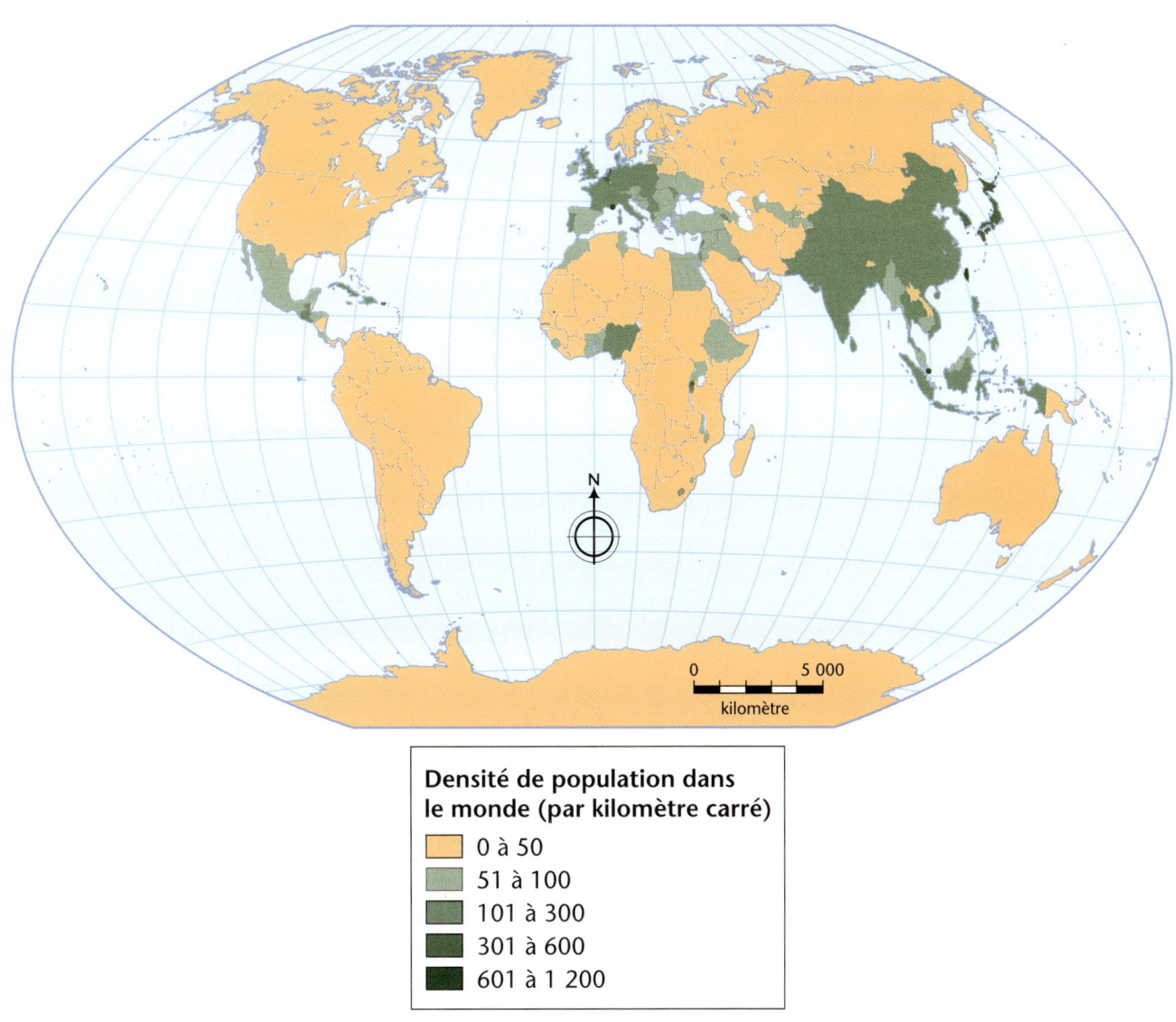

Figure 11
Densité de population dans le monde

Figure 12
En Inde, l'agriculture dépend davantage du labeur des animaux que dans les pays développés comme le Canada, où les machines agricoles et les tracteurs sont courants.

2. En équipe, fais un remue-méninges de tes connaissances au sujet de l'agriculture. Sers-toi de tes idées pour expliquer pourquoi la densité de population rurale en Amérique du Nord est beaucoup plus faible que celle de l'Inde et de la Chine.

L'environnement et la population mondiale

Si tu pouvais vivre dans l'environnement de ton choix, que choisirais-tu? Froid ou chaud? Sec ou modérément humide? Rude et montagneux ou légèrement vallonné? Tes réponses viennent probablement expliquer la tendance générale suivante: relativement peu de gens demeurent dans un environnement hostile. Certaines caractéristiques rendent un environnement hostile. Cet environnement peut être:

▸ trop sec;
▸ trop froid;
▸ à trop haute altitude ou trop escarpé;
▸ impropre à la culture à cause des conditions du sol.

Un climat est *trop sec* lorsque les précipitations sont inférieures à la quantité d'eau qui s'évapore. Dans ce cas, les sols s'assèchent et la culture est difficile ou même impossible sans irrigation. La seule autre source d'eau de ces environnements secs, par exemple les déserts, provient de rares petites oasis (où l'eau du sol monte à la surface).

Si le climat d'un environnement est *trop froid*, les gens ne peuvent vivre de l'agriculture. La plupart des cultures ont besoin d'une température au-dessus de 6 °C pour pousser. Ainsi, dans presque tout le nord du Canada, la saison de culture n'est pas assez longue ou assez chaude pour permettre aux végétaux de croître. Les gens peuvent vivre dans ces régions, mais ils doivent faire venir la nourriture des régions agricoles situées plus au sud. Sans nourriture facile d'accès, peu de communautés peuvent se développer. Celles qui y parviennent sont petites et dispersées.

Les *régions montagneuses* à haute altitude sont habituellement trop froides pour la culture. De plus, la croissance est difficile sur les pentes abruptes où la terre s'érode facilement lors des fortes pluies. Il est également dangereux de faire fonctionner de la machinerie agricole dans des reliefs accidentés.

Dans certaines régions du monde où la température et les précipitations conviennent à l'agriculture, les *mauvaises conditions du sol* nuisent aux cultures. Le meilleur exemple est la forêt tropicale humide. Dans des endroits comme le bassin de l'Amazone, les sols sont rapidement érodés dès qu'ils sont exposés à un soleil ardent et à une pluie torrentielle. L'agriculture dans cette région ne devient possible qu'avec l'apport constant d'éléments nutritifs provenant des feuilles qui tombent des arbres de la forêt tropicale. Lorsque ces arbres sont coupés, les sols tropicaux peuvent devenir stériles et improductifs.

Si on classe les régions du monde en environnements hostiles (décrits ci-dessus) et en environnements favorables, on obtient un rapport d'environ 80 à 20. Autrement dit, 80 % de la terre du monde ne favorise pas des conditions de vie faciles. De plus, selon la tendance présentée au début de cette section, seulement 10 % environ de la population mondiale se trouve sur ces terres, en petits peuplements dispersés. En conclusion, environ 90 % de la population mondiale demeure dans des régions à forte densité de population sur les 20 % de terre qui reste!

Figure 13
Sans système d'irrigation, il serait impossible de cultiver cette parcelle de terre désertique du Soudan.

Module 1 Découvrir les constantes humaines

FAIS DES DÉCOUVERTES
AVEC DES DIAGRAMMES

1. Sers-toi des données sur le climat de la figure 14 pour construire les climatogrammes de Churchill (Manitoba) et de In Salah (Algérie). Trace une ligne horizontale à 6 °C sur chaque climatogramme, pour indiquer la température minimale de croissance des cultures.

Churchill	Janv.	Févr.	Mars	Avril	Mai	Juin	Juill.	Août	Sept.	Oct.	Nov.	Déc.	Année
Température (°C)	−27,4	−26,2	−20,3	−10,1	−1,4	6,0	12,1	11,4	5,6	−1,7	−12,9	−22,6	−7,2
Précipitations (mm)	14,8	12,1	18,2	23,1	27,3	43,0	54,6	61,7	53,3	43,7	31,4	18,3	401,5

In Salah	Janv.	Févr.	Mars	Avril	Mai	Juin	Juill.	Août	Sept.	Oct.	Nov.	Déc.	Année
Température (°C)	14,3	16,8	20,9	25,2	30,5	35,7	36,5	36,5	33,0	26,8	20,2	14,0	26,1
Précipitations (mm)	1,6	3,4	1,2	2,0	0,4	0,1	0,0	0,3	0,5	1,6	1,2	3,0	15,3

Figure 14
Températures et précipitations à Churchill et à In Salah

2. Discute des questions suivantes pour chacun des lieux ci-dessus :
   a) Quelle difficulté pose l'environnement ?
   b) Pourquoi une population nombreuse ne peut-elle y vivre si on n'importe pas de nourriture ?
   c) Comment les gens qui vivent dans ces environnements pourraient-ils faire pousser quelques-uns des aliments qu'ils consomment ?
   d) Quelles activités, autres que l'agriculture, pourraient faire vivre la population ?

Figure 15
Churchill, au Manitoba, est située juste au sud du 59ᵉ degré de latitude Nord.

Chapitre 2 Les constantes de la population   35

Résumé

Dans ce chapitre, tu as vu deux constantes importantes de la population : la densité et la répartition. Tu as découvert comment les recensements fournissent de l'information au sujet de ces constantes. Tu as aussi appris que la répartition de la population est étroitement liée aux constantes historiques de l'agriculture et de l'industrie. Enfin, tu as réfléchi sur la relation entre la répartition de la population et la géographie physique.

Révise tes découvertes

1. Relis tes réponses à la question 3 de la page 24. À partir de tes résultats, trace une carte de la densité de population du Canada. Demande à ton enseignante ou à ton enseignant de te remettre une carte vierge du Canada et suis les étapes ci-dessous.
    a) Divise les densités des provinces et des territoires du Canada en quatre catégories : densité *bien au-dessus de la moyenne*, densité *au-dessus de la moyenne*, densité *au-dessous de la moyenne* et densité *bien au-dessous de la moyenne*.
    b) Attribue une couleur différente à chaque catégorie, puis colorie les provinces et les territoires de ta carte. Sers-toi de couleurs plus foncées pour les régions à forte densité et de couleurs plus claires ou plus pâles pour les régions à faible densité.
    c) Ajoute un titre et une légende à ta carte.
2. Donne un exemple de la façon dont l'environnement influe sur la densité de population.

Mets tes découvertes en pratique

1. Fais le recensement de ta classe. Procède comme suit.
    a) Sur de grandes feuilles de papier que ton enseignante ou ton enseignant affichera sur les murs de la salle de classe, écris les renseignements suivants :
        – ton âge (au quart d'année près, par exemple 13,25 ans);
        – le nombre de personnes qui habitent avec toi;
        – la distance approximative entre ton domicile et l'école (au dixième de kilomètre près, par exemple 1,3 km).

b) Avec un groupe d'élèves (trois groupes pour la classe) établis le profil de la classe à partir des renseignements consignés. Voici les tâches de chaque groupe.
- Groupe 1 : faire un diagramme à bandes de l'âge des élèves et calculer l'âge *moyen* d'une ou d'un élève de la classe.
- Groupe 2 : faire un diagramme à bandes du nombre de personnes par ménage et calculer la *moyenne* du nombre de personnes par ménage.
- Groupe 3 : faire un diagramme à bandes de la distance parcourue pour se rendre à l'école et calculer la distance *moyenne*.

2. Choisis un pâté de maisons près de chez toi. Le pâté devrait être aussi rectangulaire que possible et ne devrait pas comprendre d'immeubles à logements. Calcule la densité de population approximative de ce pâté de maisons, comme suit.
   a) Calcule la superficie du pâté de maisons, c'est-à-dire mesure sa longueur et sa largeur (en mètres) et multiplie-les. (Inclus la moitié de la largeur des rues qui entourent le pâté dans tes mesures.) Divise le résultat par 10 000 pour obtenir la superficie en hectares (1 ha = 100 m^2 ou 10 000 m^2).
   b) Multiplie le *nombre moyen de personnes par ménage* (calculé à la question 1 b) par le nombre de maisons dans le pâté de maisons. Tu obtiens une approximation de la population totale du pâté de maisons.
   c) Divise la population par la superficie en hectares pour obtenir la densité de population par hectare. Enfin, multiplie par 100 pour calculer la densité au kilomètre carré (1 km^2 = 100 ha).
   d) Quels problèmes devrais-tu résoudre si le pâté de maisons contenait des immeubles à logements ?

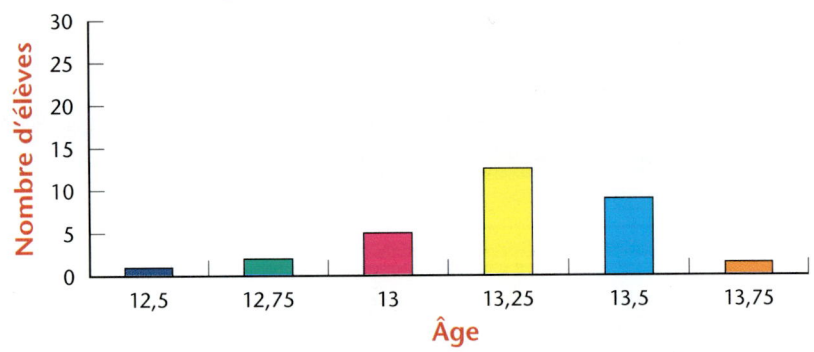

Figure 16
Voici un modèle de diagramme pour la question 1 b).

Chapitre 3

La croissance des villes

Dans ce chapitre, nous examinons les caractéristiques des villes. L'information et les activités t'aideront :
- à montrer que tu comprends l'influence des sites sur les peuplements ;
- à montrer que tu comprends comment l'emplacement influe sur les peuplements ;
- à montrer que tu comprends les facteurs qui influent sur l'urbanisation.

Mots clés

site
emplacement
urbanisation

Où se trouvent les villes ?

Imagine-toi dans quelques années d'ici. Tu décides de te construire une maison. Tu dois prendre deux décisions importantes. Premièrement, tu dois choisir un **site** sur lequel construire ta maison. Les fondations de ta maison doivent reposer sur un sol ferme. Par exemple, tu ne bâtirais pas ta maison sur le bord d'une falaise côtière sujette à l'érosion. Tu ne voudrais pas non plus construire ta maison dans une région où il y a souvent des tremblements de terre.

Deuxièmement, tu dois déterminer l'**emplacement** désiré pour ta maison. Les exemples suivants te montrent certaines qualités recherchées :
- près des voies de transport ;
- près des magasins ;
- près de ton lieu de travail.

Le site et l'emplacement sont des facteurs importants qui nous aident à comprendre la croissance des villes à travers le monde. Lorsque tu liras au sujet de différentes villes dans ce manuel, essaie d'entrevoir les effets du choix du site et de l'emplacement sur la localisation, la croissance ou l'absence de croissance de chacune.

Site : le terrain sur lequel une maison, un édifice ou une ville sont construits.

Emplacement : la localisation d'une maison, d'un édifice ou d'une ville par rapport aux lieux avoisinants.

La figure 1 montre des exemples de sites où une ville pourrait se développer :
a) au point de passage d'une rivière (où l'on peut traverser à gué ou à un endroit où sa largeur favorise la construction d'un pont);
b) un site défensif (sur une colline ou entouré par le coude d'une rivière);
c) un port naturel (les peuplements de la figure 4 à la page 10, par exemple);
d) une île (la ville de Montréal est située sur une île du fleuve Saint-Laurent).

Voici d'autres sites favorables à l'établissement de villes :
- la berge élevée et sèche d'une rivière (pour éviter les risques d'inondation);
- une région en terrain plat (pour permettre l'expansion de la ville).

Les villes qui se développent sur des sites défavorables connaissent plusieurs problèmes. Par exemple, San Francisco est construite sur un site sans terrains plats avoisinants. Lorsque la ville a pris de l'expansion, il a fallu construire les immeubles collés les uns sur les autres, sans espace vert.

Le site de la ville de Hamilton a eu une conséquence intéressante sur son développement. Dans la baie de Burlington, à la limite ouest du lac Ontario, le site peut être divisé en une partie peu élevée au nord et une partie plus élevée (appelée la « montagne ») au sud. La pente abrupte de l'escarpement du Niagara traverse l'endroit, séparant les terres basses de la montagne.

Ce site présentait plusieurs avantages pour le peuplement. Entre autres, de nombreux ruisseaux coulaient le long de l'escarpement du Niagara et aidaient les moulins à fonctionner, soutenant ainsi l'industrie naissante du 19e siècle. De plus, le fait de se trouver près du lac Ontario a fait de Hamilton un important centre de transport.

Puisque la région des basses terres avoisinait le bord de l'eau, c'est là que l'industrie lourde s'est développée. Les plus grandes industries sidérurgiques du Canada ont été construites sur ce site. Pendant les premières années de production, l'air était très pollué. Les vents, qui venaient souvent de l'ouest, poussaient la pollution vers l'est. Les terres au-dessus de l'escarpement échappaient en grande partie à cette pollution. Ces terres sont donc devenues une région résidentielle très recherchée. Les terrains et les maisons sur la montagne coûtent plus cher que partout ailleurs dans la ville.

Chapitre 3 La croissance des villes

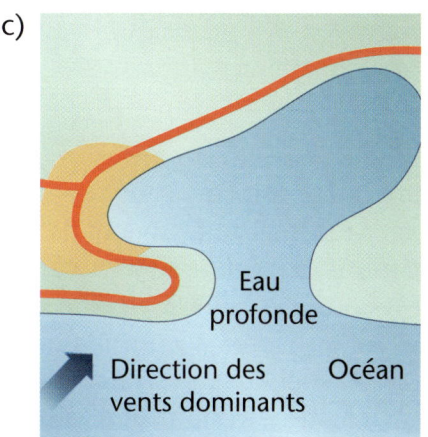

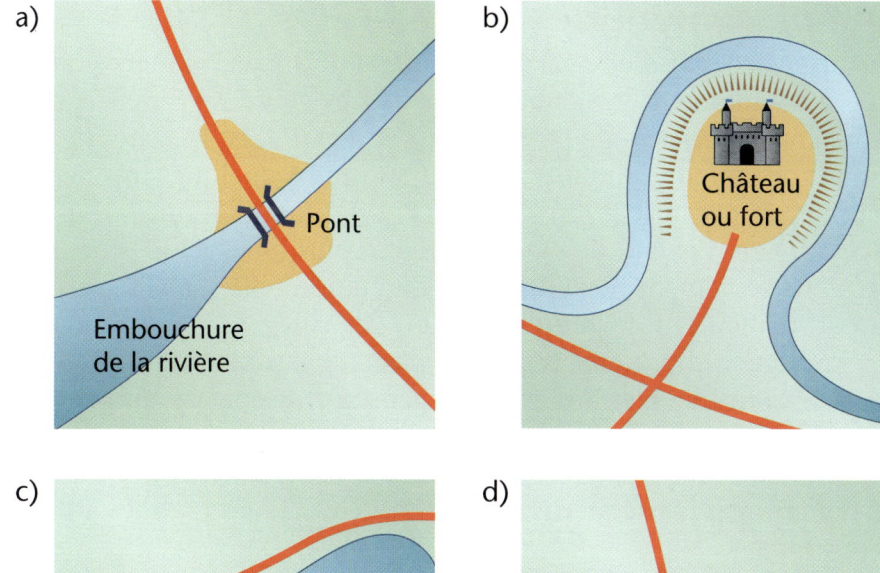

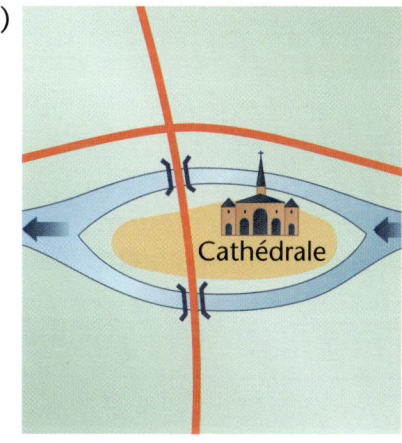

Figure 1
a) Site au point de passage d'une rivière ; b) site défensif protégé par l'eau ; c) port naturel ; d) île sur une rivière.

Fais des découvertes
avec des cartes

1. Travaille en équipe. Observe les figures indiquées et réponds aux questions.
   a) Quel était l'avantage principal du site choisi pour la ville de L'Assomption (figure 2 à la page 7) ?
   b) Quels étaient les avantages des sites de peuplements sur le littoral de Terre-Neuve (figure 4 à la page 10) ?
   c) Quels avantages y a-t-il à établir un peuplement sur une colline ?
   d) Quels en sont les inconvénients ?

L'emplacement des villes

Lorsque tu regardes une carte politique du Canada, tu peux voir qu'il y a seulement un petit nombre de très grandes villes. Cependant, il y a beaucoup de petites villes et de villages. Les sites de la plupart de ces communautés offrent au moins quelques-uns des avantages que nous venons de voir. Pourtant, elles n'ont pu se développer et devenir de grandes villes. Pourquoi quelques peuplements seulement deviennent-ils de grandes villes, alors que la plupart demeurent de petites villes ou des villages?

Tout d'abord, une région ou un pays n'a pas besoin de beaucoup de grandes villes. En effet, les gens n'utilisent pas souvent les produits et les services de faible consommation qu'offrent les grandes villes. Ils sont prêts à parcourir une certaine distance pour les obtenir. Par conséquent, il ne faut que quelques grandes villes dans un pays.

Une deuxième raison est que peu d'endroits possèdent les avantages particuliers qui aident une ville à se développer. Lorsqu'une ville se développe, elle limite la croissance des endroits qui l'entourent. Par exemple, Montréal se trouve dans la vallée du Saint-Laurent, juste à l'endroit où la rivière des Outaouais se jette dans le fleuve Saint-Laurent. Elle est ainsi placée au carrefour de plusieurs voies de transport, y compris une liaison sud vers New York par la rivière Richelieu. L'avantage qu'a Montréal d'être située à un carrefour de voies de communication est que cet emplacement l'a aidée à croître aux dépens des agglomérations avoisinantes.

Figure 2
À quelle fréquence, selon toi, les gens d'une petite communauté utiliseraient-ils les services que tu vois ici? Accepteraient-ils de voyager assez loin pour obtenir ces services?

Chapitre 3 La croissance des villes

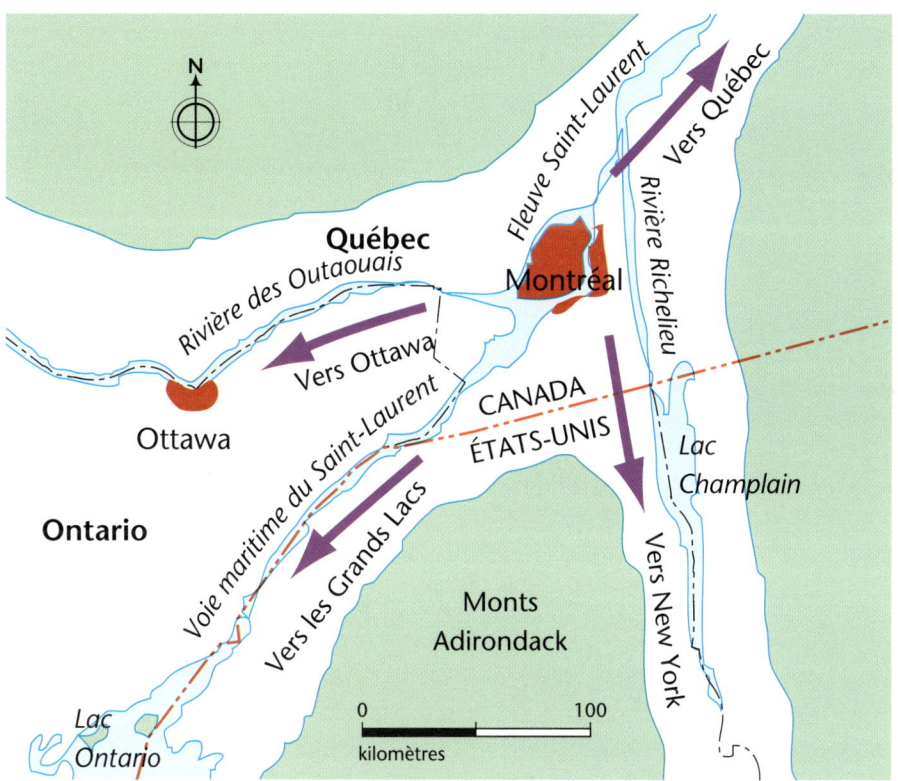

Figure 3
Montréal est située à un carrefour fluvial

Les images satellites

Les images satellites servent à étudier non seulement la géographie physique et l'environnement, mais aussi les villes. Ce ne sont pas des photographies. Ce sont des images créées par des signaux digitaux transmis par des satellites. Ces signaux montrent la quantité de radiations en provenance de la Terre. À partir des données des satellites, on peut obtenir des images comme celles que l'on voit à la figure 4 de la page 42. Cette image se sert de fausses couleurs pour montrer plus de détails. Le centre urbain est pourpre et rose. Les régions résidentielles sont bleu pâle.

Figure 4
Une image satellite de Winnipeg

Étude de cas

La croissance de Winnipeg

Une ville se développe souvent grâce à l'interaction de plusieurs facteurs. L'emplacement d'une ville à un carrefour de voies de communication influe sur les événements historiques. Ces événements améliorent l'emplacement de la ville et cette dernière croît encore davantage. Winnipeg est un exemple de cette interaction.

Dans la figure 4, le « X » indique l'endroit où la rivière Assiniboine se jette dans la rivière Rouge. Sur ce site, on a établi Fort Garry, un poste de traite de la Compagnie de la Baie d'Hudson, en 1822. En 1873, le peuplement qui s'était développé autour du poste de traite y a été incorporé. La ville de Winnipeg était née.

Dix ans plus tard, la compagnie de chemin de fer Canadien Pacifique faisait une poussée vers l'ouest du Canada et atteignait la rivière Rouge. Le chemin de fer devait traverser la rivière quelque part entre la frontière des États-Unis et l'endroit où la rivière se jette dans le lac Winnipeg, 165 kilomètres plus au nord. Le meilleur endroit pour traverser la rivière était clairement la petite ville de Winnipeg. Dans la figure 4, le « Y » indique l'endroit où le pont de chemin de fer a été construit.

Le chemin de fer a aussitôt rendu la ville plus importante. À la même époque, la production de blé du Manitoba destiné à l'exportation était en pleine expansion. Pour le transport du blé, il a fallu construire un réseau de chemins de fer, tous concentrés sur Winnipeg. Dans la figure 4, les deux « Z » indiquent des voies de triage. Ces événements historiques ont conduit à la croissance rapide de la ville. La population de Winnipeg a augmenté afin de fournir des biens et des services au Manitoba et même ailleurs. Cette population peut aujourd'hui se réjouir du fait que l'emplacement de la ville et les événements historiques, comme la construction du chemin de fer, aient contribué à la croissance de la ville.

Fais des découvertes

1. Explique, dans tes propres mots, la différence entre le site de Winnipeg et son emplacement.
2. Travaille en équipe pour étudier la figure 4. Trouve :
   a) le noyau urbain de la ville.
   b) l'aéroport international de Winnipeg.
   c) le canal de Winnipeg qui entoure la ville.
   d) les indices qui montrent que le terrain est plat.

Consulte la page 259 pour en apprendre davantage sur l'analyse des images satellites.

INTERNET Pour voir d'autres images satellites, consulte le site Internet de l'éditeur : http://www.dlcmcgrawhill.ca

La croissance des villes dans le monde

En l'an 2000, presque la moitié des six milliards d'individus sur Terre vivaient dans les centres urbains. Les géographes prédisent que 60 % de la population mondiale sera urbaine en 2015. La figure 5 montre l'augmentation constante de la population urbaine depuis la seconde moitié du siècle dernier.

Les géographes se servent du mot **urbanisation** pour décrire la croissance rapide des villes. Leur travail consiste à déterminer les causes de l'urbanisation de différentes régions du monde. Les géographes ont découvert que les constantes d'urbanisation des pays développés, comme le Canada et les États-Unis, ne sont pas les mêmes que dans les pays en voie de développement, comme les pays d'Afrique. Avant d'étudier ces constantes, il faut d'abord mieux comprendre les différences entre les pays développés et les pays en voie de développement.

Urbanisation : la croissance des villes. Ce mot peut aussi signifier « adoption d'un mode de vie urbain ».

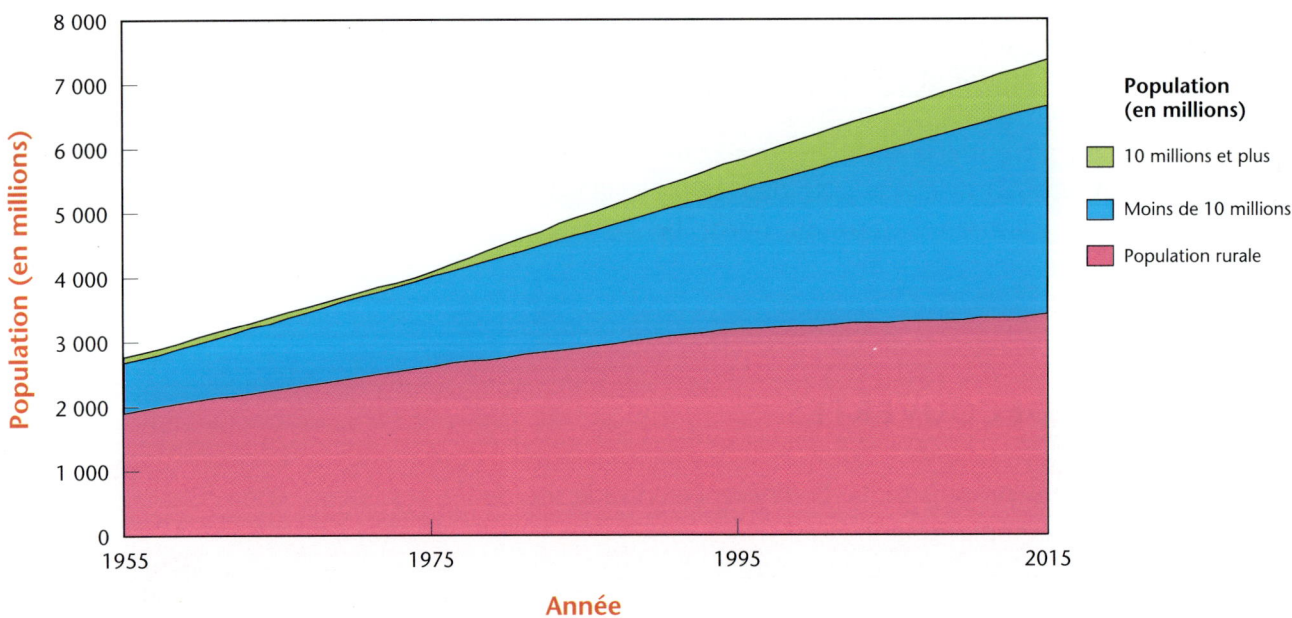

Figure 5
L'augmentation des populations rurale et urbaine dans le monde depuis 1955

Chapitre 3 La croissance des villes

Pays développés et pays en voie de développement

Pour mieux comprendre le monde, les géographes recherchent des moyens de regrouper les pays selon des caractéristiques spécifiques communes. Les pays *développés* et les pays *en voie de développement* forment un de ces regroupements. Les pays développés sont industrialisés. Le revenu moyen de leur population est habituellement élevé. On peut classer ces pays du plus riche au monde (les États-Unis) aux moins favorisés, comme le Portugal. Les pays en voie de développement comptent davantage sur l'agriculture (quoique certains, comme la Corée, s'industrialisent rapidement). Dans certains pays en voie de développement (par exemple certains pays d'Afrique), le revenu est très bas et les conditions de vie sont médiocres. Les chances que ces conditions s'améliorent rapidement sont également très faibles.

Les constantes d'urbanisation

Dans la plupart des pays en voie de développement, beaucoup de personnes sont pauvres et vivent au jour le jour. Autrement dit, ces gens doivent lutter pour satisfaire à leurs besoins essentiels de nourriture, de vêtements et de logement aussi bien que pour accéder à des soins de santé, à l'éducation et à des emplois. Les régions rurales, en particulier, peuvent être atrocement pauvres. L'espoir d'obtenir un emploi, même à temps partiel, des soins de santé de base ou plus qu'une éducation rudimentaire encourage des millions de personnes à quitter la campagne pour la ville. Cela a conduit à une croissance urbaine rapide dans ces pays en voie de développement. Les gens de la campagne envahissent les villes et demeurent souvent dans des abris de fortune et des bidonvilles. Ils gagnent leur vie comme ils le peuvent.

Dans les pays développés, la migration à grande échelle de la campagne vers les villes a commencé pendant la révolution industrielle. Vers la fin du 20e siècle, cette tendance a diminué progressivement et, aujourd'hui, les gens commencent à quitter certaines villes. En Amérique du Nord, beaucoup de gens semblent maintenant préférer un style de vie rural. Les voitures leur laissent la liberté de venir en ville aussi souvent que nécessaire.

Les figures 7 et 8 montrent les données sur l'urbanisation dans les pays développés et en voie de développement.

Figure 6
La *migration rurale/urbaine* a eu comme résultat une augmentation considérable de la population des villes dans les pays en voie de développement. Les gens habitent des *bidonvilles*, car ils sont trop pauvres pour se loger convenablement.

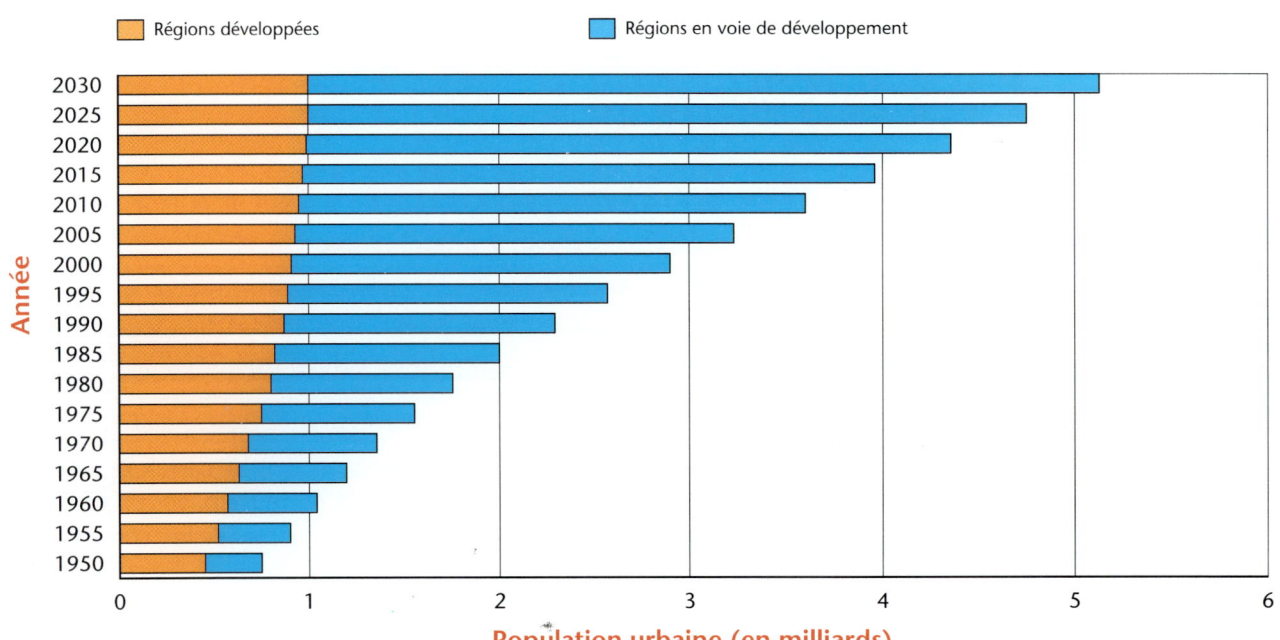

Figure 7
La population urbaine dans les régions développées et en voie de développement

FAIS DES DÉCOUVERTES
AVEC DES CARTES

1. Selon la figure 8,
   a) quel continent a le plus bas pourcentage de population urbaine ?
   b) quelles parties du monde ont les plus hauts pourcentages de population urbaine ?
2. Le tableau de la figure 9 peut t'aider à comparer les pays selon le pourcentage de leur population qui vit dans les villes. Travaille en équipe pour remplir le tableau. Fais une copie pour ton équipe et suis ces étapes.
   a) Dans la colonne a), écris le nom de quatre pays où moins de 25 % de la population habite dans les villes. Consulte la figure 8 et un atlas.
   b) Évalue avec tes camarades le niveau de développement du pays. Lorsque tu auras trouvé la réponse, écris « développé » ou « en voie de développement » à côté du nom du pays.

Chapitre 3 La croissance des villes

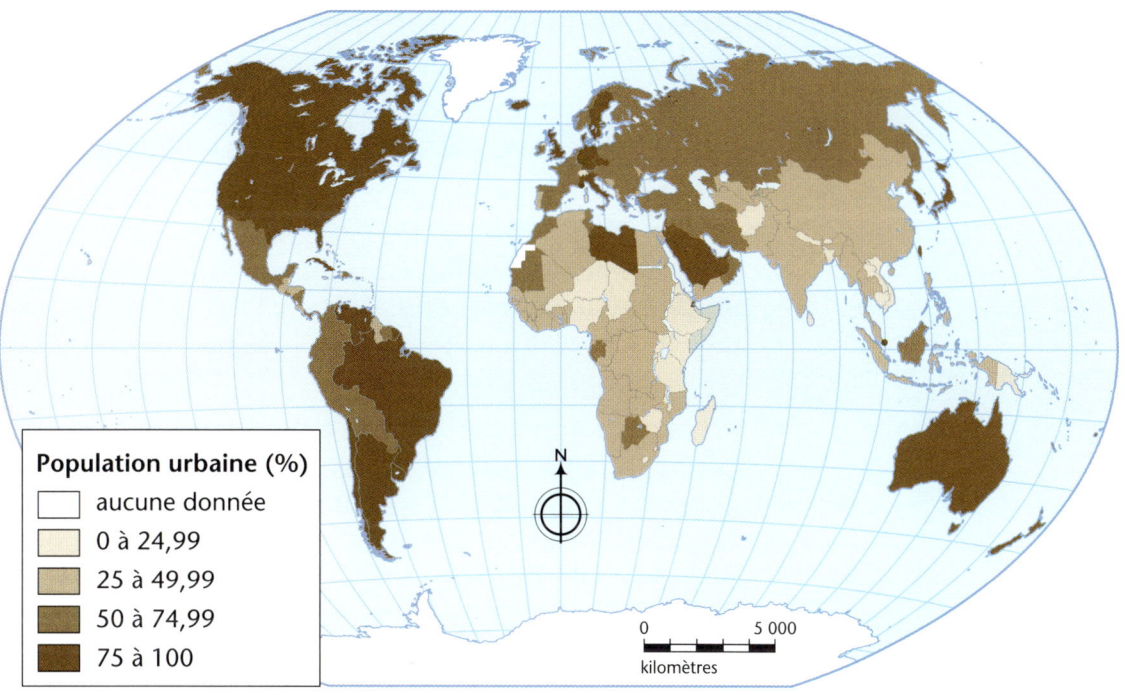

Figure 8
Le pourcentage de la population qui vit en milieu urbain dans le monde

c) Suis les mêmes étapes pour remplir les autres colonnes de ton tableau.

a) Moins de 25 % de population urbaine	Développé ou en voie de développement ?	b) De 25 % à 75 % de population urbaine	Développé ou en voie de développement ?	c) Plus de 75 % de population urbaine	Développé ou en voie de développement ?

Figure 9
Tu auras peut-être besoin d'un atlas pour t'aider à remplir ce tableau.

3. Décris et explique les relations qu'il y a, selon toi, entre le niveau de développement d'un pays et son pourcentage de population urbaine.

Les plus grandes villes du monde

La population de certaines villes du monde a dépassé les 10 millions de personnes. Ces métropoles se sont développées parce qu'elles accomplissent plusieurs fonctions différentes. Par exemple, une grande ville peut être :

- un port important ;
- une capitale politique ;
- un centre financier mondial ;
- une ville historique associée à la royauté ;
- un centre ferroviaire ;
- un centre touristique et de divertissements.

Quelques villes, comme Londres, au Royaume-Uni, présentent les six caractéristiques ci-dessus. Il n'y a donc rien d'étonnant au fait que Londres ait été la première ville au monde à atteindre les 10 millions de personnes.

Au 20e siècle, plusieurs villes ont rejoint et même dépassé Londres en population. Après la Seconde Guerre mondiale, la reprise rapide de l'économie japonaise a aidé Tokyo à devenir la ville la plus populeuse et le plus grand centre industriel au monde. La plupart des ménages canadiens et américains possèdent des produits électroniques fabriqués à Tokyo ou dans d'autres grandes villes du Japon.

Le monde en développement compte plusieurs mégapoles qui croissent rapidement. Ces villes sont aux prises avec une vague migratoire de la population rurale vers les villes. Mexico, au Mexique, est devenue la plus grande ville de l'Amérique latine, suivie de près par São Paulo, au Brésil.

Plusieurs problèmes résultent de la croissance rapide des villes dans les pays pauvres. La surpopulation fait apparaître de grands bidonvilles sans hygiène ni logements adéquats. Les emplois à temps plein sont insuffisants et, dans certaines villes, les enfants errent dans les rues. Pour gagner un peu d'argent, ces enfants cirent les chaussures ou offrent leurs services pour surveiller les voitures garées. La criminalité devient un problème sérieux. Les contrôles environnementaux sont aussi très limités lorsqu'il y a une croissance industrielle rapide. La pollution de l'air peut être très importante dans des endroits comme Beijing et Mexico.

Avec la croissance urbaine rapide en Asie, en Amérique latine et même en Afrique (par exemple à Lagos, au Nigeria), les villes d'Amérique du Nord et d'Europe se font devancer à titre de mégapoles.

Figure 10
Londres, une ville portuaire sur la Tamise, en Angleterre, a été la première ville au monde à atteindre une population de 10 millions de personnes.

Chapitre 3 La croissance des villes 49

Figure 11
La pollution de l'air, visible par le smog en suspension dans l'air au-dessus de la ville de Mexico, est l'un des nombreux problèmes liés à la croissance urbaine rapide.

Fais des découvertes

1. Le diagramme de la figure 12 illustre la croissance de la population passée et projetée des plus grandes villes du monde. Procure-toi ou fais toi-même une carte vierge du monde, puis indique et identifie les 16 grandes villes mentionnées à la figure 12. Utilise un symbole de deux tailles différentes (des carrés ou des triangles, par exemple) pour les représenter : une taille pour les villes de *plus* de 15 millions de personnes en 1996 et une taille différente pour les villes de *moins* de 15 millions de personnes en 1996.
2. Selon les prévisions, quelle ville aura la plus *faible* croissance entre 1970 et 2015 ? Pourquoi, d'après toi ?
3. Selon les prévisions, quelle ville aura la plus *forte* croissance entre 1970 et 2015 ? Que peux-tu dire de l'urbanisation du continent où se trouve cette ville ?

INTERNET Pour en apprendre davantage sur les populations des villes du monde, consulte le site Internet de l'éditeur : http://www.dlcmcgrawhill.ca

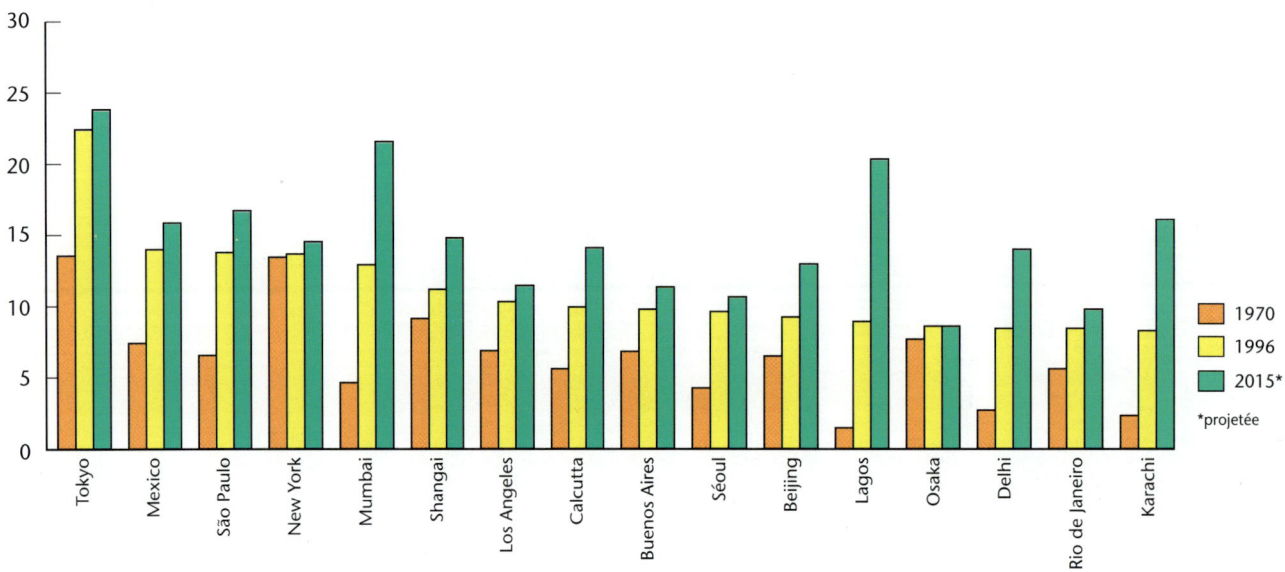

Figure 12
Les mégapoles du monde en 1996

Résumé

Dans ce chapitre, tu as découvert comment le site et l'emplacement ont influé sur la croissance des villes. Tu as étudié les facteurs qui ont conduit à l'urbanisation de différentes parties du monde. Tu as aussi appris que les villes des pays en voie de développement ont connu une croissance récente plus rapide que les villes des pays développés.

Révise tes découvertes

1. a) Décris un avantage et un inconvénient de la vie à la campagne.
   b) Décris un avantage et un inconvénient de la vie dans une ville.
2. Énumère et décris trois différences entre les villes des pays développés et les villes des pays en voie de développement.
3. Imagine que tu fais partie d'une famille rurale pauvre dans un pays d'Afrique. Écris, dans une lettre à un parent ou dans ton journal intime, pourquoi ta famille a l'intention de déménager dans une grande ville.

Chapitre 3 La croissance des villes

Mets tes découvertes en pratique

1. Copie le tableau de la figure 13. Pour le remplir, indique les caractéristiques demandées des six plus grandes villes du Canada. Pour t'aider, consulte un atlas, ce chapitre et Internet.

Ville	Population	Site	Position	Fonction
Toronto				
Montréal				
Vancouver				
Ottawa				
Edmonton				
Calgary				

Figure 13
Tableau pour la question 1

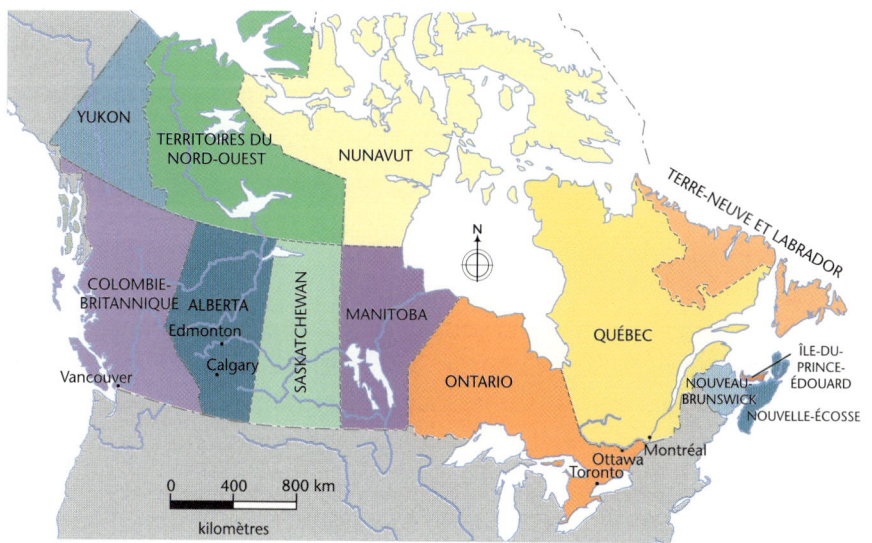

Figure 14
Les six plus grandes villes du Canada

2. Fais une recherche sur les facteurs géographiques qui ont déterminé l'emplacement de ta communauté et sa croissance. Consulte les ressources de la bibliothèque et des spécialistes de ta région.

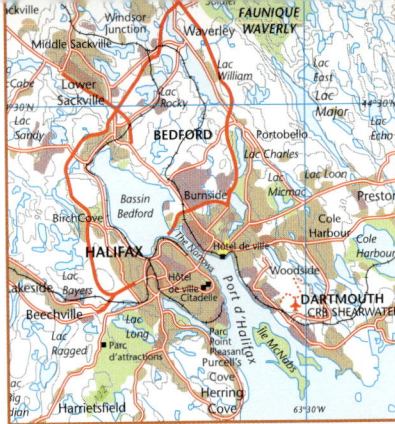

Chapitre 4

Les constantes urbaines

Mots clés

paysage
centre des affaires
migration journalière
services publics

Dans ce chapitre, nous examinons les constantes urbaines. L'information et les activités t'aideront :
- à reconnaître et à décrire divers types d'occupation du sol ;
- à définir certains problèmes liés aux changements dans les lieux de travail ;
- à montrer que tu comprends certaines constantes de l'emploi au Canada.

Un centre pour les activités

Pense aux endroits que tu fréquentes dans ta ville ou dans la ville la plus proche. Ta liste inclut probablement les lieux où tu vis, où tu fais tes achats, où tu fréquentes l'école, où tu empruntes des livres, où tu reçois des traitements médicaux, où tu pratiques des sports, où tu vas au cinéma, et ainsi de suite. Elle devrait aussi inclure les itinéraires que tu suis pour te rendre à tes activités et en revenir. Selon leur localisation dans la ville, ces endroits créent divers types de **paysages** urbains.

Les géographes recherchent des constantes dans la structure des paysages urbains. Par exemple, qu'est-ce qui distingue les paysages résidentiels (maisons et immeubles d'habitation) des paysages industriels (usines et entrepôts) ? Les géographes classent les paysages urbains en six grandes catégories :
- résidentiel (maisons et immeubles d'habitation) ;
- commercial (bureaux et magasins) ;
- industriel (usines et entrepôts) ;
- institutionnel (hôpitaux, écoles et autres édifices publics) ;
- de transport (canaux, chemins de fer, routes et aéroports) ;
- récréatif (terrains pour la pratique des sports, centres récréatifs, terrains de golf et autres).

Paysage : ce que nous voyons lorsque nous regardons autour de nous.

Chapitre 4 Les constantes urbaines 53

a)

b)

c)

d)

Figure 1
Nomme et décris chacun de ces paysages urbains. Quels genres d'emplois ont les gens dans chaque photographie ?

Les cartes d'occupation des sols

Les cartes d'occupation des sols décrivent les différentes utilisations du sol dans une région. Ces cartes donnent une représentation des régions selon la légende ci-dessous. (Lorsqu'elles sont à grande échelle, les cartes montrent également les édifices institutionnels, comme les écoles et les hôpitaux.)

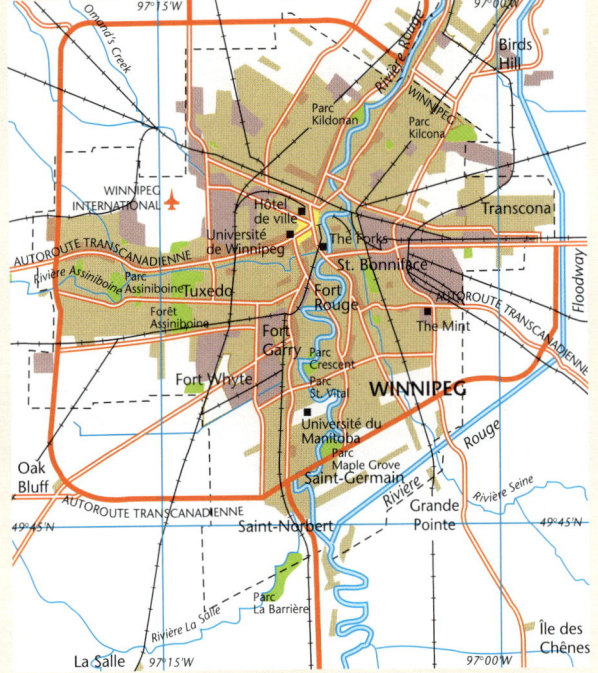

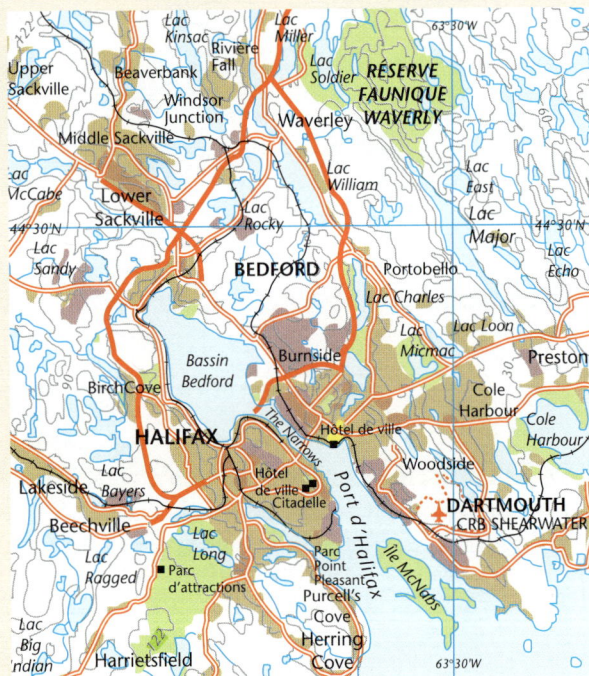

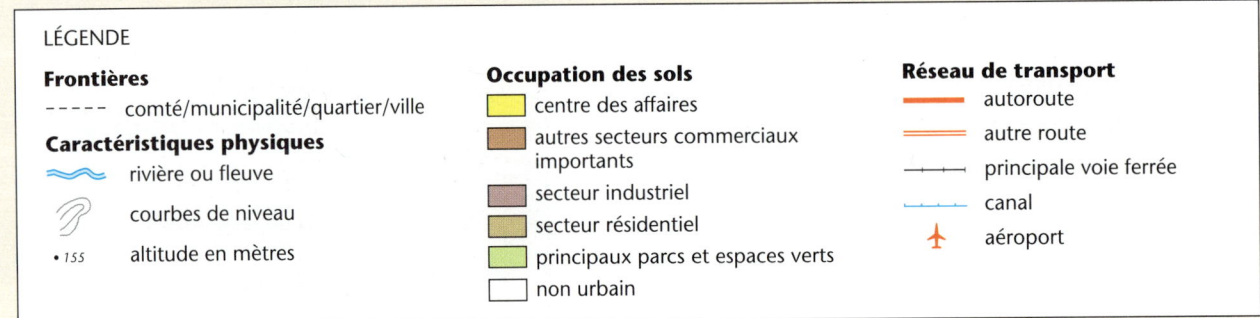

Figure 2
Occupation des sols à Winnipeg

Figure 3
Occupation des sols à Halifax

Chapitre 4 Les constantes urbaines 55

FAIS DES DÉCOUVERTES
AVEC DES CARTES

1. Observe la carte d'occupation des sols de Winnipeg dans la figure 2.
   a) Quels types d'occupation des sols trouve-t-on près des cours d'eau et des voies ferrées ?
   b) Compare la carte d'occupation des sols de Winnipeg avec les deux modèles de la figure 4. Quel modèle la ville de Winnipeg semble-t-elle suivre ? Explique.
2. Dans la figure 3, comment la géographie physique d'Halifax influe-t-elle sur l'aménagement des secteurs résidentiels et industriels ?

a) b)

1 Centre des affaires (CDA)
2 Secteur industriel
3 Maisons à prix abordable
4 Maisons à prix moyen
5 Maisons à prix élevé

++++ Voie ferrée
—— Route principale
+-+-+ Canal

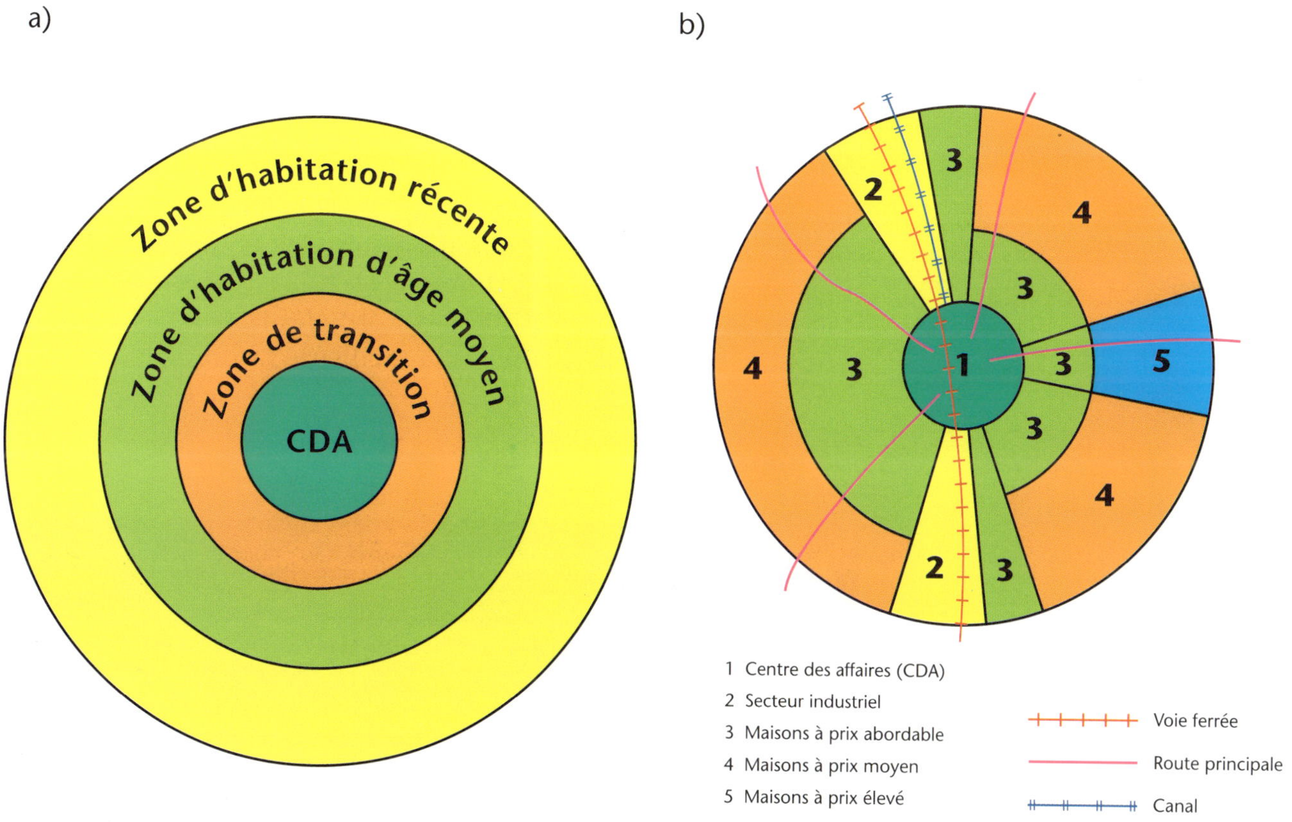

Figure 4
D'après certains géographes, les villes sont divisées selon une série de *cercles* qui partent du centre de la ville et vont vers l'extérieur (a). D'autres géographes affirment que les villes sont divisées en formations en V qui suivent les voies de transport du centre de la ville vers l'extérieur (b).

Centre des affaires (CDA) : le cœur de la ville où convergent les grandes voies de transport. On y trouve les terrains ayant la plus grande valeur marchande ainsi que plusieurs entreprises d'importance.

Le centre des affaires

Les figures 2 et 3 montrent un type particulier d'occupation des sols : le **centre des affaires**, ou **CDA**. Dans ta ville ou ta localité, on nomme peut-être cette partie « centre-ville ». Tu fréquentes sans doute les grands magasins ou les cinémas du CDA. Il se peut même que tu connaisses des adultes qui travaillent dans les édifices à bureaux du CDA.

Les terrains du centre-ville coûtent cher et sont très en demande. Les édifices sont habituellement élevés (figure 1 a) à la page 53) pour que le plus d'entreprises et de personnes possible puissent s'y installer. Des organisations comme les banques, les grands magasins et les cinémas peuvent davantage se permettre de payer les prix exorbitants du centre-ville. D'autres groupes, comme les entrepreneurs en construction et les propriétaires d'usines, recherchent des terrains moins chers et plus grands.

L'occupation résidentielle des sols

Étant donné que le centre-ville est un lieu d'affaires et de divertissements, très peu de gens y vivent. La plupart des secteurs résidentiels se trouvent à l'extérieur du centre de la ville. Ils consistent souvent en trois zones d'habitation ; tu peux voir leurs caractéristiques dans la figure 6. Les différences dans la densité de population de ces trois zones sont liées au prix des terrains. Les terrains sont plus chers dans la zone 1 ; la meilleure façon de loger les gens qui veulent habiter près du centre de la ville est donc de construire des édifices à logements à forte densité.

Figure 5
Puisque les terrains sont moins chers dans les banlieues, plusieurs familles s'y installent.

Chapitre 4 Les constantes urbaines 57

Zone	Localisation	Habitation	Densité de population
1	– tout près du centre-ville	– habitations plus vieilles – beaucoup d'édifices à logements	– forte
2	– plus loin du centre-ville	– habitations d'âge moyen (de 20 à 60 ans)	– moyenne
3	– banlieues éloignées	– habitations plus récentes (construites depuis les années 1970) – habitations et lots plus grands	– faible

Figure 6
Zones résidentielles et densité de population en fonction de la distance par rapport au centre-ville

Fais des découvertes

1. La figure 7 à la page 58 représente un secteur de recensement d'Ottawa.
   a) Décris la constante de densité de population près du centre d'Ottawa.
   b) Décris la constante de densité de population dans les banlieues éloignées d'Ottawa.
2. La figure 8 à la page 59 est une image satellite du centre-ville de Vancouver et du port de Vancouver. Le « X » indique English Bay, une zone de transition composée de tours d'habitation. English Bay a la plus forte densité de population de toutes les régions urbaines du Canada (24 000 personnes par kilomètre carré). Le « Y » indique le centre de la ville.
   a) Pourquoi English Bay est-il un lieu d'habitation recherché ? Donne deux raisons.
   b) À l'aide d'un atlas ou d'un ouvrage de référence, associe les lettres « A » à « F » de la figure 8 à l'une des caractéristiques ci-dessous :
   – Le parc Stanley
   – False Creek
   – Le pont Lions Gate
   – Les voies de triage
   – BC Place
   – Les marinas de voiliers ou de yachts

Consulte la page 21 pour revoir les secteurs de recensement.

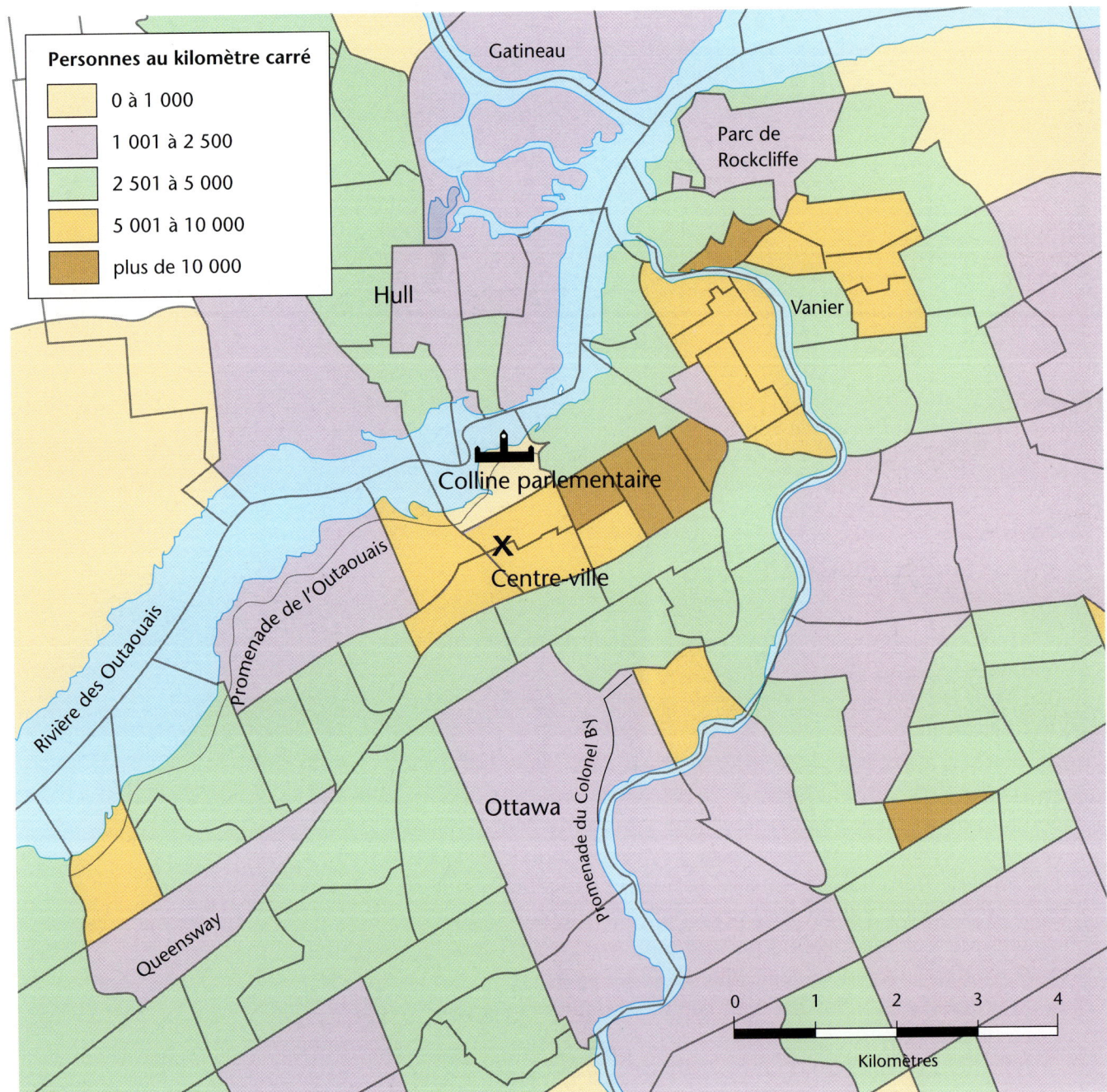

Figure 7
Densité de population selon la carte des secteurs de recensement d'Ottawa

Chapitre 4 Les constantes urbaines

L'occupation commerciale des sols

Dans les zones commerciales d'une ville, les gens travaillent, achètent des biens et utilisent des services. Les types d'emplois les plus courants dans les zones commerciales se trouvent dans les bureaux et les magasins. Au Canada, c'est le commerce de gros et de détail qui procure le plus d'emplois dans les villes.

Figure 8
Image satellite d'une partie de Vancouver

Autrefois, les magasins étaient tous situés dans le centre-ville. C'est différent depuis que les villes ont grandi et que les zones sont plus étalées. Les gens des banlieues perdraient beaucoup de temps à se rendre fréquemment au centre-ville en voiture. Ils en auraient vite assez des embouteillages et du prix élevé du stationnement.

Pour ces raisons, on a construit des *centres commerciaux régionaux* dans les banlieues. Ce sont de grands centres commerciaux, comme celui de la figure 1 c) de la page 53. Ils disposent de beaucoup d'espaces de stationnement pour les gens des banlieues, qui utilisent souvent leur voiture. Ces centres commerciaux comprennent habituellement un ou plusieurs grands magasins, des boutiques de vêtements, des boutiques spécialisées (des bijouteries, par exemple), des services (des banques et des salons de coiffure, par exemple) et une aire de restauration.

Les *centres commerciaux locaux* desservent de plus petites régions que les centres régionaux. Il n'y a généralement pas de grand magasin, mais il peut y avoir une grande quincaillerie ou un magasin offrant divers articles de consommation de même qu'un certain nombre de boutiques et de services. Les *centres commerciaux de quartier* abritent seulement quelques magasins et desservent la population locale. Enfin, les dépanneurs offrent surtout des produits alimentaires d'utilisation courante.

Une tendance intéressante s'est développée sur les terrains commerciaux: les mêmes types de magasins et de services sont souvent près les uns des autres. Par exemple, les restaurants-minute sont regroupés dans les aires de restauration des centres commerciaux plutôt que d'être dispersés dans tout le centre. Dans les centres commerciaux extérieurs, les restaurants-minute sont également près les uns des autres. Plusieurs magasins d'appareils électroniques se trouvent souvent dans le même quartier. Cette tendance présente plusieurs avantages. Il devient facile pour la clientèle de comparer les prix des produits puisque les mêmes types de magasins se trouvent les uns à côté des autres. Les propriétaires profitent de leur côté d'une augmentation de la clientèle, qui préfère faire ses achats là où elle peut comparer les prix. Cet avantage semble plus important que l'inconvénient principal, c'est-à-dire devoir concurrencer ses voisins pour attirer la clientèle.

Figure 9
Les propriétaires de ces trois magasins de disques, installés les uns à côté des autres, ont peut-être espéré attirer plus de gens en leur permettant de comparer les prix.

Chapitre 4 Les constantes urbaines   61

FAIS DES DÉCOUVERTES

1. La figure 10 montre la répartition des emplois dans quatre régions métropolitaines de recensement (RMR) du Canada. Les nombres représentent le pourcentage de la main-d'œuvre dans chacun des groupes d'activités économiques. Pour analyser l'information de ce tableau, travaille en équipe de quatre. Procède comme indiqué ci-dessous.

Groupe d'activités économiques	Toronto (%)	Ottawa (%)	Hamilton (%)	Saskatoon (%)
Primaire (agriculture, exploitation forestière, exploitation minière, pêche)	0,7	1,2	1,8	5,9
Fabrication	16,8	6,6	20,3	9,5
Construction	4,9	4,8	5,3	5,4
Transport, communications et services publics	7,3	6,3	5,9	7,8
Commerce de gros et de détail	18,2	14,2	18,4	17,9
Services financiers, assurance et immobilier	8,9	4,9	6,0	4,7
Services gouvernementaux	3,8	19,7	4,0	5,5
Éducation, soins de santé et services sociaux	14,5	17,5	18,4	21,2
Services aux entreprises	10,7	10,3	6,4	5,3
Autres services	14,2	14,5	13,5	16,8
Total	100,0	100,0	100,0	100,0

Figure 10
Répartition des emplois dans quatre régions métropolitaines de recensement (RMR) du Canada

a) Énumère les groupes d'activités économiques qui pourraient se trouver dans un quartier commercial de la ville (le centre des affaires ou les centres commerciaux régionaux, locaux ou de quartier). Donne des exemples.

b) Classe par ordre d'importance les trois groupes d'activités économiques qui emploient le plus de gens. Pour trouver la réponse, additionne les pourcentages de chaque groupe d'activités des quatre RMR.
c) À partir de tes connaissances ou de ce que tu peux découvrir, indique pourquoi, selon toi, il y a à Toronto un pourcentage exceptionnellement élevé de gens qui travaillent dans la finance, l'assurance ou l'immobilier.
d) À partir de tes connaissances ou de ce que tu peux découvrir, indique pourquoi, selon toi, il y a à Ottawa un pourcentage exceptionnellement élevé de gens qui travaillent dans les services gouvernementaux.
e) À partir de tes connaissances ou de ce que tu peux découvrir, indique pourquoi, selon toi, il y a à Hamilton un pourcentage exceptionnellement élevé de gens qui travaillent dans la production.
f) À partir de tes connaissances ou de ce que tu peux découvrir, indique pourquoi, selon toi, il y a à Saskatoon un pourcentage exceptionnellement élevé de gens qui travaillent dans l'agriculture, l'exploitation forestière, la pêche et l'exploitation minière.
g) Chaque membre de l'équipe fait un diagramme circulaire qui représente les constantes d'emploi d'une des quatre villes de la figure 10. Divise chaque diagramme en 10 secteurs. Multiplie le pourcentage de chaque groupe d'activités économiques par 3,6 pour obtenir le nombre de degrés (sur 360) que chaque secteur devrait occuper dans la circonférence du cercle.

2. Décris le centre commercial le plus près de chez toi ou de ton école.
   a) Est-il au centre-ville ou en banlieue?
   b) Si le centre commercial est en banlieue, s'agit-il d'un centre régional, local ou de quartier? Explique ta réponse.

Consulte la page 260 pour revoir la construction d'un diagramme circulaire.

L'occupation industrielle des sols

Dans les villes, l'activité industrielle se concentre dans deux genres d'emplacements. L'un d'eux se situe *près d'une voie ferrée ou d'un cours d'eau navigable*. Cet emplacement est nécessaire aux industries qui utilisent des matières premières en vrac comme l'aciérage, le raffinage du pétrole et la minoterie. Les raffineries et les minoteries sont souvent situées à l'*estuaire* des fleuves ou des rivières (embouchure évasée du cours d'eau), car il est facile d'y recevoir leurs matières premières.

Chapitre 4 Les constantes urbaines

Le deuxième emplacement convient aux industries qui ont besoin d'un bon réseau routier et d'une grande superficie pour leurs usines. La plupart du temps, ces industries sont situées *dans les banlieues, près des autoroutes ou des aéroports.*

a)

b)

Figure 11
L'emplacement d'une usine dépend en partie de ce qu'elle produit. Pourquoi, selon toi, l'usine en a) se trouve-t-elle près d'un cours d'eau alors que celle en b) s'est établie près d'une grande route?

Fais des découvertes

1. Observe les deux paysages industriels de la figure 11. Selon toi, laquelle de ces usines doit importer des matières premières? Laquelle s'occupe de la distribution d'un produit fini? Explique.
2. Travaille en équipe. Dresse une liste des usines et des ateliers de ta ville. Répartis ta liste entre les membres de ton équipe. Chaque élève doit trouver les réponses aux questions suivantes à propos des usines qui lui ont été assignées. Sers-toi d'un tableau pour résumer les réponses.
   a) Où se trouve chacune des usines: près d'une voie ferrée, d'un cours d'eau ou dans une banlieue?
   b) Pourquoi chaque emplacement est-il adéquat? Inclus de l'information à propos des matières premières, du moyen de transport principal ou des principaux produits.

L'occupation des sols pour les loisirs

Les parcs et les espaces verts permettent aux gens de la ville de se détendre et de profiter de la nature. La plupart des villes réservent et aménagent aussi des terrains pour les personnes qui pratiquent des *sports*. Les terrains de base-ball, les patinoires extérieures, les courts de tennis, les terrains de golf, etc., font partie des terrains réservés aux loisirs. Pour divertir les gens, les villes canadiennes fournissent des installations sportives intérieures pour le basket-ball, les sports de glace et les clubs destinés à tous les groupes d'âge.

FAIS DES DÉCOUVERTES

1. Dresse une liste de quatre activités récréatives intérieures (aller au cinéma, par exemple) et de quatre activités récréatives extérieures (jouer au soccer, par exemple) que tu pratiques régulièrement. Écris les renseignements demandés aux endroits appropriés dans le tableau de la figure 12.

Liste des activités	Nombre de fois par semaine	Localisation (centre-ville, local ou autre)	Moyen de transport	Type d'édifice ou de terrain
Intérieures				
1				
2				
3				
4				
Extérieures				
1				
2				
3				
4				

Figure 12
Tableau d'activités récréatives

2. Discute avec quelques camarades de la qualité des infrastructures de loisirs dans ta région. Y en a-t-il assez ? S'intègrent-elles bien au paysage ? Y offre-t-on assez d'activités aux moments qui conviennent ? Peuvent-elles satisfaire à la demande ? Dresse une liste de suggestions pour améliorer les infrastructures récréatives de ta région.

L'occupation des sols pour les déplacements

Un grand nombre de déplacements ont lieu constamment dans les villes. Certains déplacements, comme la **migration journalière** vers l'école ou le lieu de travail, se font en utilisant des routes bruyantes où il y a beaucoup de circulation. Environ un quart de la superficie des villes consiste en routes, en aires de stationnement, en chemins de fer et autres voies de transport.

La circulation des services et de l'information a souvent lieu sous terre, par l'entremise de réseaux silencieux de haute technologie. Le système téléphonique en est un exemple. Pendant plusieurs années, le système téléphonique a utilisé des câbles portés par des poteaux. Aujourd'hui, les câbles téléphoniques peuvent arriver aux maisons sous terre, ce qui améliore le paysage résidentiel. La figure 13 montre le parcours de l'un des autres **services publics** qui rejoint les utilisatrices et les utilisateurs par voie souterraine.

Migration journalière : les déplacements quotidiens entre le lieu d'habitation et le lieu de travail ou d'étude.

Services publics : ce qui est utilisé par toute la communauté. Les services publics de la ville incluent le gaz, l'eau, l'électricité, le câble et les systèmes téléphoniques.

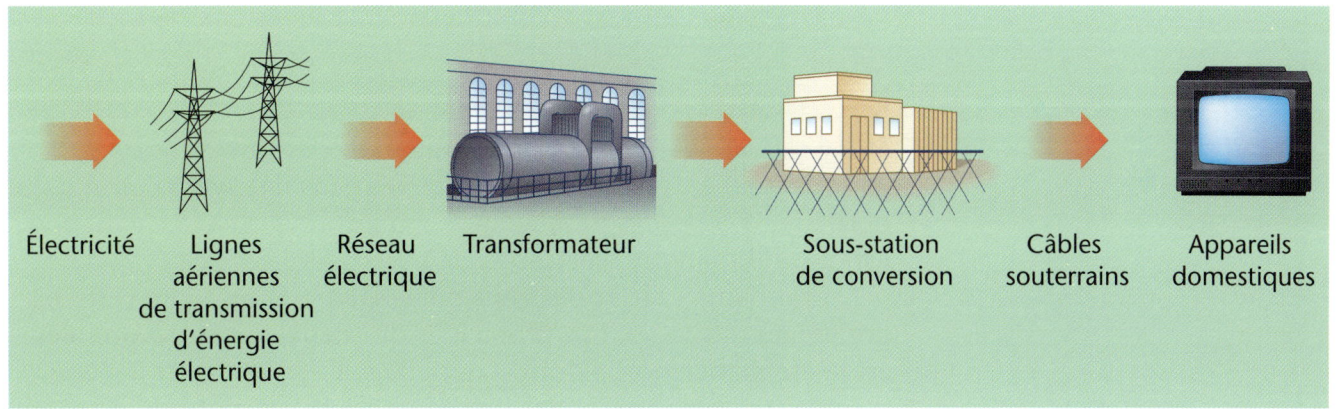

Figure 13
L'électricité produite par l'eau, le charbon, le gaz naturel ou l'huile est transmise par câbles électriques. Elle poursuit son trajet jusqu'à la résidence du consommateur.

INTERNET Pour voir des diagrammes fascinants des services publics souterrains de la ville de New York, consulte le site Internet de l'éditeur :
http://www.dlcmcgrawhill.ca

Les changements dans les lieux de travail au 21e siècle

Comme les câbles téléphoniques, les câbles à fibres optiques sont maintenant organisés en réseaux sous terre. Ils fournissent le service de câble pour la télévision ainsi que l'accès haute vitesse à Internet. L'Internet, le courrier électronique (courriel), les télécopieurs et les modems sont quelques-unes des technologies qui sont en train de transformer les lieux de travail urbains. Une autre technologie, la *téléconférence*, permet aux gens de parler au téléphone avec plusieurs personnes en même temps.

Ces changements et plusieurs autres signifient que beaucoup de gens n'ont plus besoin de se rendre au bureau. Ils peuvent se servir de leur ordinateur pour envoyer et recevoir du travail, en plus de communiquer avec leurs collègues de façon électronique. C'est ce qu'on appelle le *télétravail*. Certains sociologues prédisent que le télétravail deviendra très courant dans les pays développés comme le Canada. Étant donné que plus de gens travailleront à partir de chez eux, on peut s'attendre à des changements dans les paysages urbains. L'occupation des sols aux fins résidentielle, commerciale et de transport devra s'adapter à ces changements.

La planification urbaine

Est-ce que ta ville connaît des problèmes? Y trouves-tu des endroits mal entretenus et laids que les gens décrivent comme des horreurs? Y a-t-il des problèmes liés aux routes ou à la circulation? Est-ce qu'il manque d'emplois?

Les urbanistes sont des gens qui essaient de résoudre certains problèmes des villes. Ces problèmes ont deux causes. La première est la croissance non planifiée des villes. La seconde est le dépérissement des édifices et des infrastructures. Les recommandations des urbanistes pour résoudre ces problèmes sont soumises au conseil municipal.

Un moyen d'améliorer la vie urbaine est de diviser les terrains de la ville en *zones* réservées à des usages particuliers (résidentiel, industriel ou commercial). On peut aménager les zones résidentielles près des espaces verts et loin de la pollution des zones industrielles.

Les urbanistes travaillent aussi à réduire la congestion routière. L'aménagement de rues à sens unique et de voies piétonnières ou cyclables compte parmi les solutions adaptées. Le volume global de circulation et de pollution peut être réduit grâce à un système de transport en commun bien planifié et largement utilisé.

Pour préserver la vitalité de leur centre-ville, plusieurs grandes villes du monde ont entrepris une reconstruction qui les rendra plus accueillantes. Les urbanistes mettent parfois l'accent sur l'amélioration d'un petit secteur de la ville. Un exemple d'un tel projet est le redéveloppement Yonge-Dundas, à Toronto. Ce projet inclut la création d'un centre de divertissement. Sur l'un des coins, un site d'une superficie d'une acre comportera une entrée principale au métro, des espaces couverts, des fontaines et une scène pour des spectacles gratuits. Une grande salle de cinéma, un hôtel et des boutiques occuperont l'autre côté de la rue. Une partie de la section des cinémas sera utilisée le jour par l'Université Ryerson, située à proximité. L'objectif visé est que la population considère cet endroit comme un lieu de rencontre et fournisse une clientèle aux commerces locaux.

Figure 14
La maquette du projet de redéveloppement Yonge-Dundas, à Toronto

FAIS DES DÉCOUVERTES
AVEC DES CARTES

1. La figure 15 est un plan de la ville d'Edmonton. Le plan montre de façon générale comment les terrains d'Edmonton pourraient être développés à l'avenir.
   a) Selon toi, pourquoi le réseau routier prévu forme-t-il un anneau autour de la ville d'Edmonton ?
   b) Quel avantage y a-t-il à regrouper les grandes régions industrielles au nord-ouest et au sud-est de la ville ?
   c) Selon toi, pourquoi n'a-t-on prévu aucun développement le long de la partie nord de la rivière Saskatchewan ?
2. Imagine que tu es urbaniste pour ta localité.
   a) Dresse une liste des problèmes que tu essaierais de résoudre.
   b) Dresse une liste des stratégies que tu utiliserais pour résoudre ces problèmes.
   c) Est-ce que l'une de tes stratégies pourrait créer encore plus de problèmes dans l'avenir ?
   d) Compare tes listes avec celles de tes camarades. Quelles sont les ressemblances ? Quelles sont les différences ?

Résumé

Dans ce chapitre, tu as découvert les activités pratiquées par la population des villes. Tu as vu comment ces activités forment les paysages, c'est-à-dire l'agencement des constantes d'occupation des sols. Tu as aussi appris que nous avons besoin d'urbanistes pour essayer de résoudre les problèmes courants des villes.

Révise tes découvertes

1. Fais un croquis de chacun des paysages urbains (résidentiel, commercial, industriel, institutionnel, routier et récréatif).
2. Dresse une liste de raisons qui expliquent pourquoi les banques et les bureaux sont concentrés dans les régions centrales des villes.
3. Fais un organigramme qui montre toutes les façons dont la technologie informatique peut transformer les villes.

Chapitre 4 Les constantes urbaines

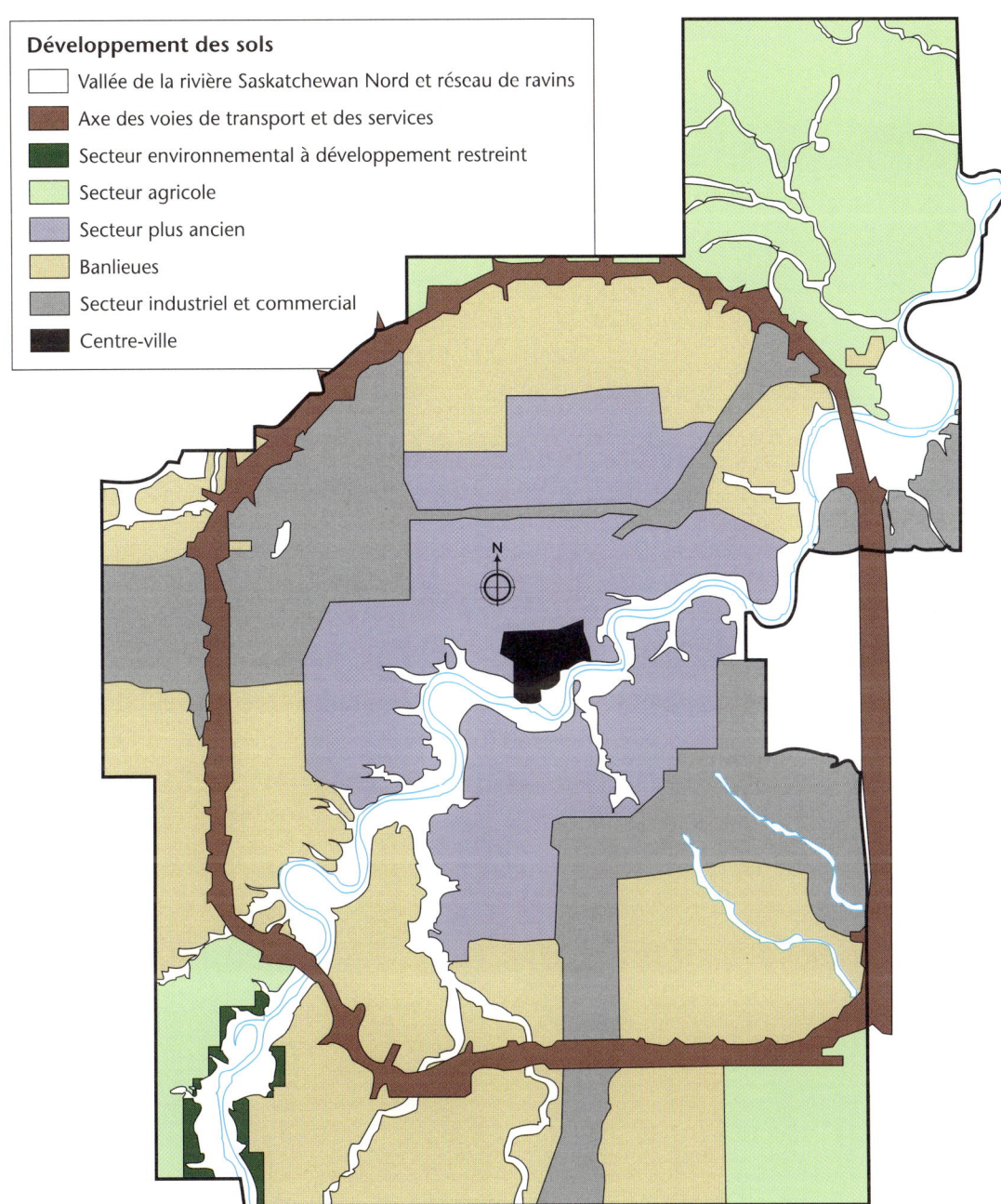

Figure 15
Un projet de développement municipal de la ville d'Edmonton

Mets tes découvertes en pratique

1. Imagine que le conseil municipal d'une ville interdit l'accès du centre-ville aux voitures. En équipe, discute des questions suivantes.
   a) Quels seraient les avantages de cette interdiction ?
   b) Quels en seraient les inconvénients ?
   c) Es-tu en faveur de cette interdiction ? Défends ton opinion auprès d'une ou d'un camarade ayant un autre point de vue.

2. Organise la visite du centre des affaires d'une ville dont la population excède 10 000 personnes. Il peut s'agir de ta propre ville ou d'une autre ville à proximité. Compte les piétons pour essayer de trouver le centre ou l'endroit le plus fréquenté du CDA, là où les terrains auraient le plus de valeur. Suis les étapes ci-dessous.
   a) Travaille avec une ou un camarade. Chaque équipe doit dresser un tableau des effectifs comme celui de la figure 16.
   b) Chaque équipe choisit un point autour du CDA. Un membre de l'équipe compte le nombre de piétons, y compris les enfants, et l'autre écrit les données dans le tableau des effectifs.
   c) Détermine la durée pendant laquelle vous compterez les gens (cinq ou dix minutes, par exemple) et consigne les données.
   d) Compare ton tableau des effectifs à ceux d'autres élèves. La plus forte densité de piétons devrait se trouver au centre des affaires ou tout près.

Lieu _____ Date _____ Heure _____

	0 à 5 min	5 à 10 min	10 à 15 min	15 à 20 min	20 à 25 min	25 à 30 min	Total
De gauche à droite	|||| |||						
De droite à gauche	|||| |||| ||						

Figure 16
Tableau des effectifs pour compter le nombre de piétons

Chapitre 5

L'accroissement de la population

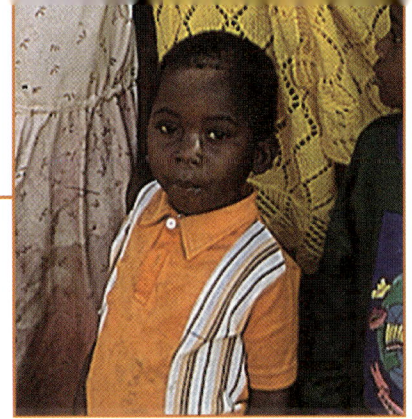

Dans ce chapitre, nous examinons les constantes de l'accroissement de la population. L'information et les activités t'aideront :
- à décrire les caractéristiques des populations à l'aide des bons termes ;
- à montrer que tu comprends les relations entre les caractéristiques des populations ;
- à analyser et à construire une pyramide des âges.

Mots clés

pyramide des âges
baby-boom
taux de natalité
taux de mortalité
espérance de vie

Une minute dans la vie du monde

À l'aide d'une montre ou d'une horloge, chronomètre une minute. À mesure que tu comptes les secondes, prédis le nombre de bébés qui viennent au monde pendant cette minute.

Après une minute, la population mondiale aura augmenté de 260 nouveaux bébés. Durant la même minute, environ 100 personnes seront mortes. Autrement dit, la population augmente de 160 personnes *chaque minute*. Elle augmente donc de 9 600 personnes *chaque heure*. Quelle serait l'augmentation d'*une journée* ? l'augmentation d'*une année* ?

Tous ces nouveaux enfants doivent être nourris, habillés et logés. Plus vieux, ils auront besoin d'un emploi pour gagner leur vie. Répondre aux besoins d'autant de personnes est peut-être le plus grand défi du nouveau millénaire.

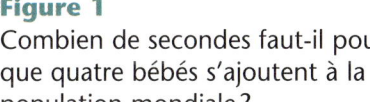

Figure 1
Combien de secondes faut-il pour que quatre bébés s'ajoutent à la population mondiale ?

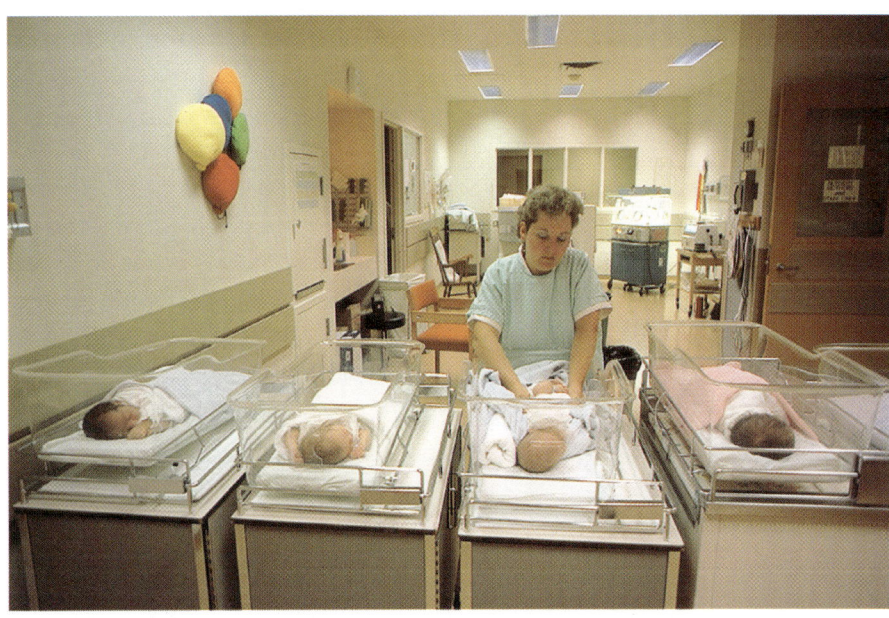

Les constantes des âges

Est-il possible de prédire des constantes dans l'accroissement de la population d'un pays? Quels renseignements sont nécessaires?

Entre autres, il faut connaître l'âge et le sexe de chaque citoyenne et citoyen. Ces renseignements sont fournis par le recensement du pays. Les pays où il y a beaucoup de jeunes auront, dans l'avenir, un taux de natalité plus élevé que les pays dont la population est plus âgée. Les pays où il y a beaucoup de femmes qui peuvent et veulent avoir des enfants auront un taux de natalité plus élevé que les pays où moins de femmes veulent et peuvent avoir des enfants. Le meilleur moyen de représenter la tendance âge/sexe d'un pays est de construire une **pyramide des âges**.

Pyramide des âges: deux diagrammes à bandes accolés de part et d'autre d'un axe vertical. Un diagramme montre le nombre d'individus de sexe masculin et l'autre montre le nombre d'individus de sexe féminin d'un pays, par groupe d'âge.

FAIS DES DÉCOUVERTES
AVEC DES DIAGRAMMES

1. Examine la figure 2.
   a) Dans la pyramide, trouve la bande qui te correspondrait si tu habitais le Mozambique.
   b) Quels sont les trois grands groupes d'âge représentés par les trois couleurs différentes? (Ces groupements sont utilisés par les Nations Unies.)
   c) Associe chaque grand groupe d'âge avec l'une de ces descriptions:
      – personnes trop jeunes pour travailler;
      – personnes à l'âge de la retraite;
      – personnes en âge de travailler (ou population active).
2. Les «femmes de 15 à 45 ans» représentent un autre grand groupe qui intéresse les géographes. Ce groupe décrit les femmes en âge d'avoir des enfants. Pourquoi est-ce utile de connaître le nombre de personnes dans ce groupe âge/sexe?
3. Sers-toi des données de la figure 3 de la page 74 pour dessiner une pyramide des âges pour le Canada en 1996. Dans ton diagramme, utilise seulement les pourcentages pour chaque groupe d'âge. Utilise la même échelle que dans la figure 2 de la page 73 (1 cm pour chaque 1 % de l'échelle horizontale et 0,5 cm pour chaque groupe d'âge de l'échelle verticale). Donne un titre approprié à ton diagramme.

Chapitre 5 L'accroissement de la population

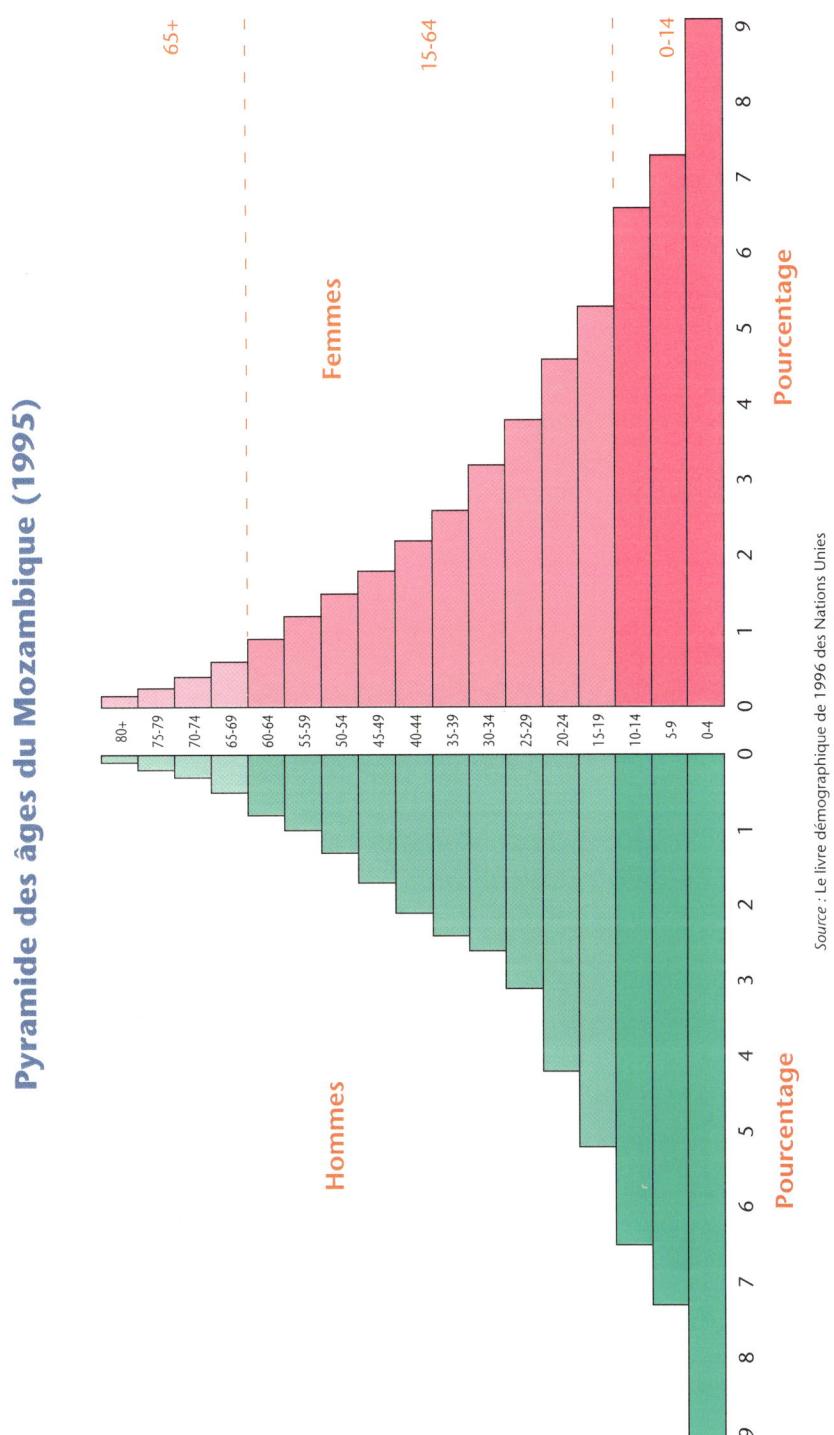

Figure 2
Cette pyramide des âges représente la population du Mozambique en 1995. Le Mozambique est un pays en voie de développement du sud-est de l'Afrique.

Consulte la page 262 pour en savoir plus sur la façon de construire une pyramide des âges.

4. Observe la différence entre la forme de la pyramide des âges du Canada et celle de la pyramide du Mozambique. Pour les deux pays, additionne les pourcentages représentés par les bandes pour obtenir le pourcentage total de personnes qui :
   a) ont moins de 15 ans.
   b) sont en âge de travailler (de 15 à 64 ans), soit la population active.
   c) ont plus de 65 ans.

Âge	Homme (en milliers)	Hommes (pourcentage)	Femmes (en milliers)	Femmes (pourcentage)
85+	109,5	0,4	249,9	0,8
80-84	174,8	0,6	292,8	1,0
75-79	289,3	1,0	415,6	1,4
70-74	433,9	1,4	547,5	1,8
65-69	536,9	1,8	593,4	2,0
60-64	597,1	2,0	617,5	2,1
55-59	662,4	2,2	670,8	2,2
50-54	838,5	2,8	834,1	2,8
45-49	1 085,2	3,6	1 074,7	3,6
40-44	1 192,5	4,0	1 196,4	4,0
35-39	1 344,9	4,5	1 323,3	4,4
30-34	1 335,0	4,5	1 298,3	4,3
25-29	1 122,3	3,7	1 103,1	3,7
20-24	1 033,9	3,5	1 003,5	3,3
15-19	1 026,7	3,4	977,0	3,3
10-14	1 032,3	3,4	988,1	3,3
5-9	1 031,8	3,4	984,9	3,3
0-4	1 000,2	3,3	951,1	3,2
Total	14 847,2	49,5	1 5122,0	50,5

Figure 3
La population du Canada en 1996 par sexe et par tranches de cinq ans

5. Avec quelques camarades, utilise tes réponses à la question 4 pour discuter des sujets suivants.
   a) À quels défis le gouvernement du Mozambique doit-il faire face dans le domaine de l'éducation?
   b) Quelles sont les perspectives futures de l'accroissement de la population du Mozambique?
   c) À quels défis le gouvernement du Canada doit-il faire face dans le domaine des prestations de retraite et des soins de santé de longue durée aux personnes âgées?
6. Ta pyramide montre qu'en 1996 il y avait beaucoup de personnes entre 30 et 50 ans au Canada. Ce groupe de personnes est appelé la génération du **baby-boom** ou les «baby-boomers». Cette expression veut dire qu'un nombre exceptionnellement élevé de naissances a eu lieu 30 à 50 ans plus tôt.
   a) Compare le pourcentage de personnes entre 10 et 29 ans au Canada en 1996 avec le pourcentage des baby-boomers. Est-il plus élevé ou moins élevé?
   b) D'après cette comparaison, indique à quel moment la période du baby-boom s'est terminée. (Autrement dit, vers quelle année le nombre de naissances a-t-il commencé à chuter, avec comme résultat qu'il y avait moins de personnes dans certains groupes d'âge en 1996?)

Baby-boom (ou explosion démographique): une période d'environ 20 ans qui a suivi la Seconde Guerre mondiale et pendant laquelle le nombre des naissances a été exceptionnellement élevé. Cette explosion démographique a été suivie d'un effondrement de la natalité.

Figure 4
Dans les années 1950, le «baby-boom» a conduit à la construction massive de maisons dans les banlieues.

INTERNET Pour voir des exemples de pyramides des âges (incluant des animations) pour tous les pays, consulte le site Internet de l'éditeur:
http://www.dlcmcgrawhill.ca

Mouvement de la population

Les naissances et les décès sont deux facteurs importants dans la variation de la population. Le taux de natalité et le taux de mortalité d'un pays mesurent le nombre de naissances et de décès par mille personnes. Ils servent à comparer les tendances de population dans différents pays. Par exemple, le Royaume-Uni a un taux de mortalité plus élevé que le Brésil. Dans ce cas, on s'aperçoit que la population du Royaume-Uni est plus âgée que celle du Brésil. Les figures 5 et 6 montrent les constantes des taux de natalité et de mortalité dans le monde.

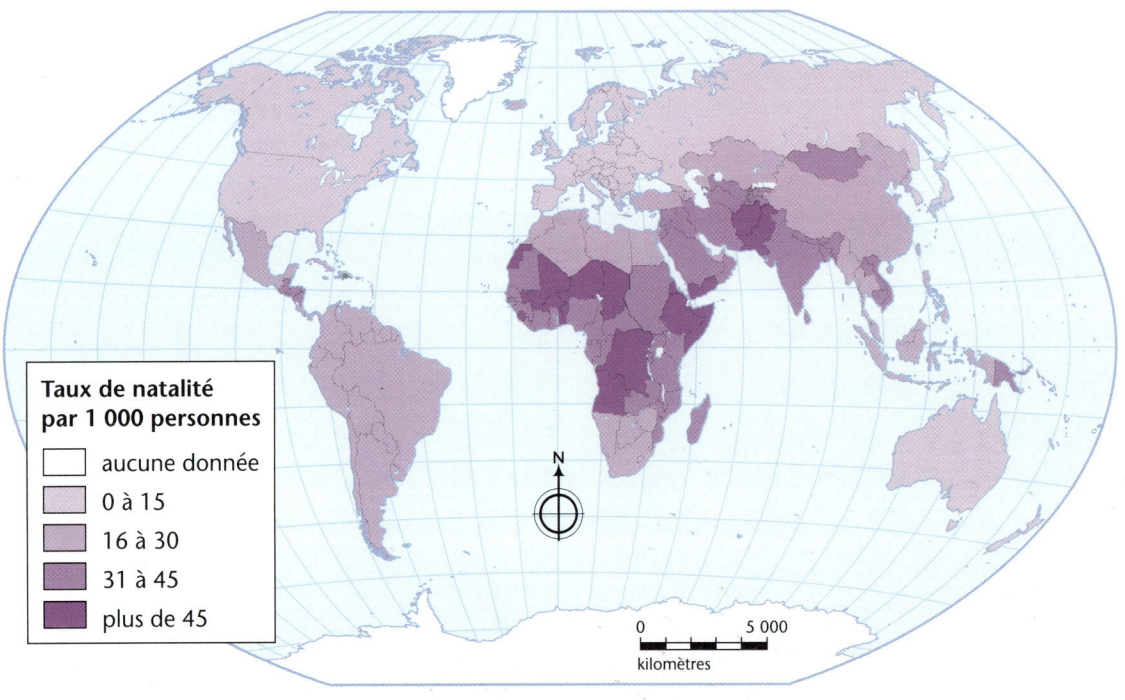

Le plus haut taux de natalité en 1997		Le plus bas taux de natalité en 1997	
Pays	Taux de natalité	Pays	Taux de natalité
Niger	54	Bulgarie	8
Tchad	50	République de Lettonie	8
Angola	48	République du Bélarus	9
Rép. dém. du Congo	48	République tchèque	9
Ouganda	48	Estonie, Italie, Russie	9

Source : *Population Reference Bureau*, 1999, données sur la population mondiale.

Figure 5
Taux de natalité dans le monde en 1997

Chapitre 5 L'accroissement de la population

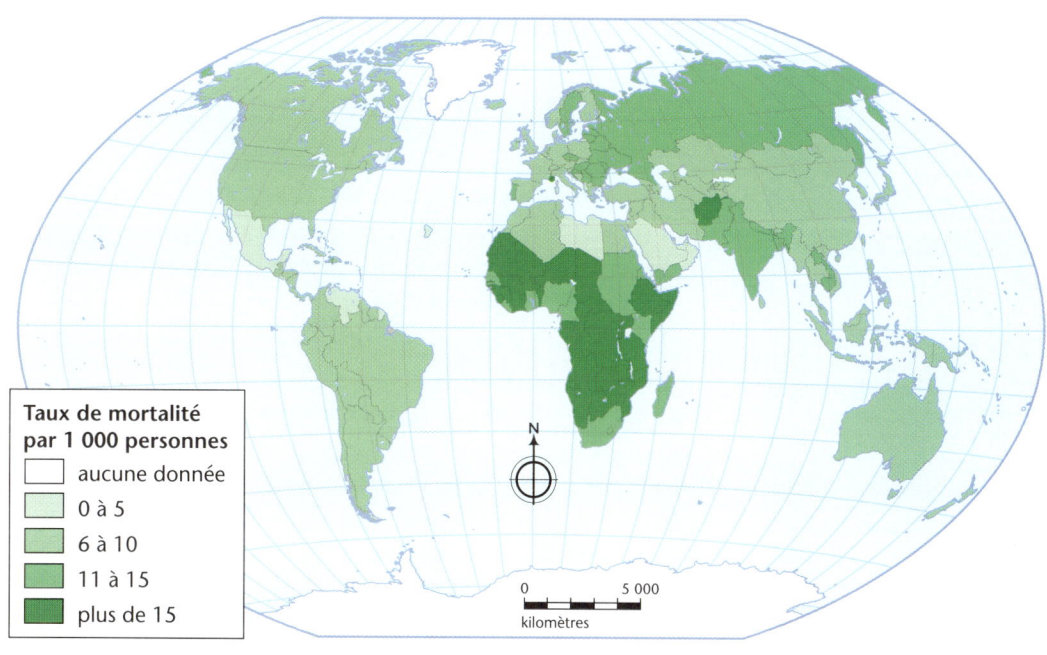

Figure 6
Taux de mortalité dans le monde en 1997

L'étude des variations de la population ne se limite pas aux naissances et aux décès. Les géographes ont aussi besoin de savoir combien d'*immigrantes* et d'*immigrants* sont venus s'installer dans un pays pour y vivre. De la même façon, il faut tenir compte du nombre d'*émigrantes* et d'*émigrants* qui quittent le pays et font diminuer sa population.

Résumons ces facteurs. Si on connaît la population du Canada en mai 2001 (le mois du recensement), on sait que la population en mai de l'année 2002 sera :

La population en mai 2001
+ les naissances entre mai 2001 et mai 2002
− les décès entre mai 2001 et mai 2002
+ les immigrantes et les immigrants arrivés au Canada entre mai 2001 et mai 2002
− les émigrantes et les émigrants qui ont quitté le Canada entre mai 2001 et mai 2002.

Taux de natalité : le nombre total de naissances par 1 000 personnes de la population d'un pays. La formule pour calculer le taux de natalité est : **total des naissances ÷ population totale × 1 000**.

Taux de mortalité : le nombre total de décès par 1 000 personnes de la population d'un pays. La formule pour calculer le taux de mortalité est : **total des décès ÷ population totale × 1 000**.

LIEN MATHÉMATIQUES

FAIS DES DÉCOUVERTES
AVEC DES DIAGRAMMES ET DES TABLEAUX

1. Un taux de natalité de plus de 30 est considéré comme élevé. Le taux de natalité du Mozambique est de 41.
   a) Examine la pyramide des âges du Mozambique (figure 2 de la page 73). Décris sa forme.
   b) Pourquoi les pays qui ont ce type de pyramide tendent-ils à avoir un taux de natalité élevé ?
2. Travaille en équipe de quatre. Copie le tableau de la figure 7. Chaque membre de l'équipe doit choisir deux pays différents. Pour tes deux pays, remplis la colonne des **taux de natalité** du tableau. Procède comme suit.
   a) Divise le nombre total de naissances du pays par sa population totale.
   b) Multiplie ta réponse en a) par 1 000.
3. Pour tes deux pays, remplis la colonne des **taux de mortalité**. Procède comme suit.
   a) Divise le nombre total de décès du pays par sa population totale.
   b) Multiplie ta réponse en a) par 1 000.
4. Pour tes deux pays, remplis les deux dernières colonnes. Procède comme suit.
   a) Calcule l'accroissement naturel, c'est-à-dire soustrais le nombre de décès du nombre de naissances.
   b) Calcule le taux d'accroissement naturel, c'est-à-dire soustrais le taux de mortalité du taux de natalité.
5. En équipe, remplis les cases vides correspondant au monde, dans la dernière rangée. Étudie ensuite tes résultats. Quels sont les deux pays qui contribuent le plus à l'accroissement de la population totale du monde ?
6. Calcule la population du Canada en 2002 si la population en 2001 est de 30 700 000. Pendant la période 2001-2002, il y a eu
   – 355 000 naissances ;
   – 215 000 décès ;
   – 250 000 immigrantes et immigrants ;
   – 30 000 émigrantes et émigrants.

Pays	Population mi-1999 (en milliers)	Naissances (en milliers)	Taux de natalité (pour mille)	Décès (en milliers)	Taux de mortalité (pour mille)	Accroissement naturel (par milliers)	Taux d'accroissement naturel (%)
Canada	30 600	337		214			
Royaume-Uni	59 400	715		595			
Japon	126 700	1 265		890			
Chine (incluant Hong-kong)	1 261 000	20 200		8 800			
Inde	986 600	27 625		8 885			
Kenya	28 800	1 010		403			
Brésil	168 000	3 530		1 010			
Mali	11 000	517		176			
Monde	5 982 000	137 590		53 850			

Figure 7
Naissances et décès dans certains pays en 1999

La baisse des taux de natalité

Il y a une autre façon de décrire les tendances de la natalité d'un pays. L'*indice de fécondité* mesure le nombre moyen d'enfants qu'une femme a pendant sa vie. Un indice de fécondité d'environ 2,1 enfants par femme est nécessaire pour assurer le remplacement de la population à long terme. Au Niger (taux de natalité : 54) et en Éthiopie (taux de natalité : 46), l'indice de fécondité est de sept enfants par femme. Au Canada (taux de natalité : 11), il est d'environ 1,5 enfant par femme.

Pourquoi les tendances de natalité sont-elles si différentes d'une partie du monde à une autre ? Et pourquoi les pays qui ont le moins les moyens d'avoir des enfants sont-ils ceux qui ont les taux de natalité les plus élevés ? Il y a plusieurs réponses possibles à ces questions. Le fait que les moyens de contraception soient plus accessibles dans les pays développés n'est qu'une partie de la réponse. Voici quelques raisons qui expliquent les taux de natalité élevés dans les pays pauvres.

▸ Une famille veut plus d'enfants pour qu'ils participent au travail des champs qui produisent la nourriture.

Figure 8
Compare l'indice de fécondité de plusieurs pays d'Afrique avec celui du Canada. Que remarques-tu ?

- Un couple veut plus d'enfants pour qu'ils s'occupent des parents âgés (certains pays n'ont pas de programmes d'assurance ni de soutien du gouvernement pour les gens âgés).
- Un couple veut plus d'enfants pour remplacer ceux qui meurent avant d'avoir atteint l'âge adulte.
- La culture ou la religion de certains pays privilégie les familles nombreuses.

La baisse du taux de natalité est l'un des défis mondiaux les plus difficiles à relever. On y arrivera seulement si les populations des pays à haut taux de natalité adoptent une attitude plus positive envers les plus petites familles. Certains changements pourraient les aider, par exemple :

- améliorer la santé des enfants. Les gens accepteraient peut-être d'avoir moins d'enfants s'ils avaient l'assurance que leurs enfants atteindront l'âge adulte.
- améliorer la condition des femmes. Dans les pays pauvres à haut taux de natalité, les femmes ne reçoivent souvent pas d'instruction et ont un rang inférieur dans la société. Dès que les femmes d'un pays reçoivent une meilleure éducation et peuvent faire d'autres choix de vie, le taux de natalité baisse.

Rester en vie

Dans tous les pays du monde, les gens essaient de prévenir ou de retarder la mort. Certains pays ont mieux réussi que d'autres. Malheureusement, les taux de mortalité des pays en voie de

Figure 9
Ces jeunes femmes travaillent aux semis en Afrique.

développement sont encore beaucoup plus élevés que ceux des pays développés.

Une tragédie caractéristique des pays les plus pauvres est le *taux de mortalité infantile*. Il s'agit du nombre d'enfants, pour mille naissances, qui meurent avant l'âge de un an. Dans les pays pauvres, le taux de mortalité infantile est aussi élevé que 150, en dépit d'une baisse récente. Pendant les 20 dernières années, des organisations comme l'UNICEF ont fait de grands efforts pour réduire la mortalité infantile en mettant en place des programmes de vaccination. Un autre outil pour réduire la mortalité infantile est la solution orale de réhydratation — une solution de sucre et de sel pour aider les enfants à éviter la déshydratation.

Dans plusieurs pays en voie de développement, survivre passé l'âge de un an est le premier obstacle à franchir, mais pas le dernier. Un niveau de vie faible et le manque de services médicaux gardent l'**espérance de vie** basse. Au Malawi, les gens ont en moyenne une espérance de vie d'à peine 36 ans. Au Canada, l'espérance de vie est de 79 ans. C'est le Japon qui a l'espérance de vie la plus longue, soit 81 ans.

Espérance de vie : le nombre moyen d'années qu'une personne est susceptible de vivre. L'espérance de vie dépend de plusieurs facteurs, en particulier le niveau de vie du pays où vit la personne.

Les tendances des populations dans l'avenir

En 1999, la population mondiale a dépassé les 6 milliards. Au début de ce millénaire, elle augmentait toujours de 84 millions de personnes par année, ou 1,4 %. Ce taux de croissance peut sembler faible, mais il est suffisant pour doubler la population mondiale en 50 ans.

La figure 10 montre l'accroissement prévu de la population mondiale avec un taux de natalité moyen. On estime que la population du monde passera à 7 milliards en 2010 et à 8 milliards en 2022.

Fais des découvertes
avec des cartes et des diagrammes

1. À partir des figures 5 et 6 (pages 76 et 77), nomme les continents qui ont les taux de natalité et de mortalité les plus élevés et les moins élevés. À l'aide de l'information des pages 76 à 81, explique pourquoi ces continents sont différents.
2. Travaille en équipe. Fais une copie agrandie du diagramme de l'accroissement de la population de la figure 10, à la page 82.

LIEN MATHÉMATIQUES

Discute de l'endroit où on devrait placer les lettres a) à d) dans le diagramme. Trace des flèches pour indiquer ces endroits.

a) Chute des taux de mortalité — les progrès en médecine et en hygiène pendant la révolution industrielle ont aidé à réduire les maladies infectieuses.
b) Au 20e siècle, de nouveaux programmes médicaux et de nouveaux médicaments ont contribué à réduire encore plus les taux de mortalité.
c) La chute des taux de mortalité fait augmenter considérablement la population des pays où le taux de natalité demeure élevé.
d) Dans les pays européens industrialisés, la baisse du taux de natalité amène l'accroissement de la population à des niveaux proches de zéro.

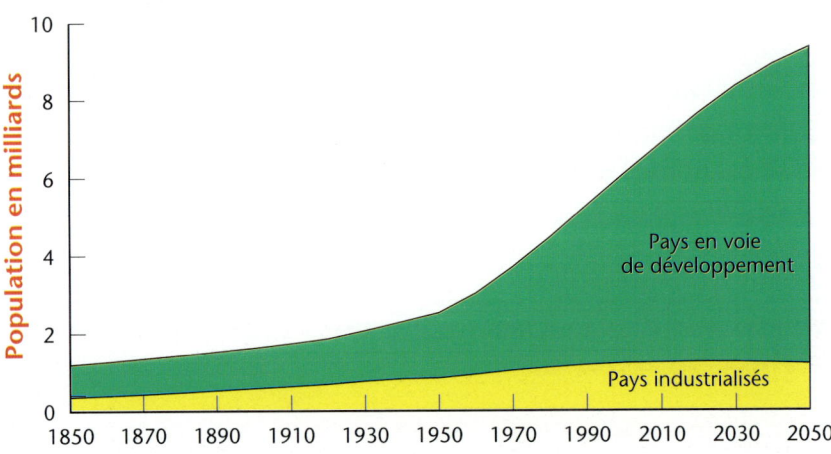

Figure 10
L'accroissement de la population mondiale des pays en voie de développement et des pays développés (industrialisés)

Source : 1850-1950, PRB ; 1950-2050, Nations Unies 1996, *World Population Prospects* ; The 1996 Revision.
Note : Les pays industrialisés comprennent les États-Unis, le Canada, l'Australie, le Japon, la Nouvelle-Zélande et les pays d'Europe ; tous les autres pays sont classés comme pays en voie de développement.

INTERNET

Pour obtenir les données les plus récentes sur l'accroissement de la population, consulte le site Internet de l'éditeur :
http://www.dlcmcgrawhill.ca

Chapitre 5 L'accroissement de la population

Résumé

Dans ce chapitre, tu as découvert que la population mondiale augmente rapidement, surtout dans les pays les plus pauvres du monde. Tu as appris que les techniques médicales et les médicaments ont réduit le taux de mortalité. Tu as aussi vu que la baisse du taux de natalité (ou la baisse de la taille de la famille moyenne) dans les pays pauvres est l'un des plus grands défis du monde.

Révise tes découvertes

1. Énumère les facteurs qui favorisent un taux de natalité élevé dans les pays en voie de développement.
2. Énumère les facteurs qui favorisent un taux de natalité faible dans les pays développés.
3. Décris les tendances de la population d'un pays dont la pyramide des âges présente une large base. Comment ces tendances diffèrent-elles de celles d'un pays dont la pyramide des âges repose sur une base étroite?
4. Explique pourquoi l'espérance de vie dans les pays les plus riches au monde peut être deux fois plus élevée que dans les pays les plus pauvres.

Mets tes découvertes en pratique

1. Fais un projet d'équipe sur les tendances de la population d'un pays de ton choix. Répartis les recherches à faire parmi les membres de ton équipe. Ton projet devrait inclure :
   a) une description du profil d'âge de la population, avec un diagramme qui montre les pourcentages de la population dans ces groupes d'âge : moins de 15 ans, de 15 à 64 ans, 65 ans et plus.
   b) des statistiques et des descriptions : du taux de natalité, du taux de mortalité, du taux de mortalité infantile, de l'espérance de vie.
   c) un diagramme qui présente la prédiction de ton équipe quant à l'accroissement de la population du pays de 2000 à 2050, selon les données trouvées en b).
   d) une explication de ta prédiction.
   e) des suggestions sur ce que devrait être la politique du gouvernement au sujet de la population.

LIEN SCIENCES

Chapitre 6

Les différences entre les populations

Mots clés

niveau de vie
produit national brut (PNB)
taux d'alphabétisme
corrélation

Dans ce chapitre, nous examinons les différents niveaux de vie des populations de certains pays. L'information et les activités t'aideront:

- à comparer les caractéristiques des niveaux de vie des pays développés et des pays en voie de développement;
- à montrer que tu comprends les relations entre les indicateurs de niveau de vie;
- à analyser les compétences nécessaires dans le monde.

La mesure des niveaux de vie

Jusqu'ici dans ce module, nous avons vu les différentes tendances humaines étudiées par les géographes. Il y a les constantes de peuplement, de l'occupation des sols et de l'accroissement de la population. Pourquoi s'intéresse-t-on tant à ces constantes? Entre autres, pour comprendre leur influence sur le **niveau de vie** des gens.

Pense durant quelques minutes à ton niveau de vie. Dans quelle mesure as-tu l'eau et la nourriture dont tu as besoin? Que fais-tu lorsque tu es malade? Quels sont les objets que tu as reçus ou achetés simplement parce que tu les désirais? Quelles possibilités as-tu et que des jeunes d'autres pays n'ont peut-être pas?

L'article 25 de la Charte des droits et libertés de la personne des Nations Unies (1948) stipule que: «Chacun a le droit à un niveau de vie adéquat pour sa santé et son bien-être et ceux de sa famille, incluant la nourriture, le logement et les soins médicaux et les services sociaux nécessaires...» À partir de cette déclaration, nous pouvons commencer à dresser une liste de ce que le niveau de vie inclut. Chaque élément de la figure 1 est un *indicateur* du niveau de vie. Il y a des façons de mesurer chaque indicateur. Avec ces indicateurs, nous pouvons mesurer les niveaux de vie des populations de différents pays.

Niveau de vie: la quantité de biens et de services qu'une population peut acquérir pour satisfaire ses besoins et ses désirs.

Dans ce chapitre, nous verrons les indicateurs de nutrition, de santé, d'éducation et d'alphabétisme. Mais d'abord, analysons les problèmes liés à l'utilisation du revenu moyen par personne comme indicateur.

Figure 1
Indicateurs de niveau de vie

Produit national brut (PNB) : la somme de la valeur de tous les biens et services produits dans un pays en une année. Le produit national brut est souvent mesuré en dollars américains.

Le revenu en tant qu'indicateur

Si tu voulais comparer la richesse de deux personnes ou groupes de personnes, tu pourrais examiner leurs revenus. Les économistes ont trouvé une façon de calculer le revenu moyen par personne d'un pays pour faire cette comparaison. Le calcul est basé sur le **produit national brut (PNB)** du pays. On divise le PNB par la population du pays pour obtenir le *PNB par personne* ou « revenu moyen par personne » du pays.

Lorsque nous qualifions les pays de « riches » ou de « pauvres », nous le faisons d'après les différences dans les revenus moyens de leurs populations. Le problème que pose cette méthode de calcul est que *l'argent est utilisé différemment par les populations des différents pays*. Au Canada, nous nous servons de l'argent pour répondre à la plupart de nos besoins essentiels et de nos désirs. Dans d'autres pays, les gens cultivent leurs propres terres pour avoir de la nourriture. Ces gens peuvent satisfaire un grand nombre de leurs besoins pour moins d'un dollar américain par jour. De plus, le coût de la vie varie beaucoup d'un pays à l'autre.

Figure 2
Dans des pays comme le Soudan, les gens pauvres peuvent faire pousser des légumes toute l'année plutôt que de les acheter.

INTERNET — Pour en apprendre davantage au sujet des indicateurs de niveau de vie, consulte le site Internet de l'éditeur : http://www.dlcmcgrawhill.ca

Fais des découvertes

1. Pourquoi le PNB par personne n'est-il pas la façon idéale de mesurer les niveaux de vie?
2. Selon toi, pourquoi les éléments suivants ne sont-ils pas utilisés comme indicateurs du niveau de vie?
   a) les types d'habitation où les gens vivent.
   b) les types de vêtements que les gens portent.
3. Le tableau de la figure 3 divise le niveau de vie en quatre catégories de besoins essentiels et de désirs.
   a) Fais une copie du tableau et remplis-le.
   b) Dans quelle catégorie classerais-tu un téléviseur? Explique ta réponse.
   c) Si ta ville fournissait des téléviseurs aux gens âgés ou malades, cette action viserait-elle à satisfaire un besoin essentiel ou un désir, selon toi? Explique ta réponse.

Ce que je *dois* avoir (ex.: nourriture et eau en quantité suffisante)	Ce que j'*aimerais* avoir (ex.: une bicyclette tout terrain)	Ce que j'*aimerais* faire (ex.: aller voir des matchs de hockey)	Des services dont j'ai *besoin* dans la vie (ex.: médecin)

Figure 3
Tableau pour la question 3

4. En équipe, fais un autre tableau avec ces cinq en-têtes: Nourriture, Vêtements, Éducation, Santé et Loisirs. Pour chaque en-tête, discute des choses auxquelles les gens du monde entier ont droit. Résume par écrit les conclusions de ton équipe. Indique les choses avec lesquelles tu n'étais pas d'accord et explique pourquoi.

La nutrition

La nourriture fournit l'énergie au corps humain grâce à cinq éléments : l'*amidon* (les hydrates de carbone), les *gras*, les *protéines*, les *vitamines* et les *sels minéraux*. Les protéines ont une autre fonction, c'est-à-dire maintenir les cellules de notre corps en santé. La plupart des gens obtiennent ces éléments nécessaires en mangeant des aliments variés tous les jours.

Les gens qui ont un niveau de vie bas souffrent de *malnutrition*. Si on décompose ce mot, on obtient « mauvaise nutrition ». Toutefois, on l'utilise habituellement pour indiquer un manque de nourriture. La figure 4 montre le degré de malnutrition dans les pays en voie de développement. La malnutrition conduit au problème d'enfants au poids insuffisant.

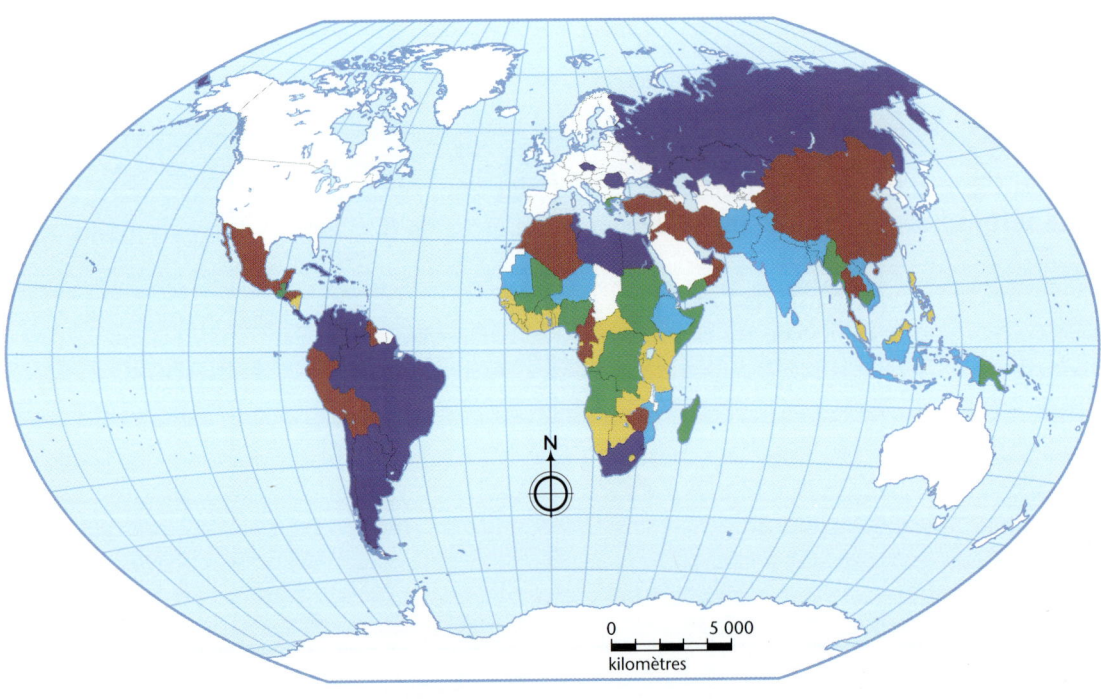

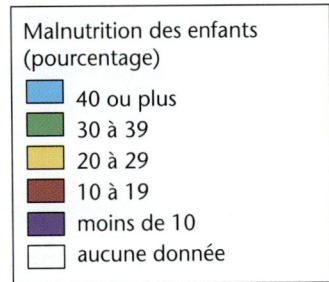

Figure 4
Pourcentage d'enfants souffrant de malnutrition dans les pays en voie de développement

L'amélioration de la nutrition

En 1996, l'Organisation des Nations Unies pour l'alimentation et l'agriculture (FAO) a tenu une rencontre à Rome, en Italie. On y a mentionné que, de façon globale, « 190 millions d'enfants ont un poids insuffisant, 230 millions d'enfants souffrent d'un arrêt de la croissance et 50 millions d'enfants sont atrophiés (malnutrition sérieuse) ». Les membres de la FAO ont voté une résolution pour réduire de moitié le nombre de personnes gravement sous-alimentées dans le monde — de plus de 800 millions à 400 millions — d'ici 2015.

Pour résoudre les problèmes de malnutrition, il faut changer la façon de cultiver la nourriture, de la mettre en marché et de l'entreposer. Présentement, la plus grande partie des terres cultivables au monde sert à produire de la nourriture pour les animaux (principalement du foin) pour que les animaux puissent fournir de la nourriture aux humains. Avec ce type d'agriculture, les gens reçoivent environ un dixième seulement de l'énergie contenue dans les plantes que les animaux mangent. On nourrirait beaucoup plus de gens si on cultivait des aliments plutôt que du foin. Cependant, il est peu probable qu'on applique cette solution puisqu'elle signifie que les gens des pays riches auraient un choix moins grand de produits de source animale (viandes, lait, œufs, etc.).

L'entreposage de la nourriture est aussi un problème important, surtout dans les pays en voie de développement. On dit qu'il faudrait un train de 4 000 km de long pour transporter la quantité de céréales que mangent les rats de l'Inde en un an.

Voici quelques solutions possibles à ces problèmes.

- Utiliser les sols pour cultiver des céréales destinées aux humains plutôt qu'aux animaux.
- Améliorer et prolonger les systèmes d'irrigation.
- Adopter de nouvelles cultures à haut rendement.
- Augmenter le prix des récoltes pour encourager les agricultrices et les agriculteurs à cultiver davantage.
- Enseigner des procédés adéquats d'entreposage de la nourriture.

INTERNET Pour en apprendre davantage au sujet de l'agriculture dans les pays en voie de développement et de l'importance des agricultrices, consulte le site Internet de l'éditeur : http://www.dlcmcgrawhill.ca

FAIS DES DÉCOUVERTES
AVEC DES CARTES ET DES DIAGRAMMES

1. Observe la mappemonde à la figure 4 de la page 88. Quels pays du monde ont la plus grande proportion d'enfants dont le poids est insuffisant?
2. Examine le diagramme de la figure 5.
   a) Selon les prévisions, dans quelle région trouvera-t-on le plus grand nombre de gens sous-alimentés en 2010? Quelle région devrait s'améliorer le plus?
   b) La figure 6 montre comment une femme du Sierra Leone doit travailler fort pour subvenir aux besoins de sa famille. En quoi la vie de cette femme est-elle différente de la vie d'une femme adulte au Canada?
3. Pourquoi la plus grande partie de l'argent des organismes d'aide à ces pays devrait-elle servir à fournir une aide au développement à long terme plutôt qu'une aide alimentaire à court terme?

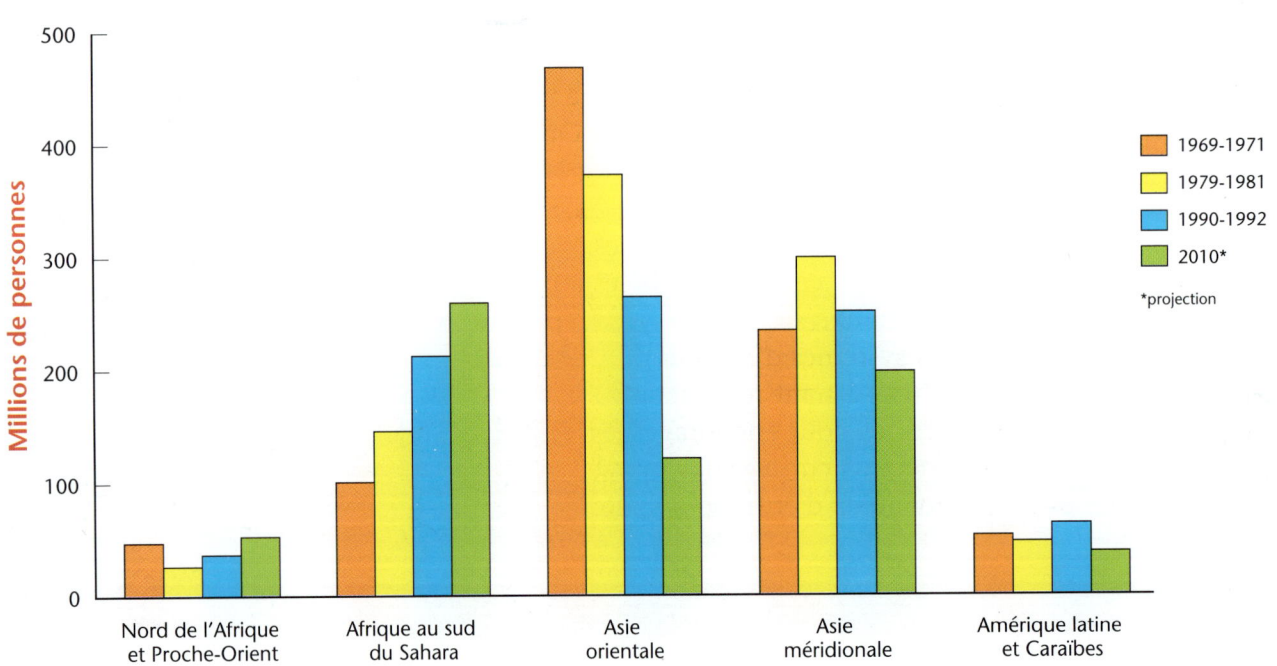

Figure 5
Estimation du nombre de personnes sous-alimentées dans différentes parties du monde en voie de développement

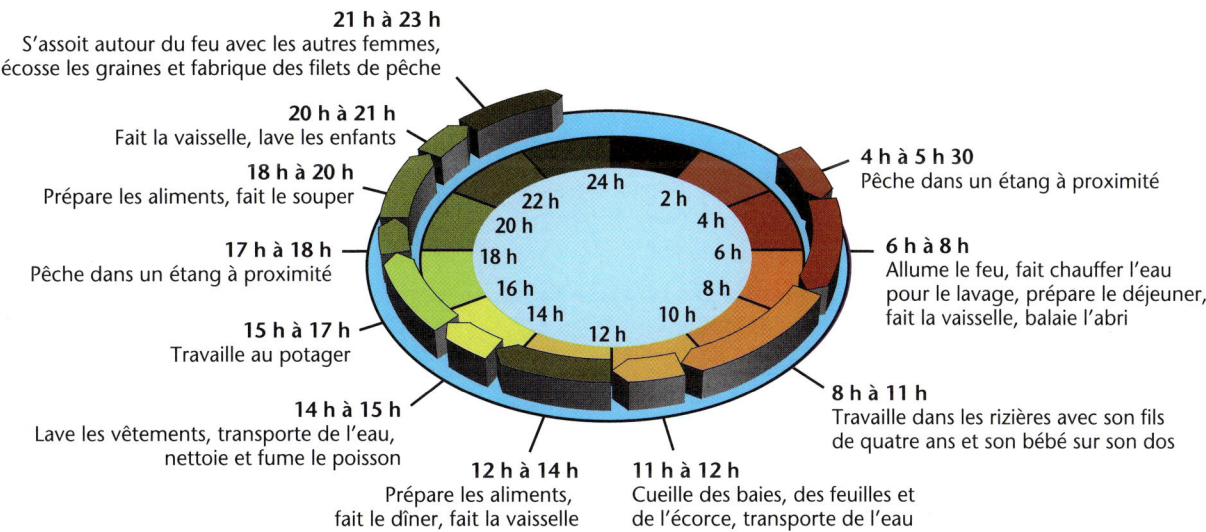

Figure 6
La journée d'une femme au Sierra Leone

Étude de cas

Les risques pour la santé dans les pays en voie de développement

Les découvertes médicales comme le vaccin contre la variole, la pénicilline et d'autres antibiotiques ont réduit considérablement le taux de mortalité dans les pays en voie de développement et dans les pays développés. Les régions en voie de développement ont grandement bénéficié d'aide médicale des organisations non gouvernementales (ONG), de l'Organisation mondiale de la santé (OMS) et du Fonds des Nations Unies pour l'enfance (UNICEF). Malgré tout, des centaines de millions de personnes, dans les pays en voie de développement, souffrent encore de maladies inconnues dans plusieurs pays développés. Le problème principal est le climat tropical humide de plusieurs de ces pays. Il permet aux bactéries et aux insectes qui transportent les maladies de se reproduire rapidement. La *malaria* et la *bilharziose* sont deux exemples de ces maladies.

INTERNET — Pour en apprendre davantage sur l'UNICEF, consulte le site Internet de l'éditeur : http://www.dlcmcgrawhill.ca

La malaria

La malaria touche 40 % de la population mondiale répartie dans 100 pays, principalement sous les tropiques. Elle provoque de la fièvre, des tremblements et de la douleur dans les articulations. C'est une maladie souvent mortelle, surtout lorsqu'elle est associée aux effets d'autres maladies. Chaque année, environ un million d'enfants de moins de cinq ans meurent de la malaria. Les pays de l'Afrique tropicale comptent plus de 90 % des cas de malaria et la grande majorité des décès dus à cette maladie.

La femelle d'un moustique appelé *anophèle* transporte de minuscules parasites qui causent la malaria. Ces parasites infectent le sang que les moustiques aspirent lorsqu'ils piquent une personne. Le sang infecté est ensuite transmis à la prochaine personne qui se fait piquer et détruit les globules rouges de son sang.

Les cas de malaria ont augmenté surtout parce que la plupart des variétés du parasite ont développé une résistance aux médicaments. Pour résoudre ce problème, on essaie de contrôler la reproduction des moustiques. On assèche les zones d'eau stagnante où les moustiques se reproduisent et on pulvérise des produits chimiques. De plus, les scientifiques essaient de mettre au point un vaccin qui immuniserait les gens contre la malaria transmise par des moustiques infectés.

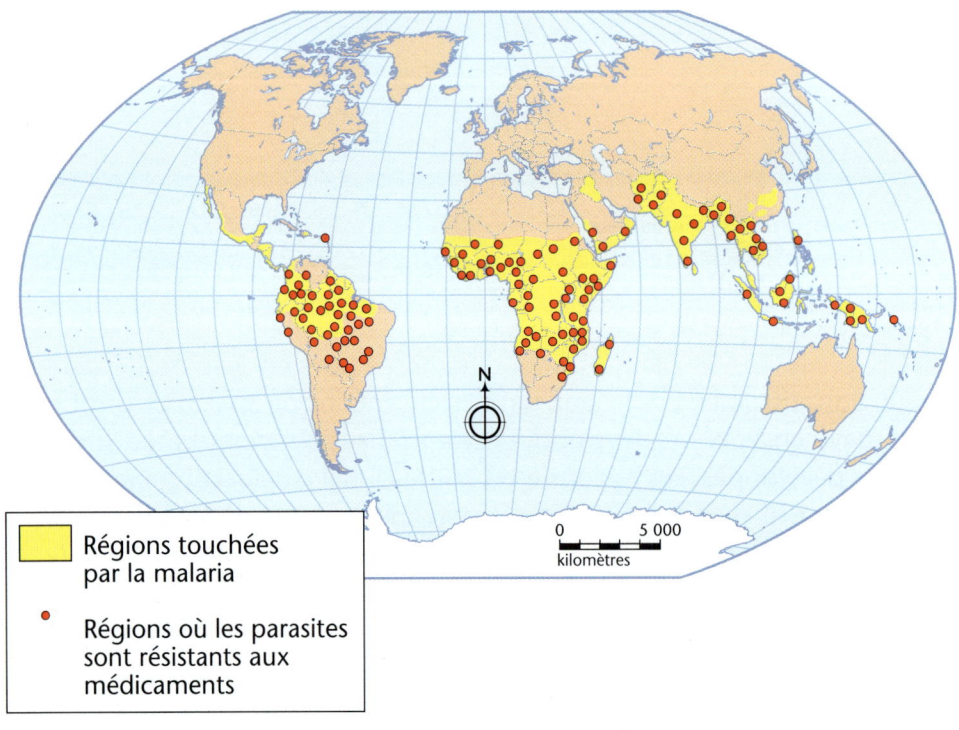

Figure 7
Régions du monde aux prises avec la malaria et régions où la résistance aux médicaments est un problème

La bilharziose

La bilharziose a également un lien avec l'eau. On peut dire qu'il s'agit d'un cycle. Le cycle commence lorsque les parasites pénètrent dans le corps par les pieds ou d'autres parties du corps en contact avec l'eau. Les parasites se rendent jusqu'à la vessie et au foie grâce à la circulation sanguine et y pondent leurs œufs. Les œufs acérés percent la vessie et sont expulsés du corps. Alors ils infectent l'eau de nouveau.

La deuxième partie du cycle se produit à l'éclosion des œufs, si les minuscules parasites trouvent un escargot d'eau douce. Ils pénètrent dans l'escargot, se multiplient puis quittent l'escargot, prêts à entrer dans le corps humain.

L'augmentation de l'irrigation a causé la propagation de la bilharziose. Deux cents millions de personnes dans 74 pays sont maintenant infectées. Les éléments suivants peuvent aider ces personnes :
- des médicaments qui tuent les parasites à l'intérieur du corps ;
- des produits chimiques pour réduire la population d'escargots d'eau douce ;
- de meilleures installations sanitaires ;
- l'enseignement de meilleures pratiques d'hygiène.

FAIS DES DÉCOUVERTES

1. Explique pourquoi le taux de mortalité a baissé si rapidement dans les pays en voie de développement.
2. Pourquoi la vaccination serait-elle la meilleure méthode pour contrôler la malaria ? Fais référence à la figure 7 dans ta réponse.
3. Parmi les méthodes possibles pour contrôler la bilharziose, laquelle est la meilleure, selon toi ? Explique.

Alphabétisme et éducation

L'alphabétisme est la capacité de lire et d'écrire. Sans cette capacité, une personne est très désavantagée dans le monde d'aujourd'hui. Par exemple, une personne analphabète ne peut lire des instructions ou remplir une demande d'emploi. C'est pourquoi le **taux d'alphabétisme** d'un pays doit être le plus élevé possible pour garantir un meilleur niveau de vie à sa population.

Le Canada, comme d'autres pays développés, a un taux d'alphabétisme élevé. Selon les statistiques, ce taux est de plus de 95 %. Cependant, des études ont montré que bien plus de 5 % de

Taux d'alphabétisme : le pourcentage d'adultes (personnes de plus de 15 ans) qui savent lire et écrire.

Canadiennes et de Canadiens ne savent pas lire ou écrire *adéquatement*. Au Canada, de nos jours, il faut atteindre un niveau élevé de lecture (par exemple, être capable de comprendre les manuels d'utilisation des ordinateurs ou l'information relative à d'autres technologies).

En général, les pays les moins développés ont les plus bas niveaux d'alphabétisme. Les gens de ces pays ont besoin d'apprendre bien plus qu'à lire et à écrire ; ces gens ont aussi besoin d'acquérir des *notions de calcul* (savoir compter et utiliser les nombres) et des habiletés générales. Comme le montre la figure 8, l'éducation des filles en particulier peut avoir des effets remarquables sur la qualité de vie dans les pays en voie de développement.

Pour améliorer les niveaux de scolarité dans les pays en voie de développement, il faut franchir les obstacles suivants.

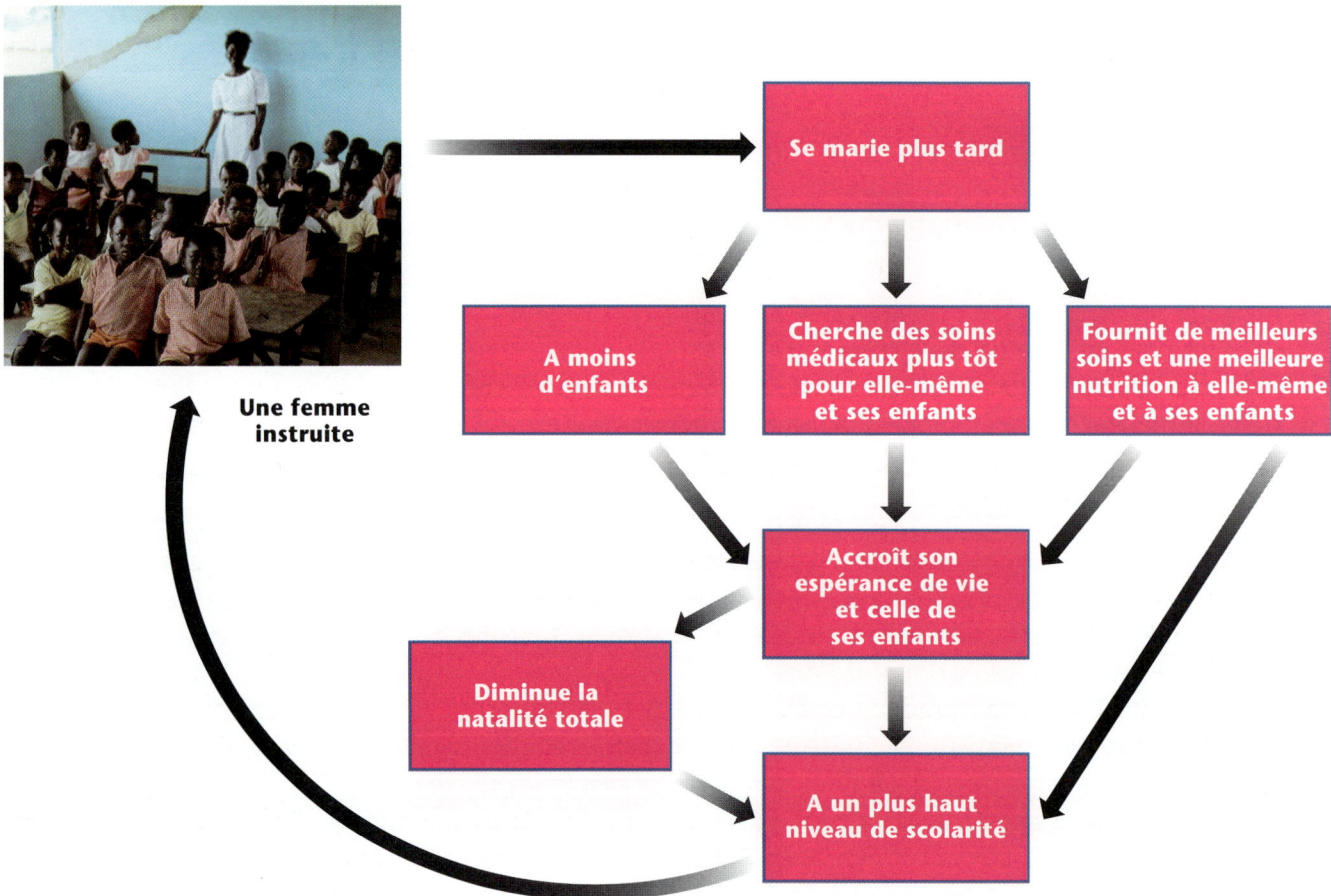

Figure 8
Utilise ce diagramme pour expliquer comment l'éducation améliore la qualité de vie dans les pays en voie de développement.

- Abaisser les taux de natalité pour que le nombre d'enfants n'excède pas le nombre de places disponibles dans les écoles.
- Renforcer l'économie des pays pauvres pour éviter que les gouvernements réduisent les budgets de l'éducation afin de rembourser des dettes.
- Améliorer les réseaux de transport, y compris les autobus scolaires, pour permettre aux enfants en région rurale de se rendre à l'école.
- Améliorer les techniques agricoles afin de réduire la charge de travail des enfants.

Les données ci-dessous montrent que certains pays ont un long chemin à parcourir avant d'atteindre ces objectifs.

Figure 9
a) Le pourcentage d'enfants d'âge scolaire qui s'inscrivent à l'école.
b) Le pourcentage de ces enfants qui atteignent la 5ᵉ année.

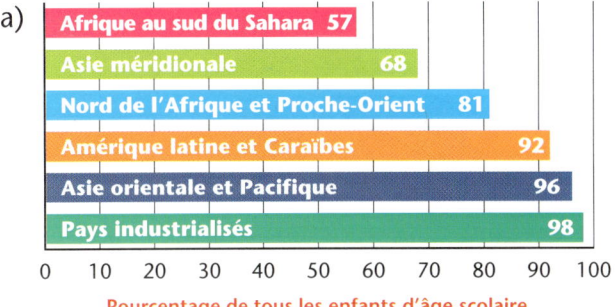

a) Pourcentage de tous les enfants d'âge scolaire inscrits à l'école primaire
- Afrique au sud du Sahara : 57
- Asie méridionale : 68
- Nord de l'Afrique et Proche-Orient : 81
- Amérique latine et Caraïbes : 92
- Asie orientale et Pacifique : 96
- Pays industrialisés : 98

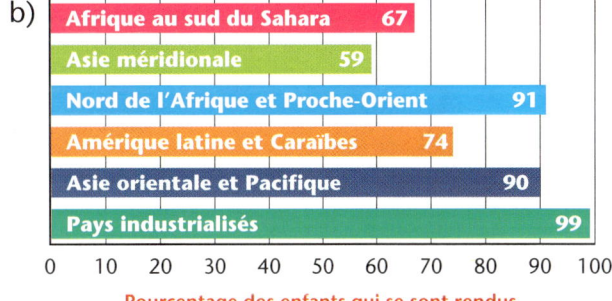

b) Pourcentage des enfants qui se sont rendus jusqu'à la 5ᵉ année
- Afrique au sud du Sahara : 67
- Asie méridionale : 59
- Nord de l'Afrique et Proche-Orient : 91
- Amérique latine et Caraïbes : 74
- Asie orientale et Pacifique : 90
- Pays industrialisés : 99

Étude de cas : Le projet BRAC au Bangladesh

Le Bangladesh est l'un des pays les plus pauvres de l'Asie méridionale. D'après les indicateurs de nutrition et de santé, la densité de population de ce pays est forte et le niveau de vie est bas. Plusieurs organisations, dont l'Agence canadienne de développement international (ACDI), s'occupent d'aider la population du Bangladesh.

Le Comité pour le développement rural au Bangladesh (Bangladesh Rural Advancement Committee, BRAC) a été mis sur pied en 1985 pour fournir des services de santé et des crédits aux agricultrices et agriculteurs. L'un des buts du BRAC était d'enseigner des notions de base en lecture, en écriture et en calcul aux enfants de 8 à 10 ans. De petites écoles reçoivent environ 30 élèves (habituellement 20 filles et 10 garçons) 3 heures par jour, 268 jours par année. Des membres instruits des communautés locales enseignent aux enfants. Le calendrier scolaire peut être adapté aux événements locaux comme les récoltes. En 1998, 34 000 écoles du BRAC étaient en fonction pour améliorer le niveau d'instruction des enfants. Ce projet a aidé à réduire le taux de natalité du pays de 48 pour mille en 1970 à 27 pour mille en 1999.

Fais des découvertes

1. Explique comment le travail du BRAC pourrait entraîner une diminution du taux de natalité au Bangladesh.
2. En équipe, compare ton instruction avec celle des enfants des pays en voie de développement. Discute des questions suivantes.
   a) Quelles habiletés nécessaires à une ou à un élève du Canada pourraient être différentes de celles des élèves qui fréquentent une école du BRAC? Donne trois exemples. Comment expliques-tu ces différences?
   b) Quelles sortes d'équipements de ta classe n'apparaissent pas dans la photographie d'une classe en Afrique (figure 8)?
   c) Si tu voulais enseigner au Bangladesh, en quoi ta formation serait-elle différente de celle que tu recevrais pour enseigner au Canada?
3. En équipe, discute des différences entre ce que tu apprends à l'école et ce que tes grands-parents apprenaient. Dresse une liste des habiletés nécessaires aujourd'hui qui n'étaient pas nécessaires autrefois.

Figure 10
Une classe de 8e année au Canada

Corrélation : une relation ou une constante entre deux facteurs qui est assez prévisible. Les facteurs comparés dans les corrélations sont souvent exprimés par des ensembles de nombres.

La relation entre les indicateurs

Notre étude de l'éducation dans les pays en voie de développement montre une relation entre l'alphabétisme des filles et les taux de natalité. Plus l'alphabétisme des filles est élevé, plus le taux de natalité est bas. Les géographes cherchent à établir de telles **corrélations**, car elles les aident à comprendre le monde humain. Connaître des corrélations permet de résoudre les problèmes plus facilement. Par exemple, d'après la corrélation que nous venons d'établir, offrir une meilleure éducation aux filles dans les pays en voie de développement est une action qu'un gouvernement pourrait entreprendre afin de faire baisser le taux de natalité du pays.

Chapitre 6 Les différences entre les populations

Si une augmentation d'un facteur se produit en même temps qu'une augmentation d'un autre facteur, on dit qu'il s'agit d'une corrélation *positive*. Voici un exemple de corrélation positive dans la vie courante, entre la *taille* d'une personne et la *pointure des chaussures*. Les personnes plus grandes tendent à porter des chaussures plus *grandes*. Une *corrélation négative* est l'opposé. Par exemple, *plus* tu utilises ton stylo à bille, *moins* il contient d'encre.

FAIS DES DÉCOUVERTES
AVEC DES DIAGRAMMES

1. Le tableau de la figure 11 contient des données sur certains indicateurs de niveau de vie de plusieurs pays.
    a) Trace l'axe horizontal et l'axe vertical de ton diagramme. L'axe horizontal doit mesurer 10 cm et porter le titre « Taux d'alphabétisme chez les femmes (%) ». L'axe vertical doit mesurer 6 cm et porter le titre « Taux de natalité ».
    b) Fais une petite marque à chaque centimètre le long de l'axe horizontal. Inscris des multiples de 10 (ex.: 10, 20, 30, …, 100).
    c) Fais une petite marque à chaque centimètre le long de l'axe vertical. Inscris des multiples de 10 (ex.: 10, 20, 30, …, 60) pour les taux de natalité.
    d) Pour chaque pays de la figure 11, fais un point exactement à la rencontre de son taux d'alphabétisme et de son taux de natalité. Tu obtiens un diagramme *de dispersion*, ou nuage de points.
    e) Trace une droite la mieux ajustée, soit une droite qui passe le plus près de tous les points (il ne s'agit pas de relier les points; certains points seront au-dessus de la droite et d'autres en dessous).
    f) Pourquoi la droite descend-elle de gauche à droite ? En d'autres mots, est-ce que le diagramme montre une *corrélation positive* ou une *corrélation négative* entre les deux facteurs ?
    g) Explique dans tes mots ce que le diagramme indique sur la relation entre l'alphabétisme des femmes et les taux de natalité.

LIEN MATHÉMATIQUES

Consulte la page 263 si tu veux t'exercer à construire des diagrammes de dispersion.

Pays	Taux d'alphabétisme en 1995 (%)			Taux de natalité	Espérance de vie
	Hommes	Femmes	Total		
Afghanistan	47	15	32	43	46
Algérie	74	49	62	30	68
Brésil	83	83	83	21	67
Chine	90	73	82	16	71
Éthiopie	46	25	35	46	42
Inde	66	38	52	28	60
Italie	99	98	98	9	78
Niger	21	7	14	54	41
Pérou	95	83	89	28	68
Sri Lanka	93	87	90	19	72

Figure 11
Utilise ces données sur les niveaux de vie de différents pays pour répondre à la question 1 de la page 97.

2. Construis un autre diagramme de dispersion avec un axe horizontal de 10 cm et un axe vertical de 8 cm.
   a) Donne le titre « Taux d'alphabétisme total (%) » à l'axe horizontal et « Espérance de vie en années » à l'axe vertical.
   b) Refais les étapes b) à e) de la question 1 (cette fois, trace chaque point à la rencontre du taux d'alphabétisme total et de l'espérance de vie).
   c) Quelle sorte de relation ce diagramme montre-t-il? (Indice : dans une corrélation positive, un facteur augmente lorsque l'autre facteur augmente.)

Résumé

Dans ce chapitre, tu as découvert différents moyens dont les géographes se servent pour mesurer les niveaux de vie à travers le monde. Tu as appris que certains indicateurs de niveau de vie sont corrélés. Tu as aussi réfléchi aux défis que doivent relever les pays en voie de développement pour améliorer la qualité de l'alimentation, des soins de santé et de l'éducation.

Révise tes découvertes

1. Explique ce que veut dire « niveau de vie ».
2. Nomme trois aspects de ta vie qui montrent que ton niveau de vie est peut-être plus élevé que celui d'une personne de ton âge dans un pays en voie de développement.
3. Explique pourquoi il y a plus de maladies dans les pays en voie de développement que dans les pays développés.
4. Nomme trois obstacles à la scolarisation des enfants dans les pays en voie de développement.

Mets tes découvertes en pratique

1. Avec quelques camarades, fais un projet sur le niveau de vie d'un pays qui, selon toi, est beaucoup moins développé que le Canada. Répartis la recherche parmi les membres de l'équipe. Ton projet devrait inclure :
   a) le classement du pays selon quatre indicateurs différents ;
   b) une explication du niveau de vie peu élevé du pays ;
   c) des suggestions de mesures pour hausser le niveau de vie ;
   d) des façons dont le Canada pourrait contribuer à cette amélioration.
2. Selon certaines personnes, on ne devrait pas donner d'aide alimentaire et d'aide au développement aux pays en voie de développement, car on pourrait ainsi encourager l'accroissement de la population.
   a) Es-tu d'accord ou non avec ce point de vue ? Dresse une liste de raisons qui justifient ta position.
   b) Discute de ton point de vue avec une ou un camarade qui a un point de vue opposé au tien. Utilise un média pour présenter ta position (un débat en direct, une bande vidéo ou une brochure, par exemple).

Figure 12
Ces gens attendent la distribution de l'aide alimentaire au camp de réfugiées et de réfugiés de Bixen Duule, au nord-ouest de la Somalie.

L'atelier de géographie

Ce module a présenté cinq thèmes étudiés par les géographes pour connaître les constantes humaines :
- les types de peuplements ;
- l'occupation des sols dans les peuplements ;
- l'urbanisation, soit le déplacement permanent des gens vers les villes ;
- l'accroissement de la population mondiale ;
- les niveaux de vie de différentes régions du monde.

Pour terminer le module, tu vas appliquer tes connaissances de ces thèmes afin de concevoir une ville d'environ 100 000 personnes.

La situation

Travaille en équipe. Dessine une carte d'une portion de terrain semblable à celle que tu vois ci-contre. Choisis un site pour ta ville. Ton site devrait convenir à l'un des types de villes suivants :
- une ville portuaire avec des raffineries de pétrole et des minoteries ;
- une ville pour les touristes ou les gens à la retraite ;
- une ville d'un pays en développement qui reçoit beaucoup d'immigrantes et d'immigrants ;
- une ville industrielle avec une importante usine d'assemblage de voitures.

La carte

Trace une carte d'occupation des sols avec une légende de couleurs qui montre le plan de ta ville. Ta carte devrait inclure les éléments suivants :
- un centre des affaires ;
- des routes importantes et des voies ferrées ;
- des centres commerciaux régionaux ;
- des industries ;
- des aires de loisirs ;
- des écoles et autres édifices publics ;

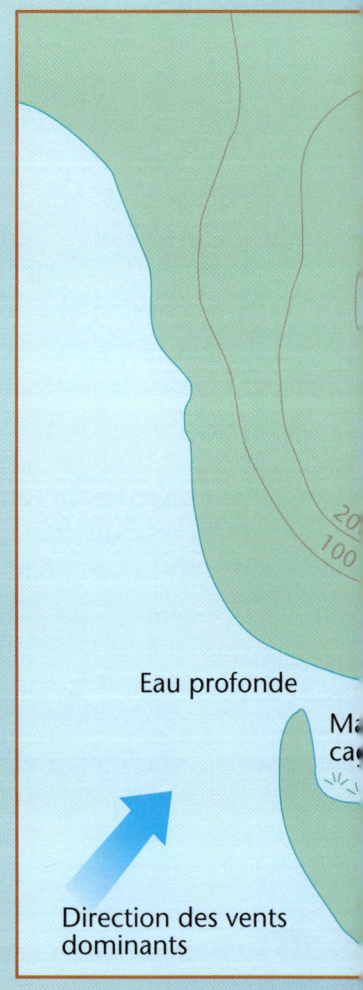

- des zones résidentielles, soit :
  a) des habitations à prix abordable (des bidonvilles si tu as choisi une ville d'un pays en développement);
  b) des habitations à prix moyen;
  c) des habitations à prix élevé.

Le profil

Prépare-toi à présenter la carte de ta ville à un comité gouvernemental. Ta présentation devrait inclure un profil de la population de la ville en quatre parties :

1. Une pyramide des âges et des sexes des résidentes et des résidents de la ville.
2. Un diagramme à bandes ou circulaire qui montre les emplois possibles des résidentes et des résidents.
3. Une justification de la correspondance entre le plan de la ville et les caractéristiques de l'environnement et de ses résidentes et résidents.
4. Quelques prédictions au sujet des caractéristiques de la ville dans 50 ans :
   a) les caractéristiques de la population;
   b) les tendances de l'emploi;
   c) les problèmes sociaux;
   d) les problèmes environnementaux.

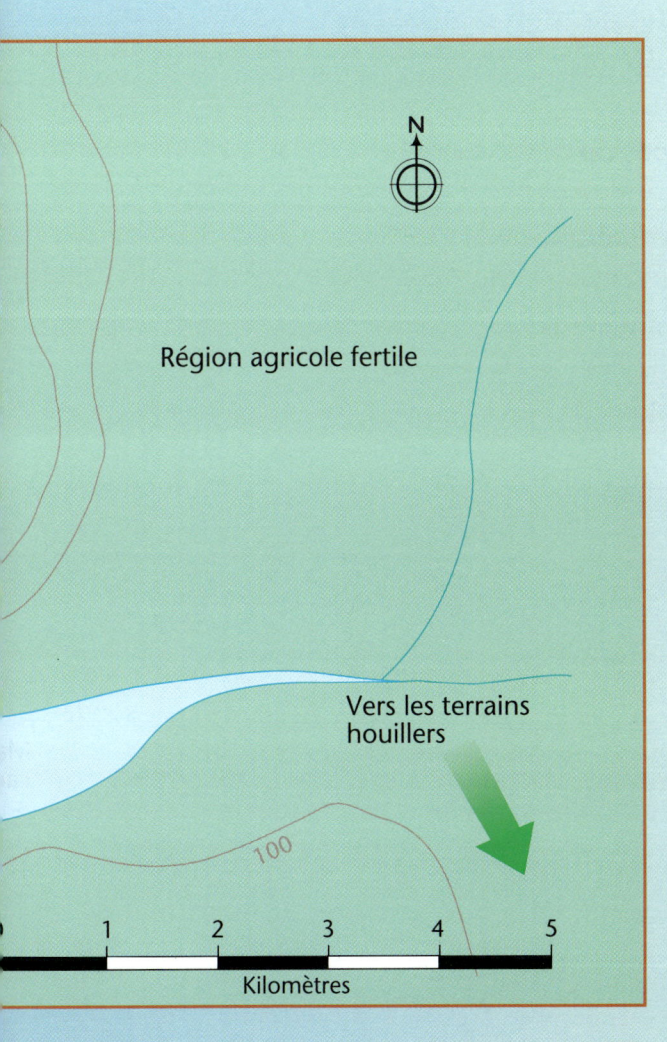

Réfléchis sur ton travail

Décris comment tu as utilisé ta compréhension des constantes humaines pour réussir à créer la carte d'une ville adaptée au paysage et un profil de ville réaliste, et pour faire des prédictions raisonnables quant à l'avenir de la ville.

Module 2

Découvrir les systèmes économiques

Map labels: Kirkland Lake, Ontario; Aéroport international Pearson; Pologne; Asie du Sud-Est

Dans le module 1, tu as appris que ton niveau de vie est lié à tes besoins et à tes désirs. Si tu peux satisfaire tes besoins et obtenir les choses que tu veux, tu as un niveau de vie élevé. Les gens ont mis au point des systèmes pour que tu aies accès à ces biens et services. Ces systèmes sont au cœur de l'économie.

Ce module va t'aider à découvrir les différents types de systèmes économiques dans le monde. Tu apprendras les caractéristiques de chacun de ces systèmes — ce qu'ils produisent, comment ils le produisent et comment les profits sont distribués. Tu verras le mélange de ces caractéristiques qui compose l'économie du Canada. De plus, tu examineras le lien entre l'économie du Canada et les activités économiques d'autres pays. Ce faisant, tu «visiteras» des lieux et des régions du monde, y compris ceux qui sont présentés sur la mappemonde ci-dessus.

L'économie et toi

Découvre comment l'économie fait partie de nos vies.

Chapitre 7

L'évolution économique du Canada

Découvre les nombreuses activités qui ont contribué au développement économique du Canada.

Chapitre 8

Les facteurs de réussite

Découvre les facteurs qui ont mené à la réussite économique du Canada.

Chapitre 9

Les systèmes économiques dans le monde

Découvre les ressemblances et les différences entre les systèmes économiques du monde.

Chapitre 10

Les échanges commerciaux

Découvre pourquoi le Canada et d'autres pays importent et exportent des biens et des services.

Chapitre 11

L'économie locale

Découvre les immenses répercussions que peut avoir une seule industrie sur l'économie locale d'une région.

Chapitre 12

Chapitre 7

L'économie et toi

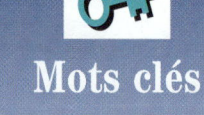

Mots clés
économie
rareté
entrepreneuse, entrepreneur
franchise
collatéral

Dans ce chapitre, nous examinons la façon dont l'économie fait partie de nos vies. L'information et les activités t'aideront :
- à montrer que tu connais les principaux éléments d'un système économique ;
- à montrer que tu comprends l'influence des entrepreneuses et des entrepreneurs ;
- à comparer comment les différents pays du monde consomment les ressources.

Économie : l'étude de la production, du mouvement, de la distribution, de la commercialisation et de la consommation de biens et de services. Plus particulièrement, l'économie s'intéresse aux biens et aux services produits, à leur mode de production et à leur mode de distribution.

Les systèmes économiques

Chaque jour, tu as, d'une façon ou d'une autre, affaire à **l'économie**. D'abord par l'achat de biens (des produits comme de la nourriture ou des vêtements), mais aussi par l'utilisation de services (des actions que des gens font pour d'autres personnes contre de l'argent, comme donner des leçons de piano, couper les cheveux ou conduire l'autobus). L'économie est également en marche lorsque les gens achètent, vendent et échangent des biens plus importants, comme des maisons, et des services comme le traitement des eaux d'égout.

Les biens et les services sont importants pour nous parce qu'ils satisfont nos besoins et nos désirs. Pour produire des biens et offrir des services, il faut des ressources comme le sol, la main-d'œuvre et les capitaux.

Malheureusement, il n'y a jamais assez de ressources pour combler tous nos besoins et nos désirs. En d'autres mots, nous sommes aux prises avec un problème de rareté. Ce problème nous oblige à privilégier certains besoins ou désirs. Nous développons les systèmes économiques pour nous aider à faire ces choix.

Tu te retrouves devant la rareté d'une façon ou d'une autre chaque jour de ta vie. Par exemple, ton temps est limité : tu dois choisir les activités que tu pratiqueras et le temps que tu consacreras à chacune d'elles. Lorsque tu utilises une ressource comme

Figure 1
Décris les ressources présentées dans ces photographies. Comment la notion de **rareté** est-elle liée à ces ressources et à la nécessité des systèmes économiques?

Rareté : les limites dans la quantité de ressources. Certaines ressources sont rares (limitées), alors que nos besoins et désirs sont grands (illimités).

le temps ou l'argent pour avoir quelque chose, tu perds la possibilité de t'en servir pour obtenir autre chose.

En tant que personne unique, tu fais des choix au sujet de tes ressources. De la même façon, la société fait des choix au sujet de ses ressources (appelées aussi facteurs de production ; nous verrons ces facteurs de production en détail au chapitre 9). La figure 2 présente le processus de prise de décision.

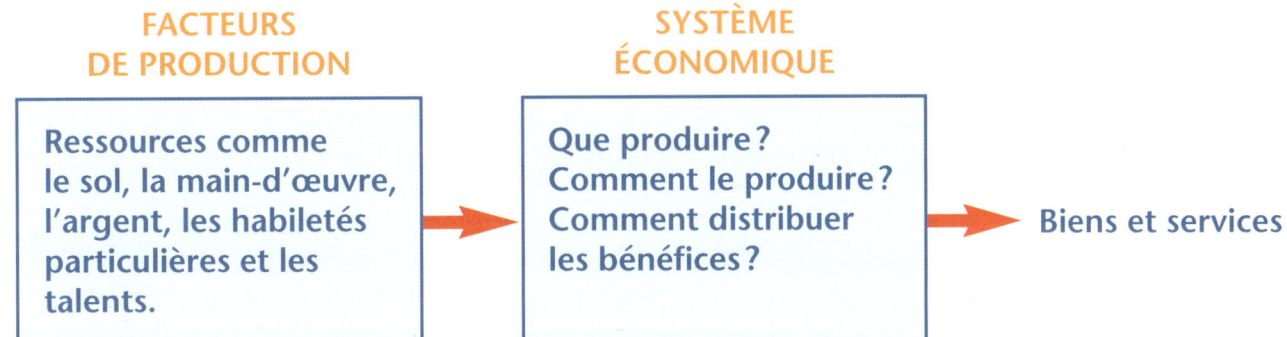

Figure 2
Les systèmes économiques répondent aux trois questions fondamentales de l'économie.

Fais des découvertes

1. Classe chacun des éléments suivants comme un bien ou un service :
   a) Un tapis.
   b) Un nettoyage à sec.
   c) Une bibliothèque.
   d) Un livre.
   e) Une école.
   f) Un restaurant.
   g) Une boîte de céréales.
2. Dresse une liste de 10 choses pour lesquelles ta famille dépense de l'argent pendant un mois. Inclus au moins trois services.
3. Montre ta liste à un grand-parent ou à une personne de 60 ans ou plus.
   a) Demande à cette personne de te dire les ressemblances et les différences entre ta liste et les choses pour lesquelles elle aurait dépensé de l'argent il y a 50 ans.
   b) Nomme deux changements qui ont eu lieu dans les 50 dernières années et qui pourraient expliquer les différences.

Consulte la page 129 pour voir des exemples d'entrepreneuses et d'entrepreneurs du Canada qui ont réussi.

La participation à l'économie

Lorsque nous achetons des biens et des services, nous devenons des *consommatrices* et des *consommateurs*. Dans ce rôle, nous interagissons avec beaucoup de gens qui jouent d'autres rôles économiques. Les *commerçants de gros et de détail* vendent des biens et des services. Les *publicitaires* nous persuadent d'acheter des biens et des services. Les *agences d'études de marché* enquêtent sur les biens et les services que nous voulons. Les *spécialistes en recherche et développement* améliorent des biens et des services déjà offerts et en conçoivent de nouveaux.

Au début de la chaîne, il y a les *productrices* et les *producteurs* qui fabriquent ou qui fournissent les biens et les services. Un type particulier de productrice ou de producteur dans notre système économique est l'**entrepreneuse** ou l'**entrepreneur**. Souvent, cette personne introduit de nouveaux biens et services sur le marché. Elle doit posséder plusieurs habiletés : savoir définir ce que les consommatrices et les consommateurs veulent, être son propre patron, savoir motiver et inspirer les autres et prendre des risques calculés. En plus de ces qualités, les entrepreneuses et les entrepreneurs qui réussissent ont souvent la chance d'être « à la bonne place au bon moment ».

Entrepreneuse, entrepreneur : une personne qui prend le risque de démarrer une entreprise et de la gérer.

Étude de cas

Les restaurants McDonald's

Les restaurants McDonald's et plusieurs autres ont un immense succès parce qu'ils répondent à la demande en restauration rapide. Cette demande est apparue vers la fin des années 1940 et le début des années 1950, lorsque le mode de vie a commencé à changer en Amérique du Nord. Les gens étaient alors plus occupés que jamais et n'avaient pratiquement plus de temps pour préparer les repas et nettoyer après.

L'idée de la « restauration rapide » comme solution à ce problème est venue des frères McDonald, qui possédaient un restaurant de hamburgers à San Bernardino, en Californie, dans les années 1940. Leur restauvolant (*drive-in*) rapportait 200 000 $ US par année, mais ils voulaient faire encore mieux. Ils ont compris que la façon d'attirer encore plus de gens était de servir plus rapidement des repas à un prix plus bas. Après une longue réflexion et plusieurs essais, ils ont décidé :

- *d'accélérer la préparation des aliments* avec une cuisine réorganisée, le principe du travail à la chaîne et un menu réduit à 9 articles plutôt que 25 ;
- *d'accélérer le service* avec un comptoir libre-service plutôt que le service à l'auto ;
- *de baisser le prix du hamburger* de 30 cents à 15 cents.

Les frères McDonald ont réouvert leur restaurant en décembre 1948. En 1955, leurs ventes s'élevaient à 350 000 $ US. Beaucoup de gens voulaient exploiter des restaurants semblables. Les frères ont vendu une **franchise** à Neil Fox, qui a ouvert son restaurant à Phoenix, en Arizona.

Figure 3
Ray Kroc devant l'un des premiers restaurants McDonald's

Ray Kroc, un entrepreneur, a été tellement impressionné par le fonctionnement des restaurants McDonald's qu'il est devenu l'agent exclusif pour vendre des franchises. En 1961, il a pris un risque calculé en achetant l'entreprise des frères McDonald. Quatre ans plus tard, M. Kroc a commencé à vendre des actions de son entreprise pour réunir des fonds afin de développer sa chaîne de restaurants. Étant donné qu'il manquait d'argent à cette époque, il a payé plusieurs employées et employés en actions. Cent actions achetées en 1965 au prix de 22,50 $ chacune vaudraient aujourd'hui 1,8 million de dollars. Ces employées et ces employés sont devenus très riches s'ils ont vendu leurs actions.

Le premier restaurant McDonald's au Canada a ouvert ses portes en 1967. Au début des années 1970, d'autres restaurants ont ouvert dans les Caraïbes, au Japon, en Allemagne, en Australie, en France et en Grande-Bretagne. Dans les années 1990, l'ouverture de restaurants McDonald's à Moscou (Russie), à Beijing (Chine)

Franchise : le droit de vendre un bien ou un service particulier. Chaque entreprise franchisée doit suivre des règles afin de demeurer semblable aux autres franchises appartenant à la même compagnie.

et à Tel Aviv (Israël) a fait la manchette. En 1998, il y avait 23 000 restaurants McDonald's à travers le monde dont 13 000 aux États-Unis. Les ventes de 1998 ont presque atteint les 12,5 millions de dollars.

Les franchises de McDonald's

Ray Kroc a vendu ses premières franchises 950 $ chacune. Une franchise permettait d'utiliser un édifice appartenant à McDonald's ainsi que les noms et les recettes des différents produits alimentaires McDonald's. Déjà, dans les années 1950, les constructions possédaient plusieurs des caractéristiques que nous connaissons aujourd'hui, par exemple les « arches dorées » en guise d'enseigne. Les propriétaires de franchise remettaient 1,9 % de leurs ventes à M. Kroc qui, en retour, payait 0,5 % des ventes aux frères McDonald.

De nos jours, une franchise a toujours le droit d'utiliser les édifices McDonald's, les recettes, les logos, etc. Mais elle coûte maintenant 300 000 $ US, payables au siège social, aux États-Unis. Plusieurs restaurants font des ventes de 1 à 2 millions de dollars chaque année. Environ 16 % de la valeur des ventes annuelles revient aux États-Unis. Le quart de ce montant sert à faire de la publicité pour l'entreprise.

Le propriétaire d'une franchise doit consacrer une partie de ses bénéfices au soutien des activités de la région et des œuvres de charité. La viande, les petits pains et les autres articles sont achetés de commerces locaux lorsque c'est possible. Ces directives ont pour but de donner une image positive de McDonald's dans la communauté. La venue de McDonald's dans un quartier ne fait cependant pas toujours plaisir aux gens qui y habitent. Ces personnes craignent notamment que la présence d'un McDonald's ne nuise aux autres commerçants du quartier. D'autres déplorent la qualité de la nourriture qui est servie dans ces restaurants-minute et n'aiment pas la perspective de voir apparaître les fameuses « arches dorées » dans leur paysage.

McDonald's fournit de l'emploi aux gens de la région, particulièrement des emplois à temps partiel pour étudiantes et étudiants. À ce titre, la syndicalisation des employés est peut-être l'un des prochains défis que devra relever la chaîne McDonald's. Au Canada, les employés de trois franchises de McDonald's ont manifesté le désir d'être représentés par un syndicat. Si nul n'y est parvenu jusqu'à maintenant, on peut s'attendre que les membres du personnel d'autres franchises essaient à leur tour.

Fais des découvertes

1. Pourquoi l'industrie de la restauration rapide est-elle aussi rentable ?
2. Ray Kroc a déboursé 2,7 millions de dollars américains pour acheter l'entreprise des frères McDonald. Il a emprunté ce montant de la banque, avec des édifices qu'il possédait en guise de **collatéraux**. Avec les intérêts, il a payé 14 millions de dollars

Collatéral : un bien appartenant à une personne qui demande un prêt et pouvant être saisi si elle ne rembourse pas sa dette.

pour rembourser son emprunt. En équipe, discute des questions suivantes :
   a) Quels sont les avantages à emprunter de grosses sommes d'argent pour une entreprise ? Quels sont les inconvénients ?
   b) À ton avis, qu'est-ce qui serait arrivé aux restaurants McDonald's si M. Kroc avait attendu d'avoir gagné l'argent nécessaire pour acheter l'entreprise des frères McDonald ?
   c) Quel autre moyen M. Kroc a-t-il utilisé pour réunir les fonds ?
3. À quels risques fait face une entrepreneuse ou un entrepreneur ? Inclus des exemples de l'expérience de Ray Kroc dans ta réponse.
4. À mesure que la chaîne McDonald's s'est développée, on a ajouté des éléments : le *petit déjeuner* (Hawaii, 1970), l'*aire de jeux* (Californie, 1971) et le *service au volant* (Arizona, 1975).
   a) Explique pourquoi chaque nouvel élément a fait augmenter les ventes.
   b) Selon toi, quel élément a le plus fait augmenter les ventes ? Pourquoi ?
   c) Propose une innovation que McDonald's pourrait présenter. Explique pourquoi elle pourrait faire augmenter les ventes.

Tout le monde n'a pas le même pouvoir d'achat

Même si certains biens et services comme les restaurants McDonald's se trouvent presque partout dans le monde, les gens ne sont pas tous en mesure d'en profiter. Dans plusieurs parties du monde, les consommatrices et les consommateurs sont incapables d'acheter autant que la plupart des Canadiennes et des Canadiens. Même si ces personnes travaillent aussi fort et parfois plus fort, leur salaire est souvent beaucoup plus bas et elles ne peuvent acheter les mêmes types de biens et de services que nous.

On peut mesurer la richesse dans différents pays en calculant le PNB par personne. Même si cette mesure n'est pas l'indicateur de niveau de vie le plus fiable, elle aide à comparer le pouvoir d'achat des populations. Cette comparaison indique dans quelle mesure les populations font partie des systèmes économiques mondiaux. Le Canada a l'un des plus hauts PNB par personne, avec 19 640 $ US en 1997, alors que l'Éthiopie et la République démocratique du Congo avaient les plus bas PNB au monde en 1997, soit 110 $ US. La figure 4 montre la position des autres pays du monde.

Consulte la page 86 pour revoir le PNB (produit national brut) par personne.

110 Module 2 Découvrir les systèmes économiques

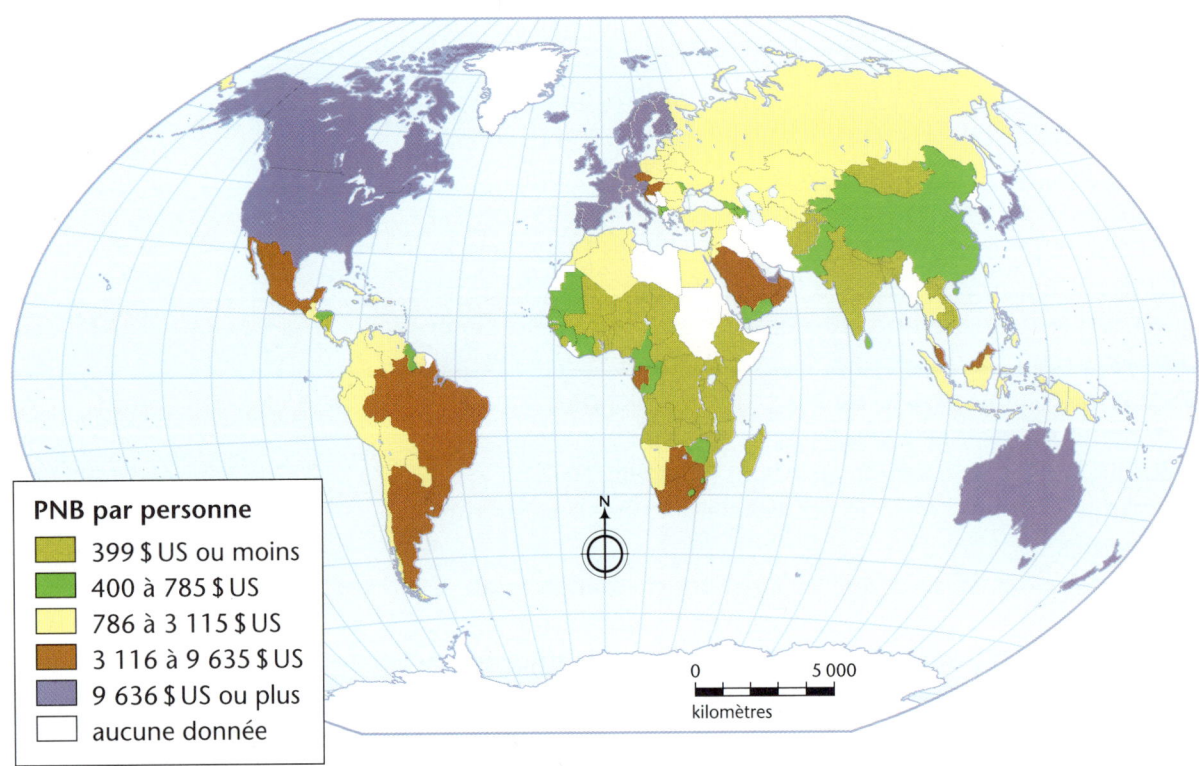

Figure 4
Le PNB par personne dans le monde

Fais des découvertes

1. Ordonne les pays de la figure 5 selon le PNB par personne. À quel rang se situerait le Canada s'il faisait partie de cette liste ?
2. Fais un diagramme à bandes verticales pour représenter ton classement. Colorie les bandes et identifie les bandes et les axes. Donne un titre approprié à ton diagramme.
3. Nomme trois pays de la figure 5 où il serait selon toi le plus rentable de vendre des voitures. Justifie tes choix. Quelle autre information que le PNB par personne pourrait t'aider à déterminer ces pays ?
4. Nomme deux pays de la figure 5 où tu n'établirais pas un centre de conditionnement physique pour la population. Explique ta réponse.
5. Pourquoi est-il difficile d'améliorer le niveau de vie d'un pays lorsque le PNB par personne est peu élevé ?

Pays	PNB par personne ($ US)
Australie	20 650
Bolivie	970
Brésil	4 790
Éthiopie	110
Grèce	11 640
Inde	370
Israël	16 180
Niger	280
Royaume-Uni (R.-U.)	20 870
États-Unis	29 080

Figure 5
Le produit national brut par personne pour différents pays en 1997

L'économie et l'environnement

Tous les biens et services que nous achetons diminuent certaines ressources de la Terre. Par exemple, les voitures consomment un tiers de la production mondiale de pétrole. Nous mangeons la viande de certains animaux. Ces animaux se nourrissent de l'herbe qui pousse dans les pâturages. Les pâturages supposent le déboisement des forêts. Les emballages en carton de nos biens proviennent souvent du bois des arbres des forêts tropicales humides.

Chacun de nous utilise deux fois plus de cuivre, d'énergie, de viande, d'acier et de bois qu'en 1950. Nous utilisons également quatre fois plus de voitures, cinq fois plus de plastique et sept fois plus d'aluminium. La majorité de ces augmentations a eu lieu dans les pays riches de l'Amérique du Nord, d'Europe de l'Ouest, du Japon, de la Nouvelle-Zélande et de l'Australie, qui ne représentent qu'un cinquième de la population mondiale. Ces pays ont relâché dans l'atmosphère les deux tiers des gaz à effet de serre, les trois quarts des gaz produisant des pluies acides et 90 % des produits chimiques qui ont altéré la couche protectrice d'ozone. Imagine ce qui arriverait à la Terre si *toutes* les populations utilisaient autant de ressources et produisaient autant de polluants que les populations des pays riches !

Figure 6
Pourcentage de la population et de la consommation des ressources

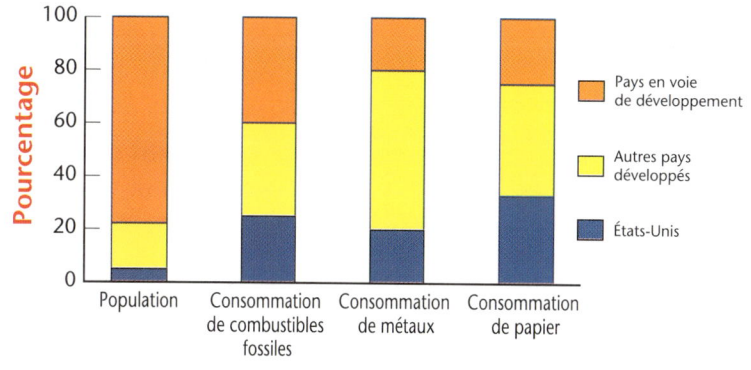

Source : Natural Resources Defense Council, 1994

Module 2 Découvrir les systèmes économiques

Fais des découvertes
avec des diagrammes

1. Selon la figure 6, à la page 111, les États-Unis et les autres pays développés constituent 22 % de la population.
   a) Quel pourcentage de la réserve mondiale de combustibles fossiles consomment ces pays ?
   b) Quel pourcentage des métaux consomment-ils ?
   c) Quel pourcentage du papier consomment-ils ?
2. Qu'est-ce que la figure 7 t'indique au sujet des voitures et des consommatrices et consommateurs dans les pays développés par rapport aux pays en voie de développement ?

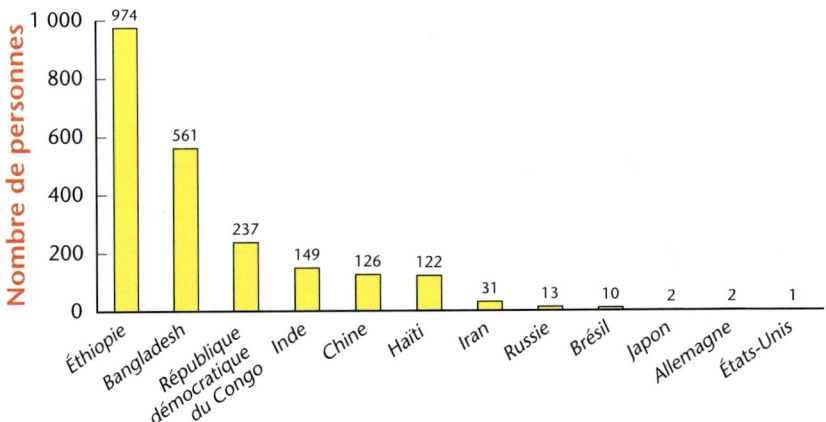

Figure 7
Nombre de personnes par véhicule dans certains pays en 1994

Résumé

Dans ce chapitre, tu as appris comment les gens participent à l'économie. Tu as vu que les entrepreneuses et les entrepreneurs jouent un rôle particulier et intéressant dans la production des biens et des services. Tu as aussi découvert que le niveau de consommation et d'utilisation des ressources varie selon les parties du monde.

Révise tes découvertes

1. Donne un exemple
   a) d'un bien ou d'un service qui satisfait un besoin ou un désir.
   b) d'une ressource rare ou limitée utilisée dans la production d'un bien ou d'un service.
   c) d'un problème environnemental associé à un bien ou à un service.
2. Décris deux problèmes causés par l'augmentation de la consommation.

Mets tes découvertes en pratique

1. Tu as peut-être des talents ou des intérêts qui pourraient t'amener à créer ta propre entreprise. Par exemple, si tu joues d'un instrument de musique, tu pourrais former un groupe qui louerait ses services. Si tu aimes observer les oiseaux, tu pourrais ouvrir une boutique d'articles nécessaires aux gens qui installent des mangeoires pour les oiseaux ou qui en font l'observation.
   a) Travaille en équipe. Dresse une liste des talents et des intérêts de chaque membre de l'équipe.
   b) Donne tes idées sur la façon d'exploiter les talents et les intérêts de chacun dans une entreprise. Choisis une entreprise dans la liste de l'équipe.
   c) Dresse une liste des équipements, des édifices, des fournitures, du personnel et des autres ressources dont tu aurais besoin pour mettre ton entreprise sur pied et la faire fonctionner. Justifie chaque élément. Indique ce que tu possèdes déjà.
   d) Suggère des possibilités de financement pour acheter les articles dont tu as besoin.
   e) Explique comment tu rembourserais les gens qui ont financé ton entreprise.
   f) Décris l'endroit où tu aimerais t'installer. Explique ton choix.
   g) Conçois un logo et un slogan pour ton entreprise.
   h) Donne deux exemples de moyens publicitaires que tu utiliserais pour attirer la clientèle.

LIEN FRANÇAIS

Chapitre 8

L'évolution économique du Canada

Mots clés

secteur primaire
secteur secondaire
secteur tertiaire
secteur quaternaire

Dans ce chapitre, nous examinons le développement du système économique du Canada. L'information et les activités t'aideront :

▶ à reconnaître quatre principaux types d'industrie et à en donner des exemples ;

▶ à décrire comment l'importance de ces industries a changé ;

▶ à reconnaître des constantes dans l'emplacement des industries.

Un pays riche en ressources

Le Canada est reconnu à travers le monde pour ses ressources naturelles abondantes. Les peuples autochtones ont été les premiers à utiliser ces ressources. Ils chassaient, pêchaient et cueillaient de la nourriture comme des baies, des fruits, des racines et des graines. En plus de la nourriture, les forêts offraient du bois pour la construction des abris. Les autochtones confectionnaient des contenants d'argile. Ils pratiquaient l'agriculture, par exemple ils faisaient pousser du maïs, des haricots et des courges sur les terres déboisées, là où le sol et le climat le permettaient.

Lorsque les explorateurs français et britanniques ont atteint le continent nord-américain, ils ont annoncé l'abondance de ressources naturelles qu'ils avaient trouvées. Les gouvernements français et britannique s'intéressaient en particulier aux ressources en poissons et en fourrures du Canada. Déjà, au 17e siècle, il y avait des villages de pêche le long de la côte Est et le commerce de la fourrure avait pris de l'ampleur dans les terres. On salait les poissons puis on les expédiait en Europe. On troquait des objets contre les fourrures des trappeurs autochtones et on acheminait aussi les fourrures vers l'Europe.

Figure 1
Dans les années 1600, l'économie du Canada incluait les activités économiques traditionnelles des peuples autochtones ainsi que la pêche et la traite des fourrures. Les poissons et les fourrures étaient exportés en Europe.

Vers le milieu du 17e siècle, les colons européens ont défriché les terres propices à l'agriculture, d'abord le long de la côte Est et sur les rives du fleuve Saint-Laurent. À la fin du 18e siècle, les colonies et l'agriculture se sont ensuite étendues aux rives des Grands Lacs inférieurs et, au 19e siècle, aux Prairies. On expédiait le bois coupé et les produits alimentaires de l'agriculture en Angleterre, car on y manquait de bois et de céréales. Une partie de ces ressources étaient aussi vendues aux États-Unis. La figure 2 montre le parcours des biens produits par ces activités économiques.

Après qu'on a construit les voies ferrées à travers le Bouclier canadien, il est devenu possible de transporter des minerais de valeur vers les marchés du sud. Les années 1920 ont vu naître la grande ceinture minière du métal, de Sudbury jusqu'à Cobalt et Porcupine. Dans d'autres régions, on a construit des voies ferrées ou des routes spécialement pour le transport des minerais vers le sud.

Consulte les pages 5 à 14 pour revoir les constantes de peuplement au Canada.

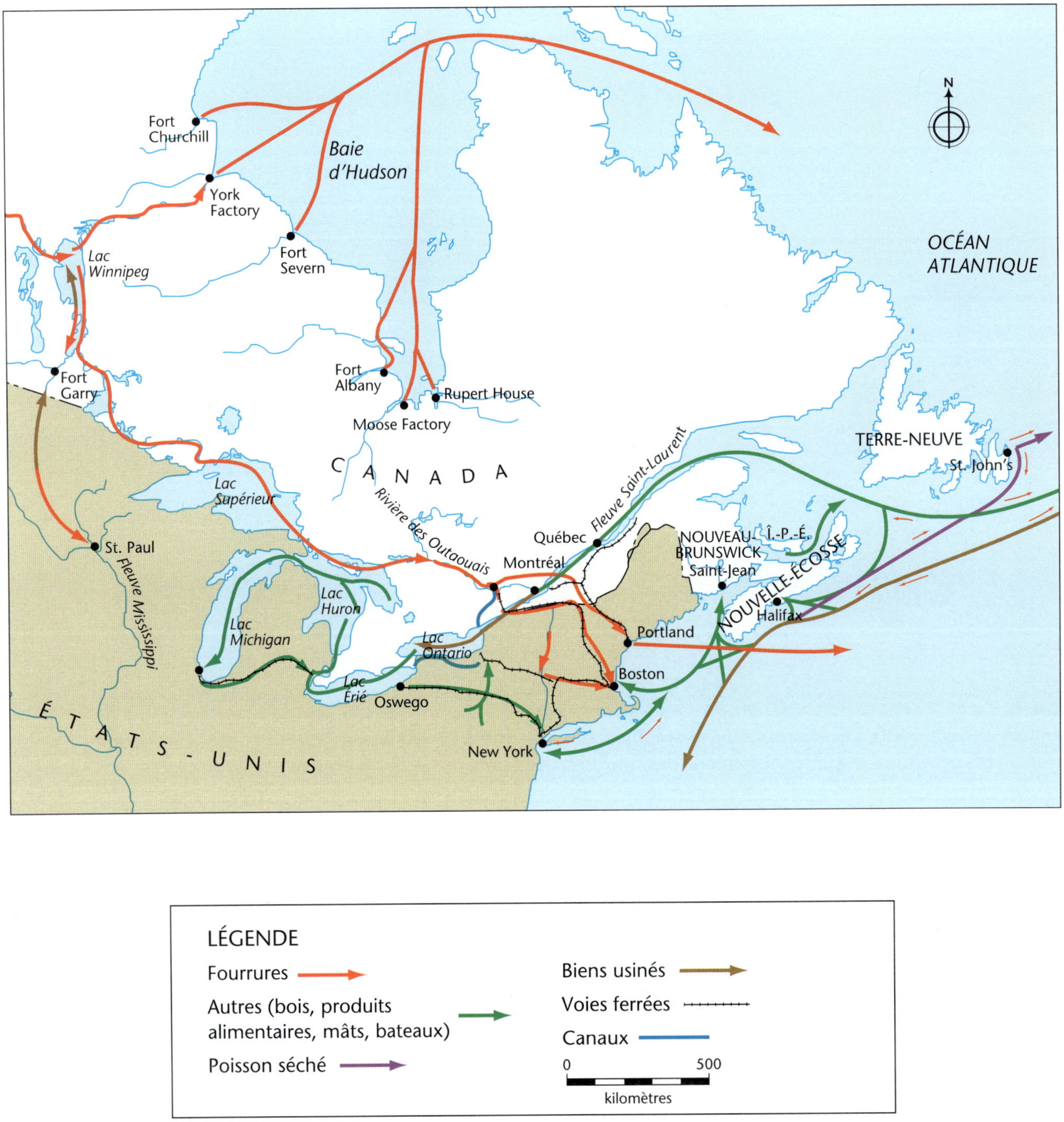

116 Module 2 Découvrir les systèmes économiques

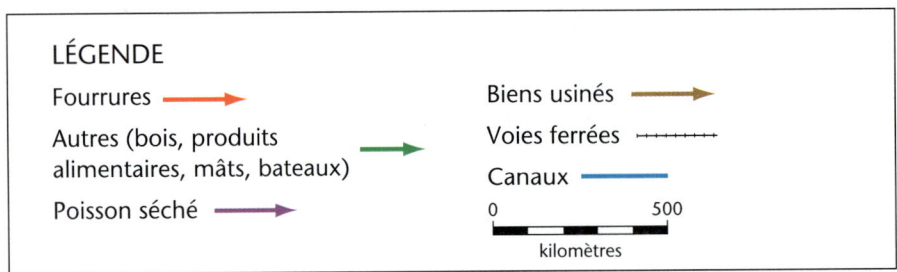

Figure 2
Le commerce au Canada du milieu du 18ᵉ siècle au 19ᵉ siècle

Chapitre 8 L'évolution économique du Canada

Fais des découvertes
avec des cartes

1. Travaille en équipe. Observe la figure 2. Discute des questions suivantes.
   a) Les fourrures en provenance de l'ouest du Canada pouvaient suivre trois trajets pour se rendre en Europe. Lesquels? (Tu dois consulter une carte de l'Amérique du Nord pour repérer l'un des trajets.)
   b) Quel effet le commerce des fourrures en provenance de la baie d'Hudson a-t-il eu sur le peuplement de la côte dans la baie? Nomme les peuplements établis dans la baie.
   c) Quels biens autres que les fourrures exportait-on du Canada au 18e et au 19e siècle? Où les exportait-on? Quels ont été les avantages de ce commerce?
   d) Quels biens importait-on au Canada? D'où venaient-ils? Quels ont été les avantages de ce commerce?
   e) Quel rôle semblent jouer les réseaux de transport dans le développement et le commerce des ressources naturelles?

Les quatre secteurs de l'économie

En 1881, 48 % des travailleuses et travailleurs du Canada vivaient de l'agriculture. La plupart des autres travaillaient pour l'industrie forestière, l'industrie minière ou l'industrie de la pêche. Les économistes regroupent toutes ces activités en tant qu'industries de ressources dans le **secteur primaire**.

Avec le développement des machines et de la technologie, il est devenu possible de transformer les produits issus du secteur primaire et d'en faire des biens. Certaines personnes étaient obligées d'occuper ces nouveaux types d'emplois, car les machines remplaçaient une bonne partie de la main-d'œuvre de l'agriculture, de la pêche, des mines et des forêts. En peu de temps, les industries manufacturières (réunies dans le **secteur secondaire**) se sont établies dans les villages, les petites villes et les grandes villes. Ces usines produisaient de tout: des aliments préparés, des meubles, des machines et des vêtements. En 1911, 25 % de la main-d'œuvre canadienne travaillait dans le secteur secondaire, alors que 39 % travaillait dans le secteur primaire.

Le développement du secteur secondaire est très important pour l'économie d'un pays, car les industries qui en font partie ajoutent de la valeur aux matières premières. Pour mieux comprendre, prends l'exemple d'un pain.

Secteur primaire : les industries qui extraient les matières premières ou les ressources naturelles (ex.: agriculture, forêts, pêche, mines).

Secteur secondaire : les industries qui transforment les matières premières en produits.

Pour faire un pain, on utilise des matières premières (les ingrédients) *de même que* du travail humain, de l'énergie et des biens d'équipement (ex. : le four). Ce sont ces autres facteurs qui transforment véritablement les ingrédients en pain. Dans le processus, les ingrédients gagnent de la valeur. Le montant ajouté à la valeur du produit durant les étapes de production est appelé « valeur ajoutée ».

Grâce à la croissance du secteur secondaire et à la valeur ajoutée, la prospérité s'est accrue et le niveau de vie s'est amélioré. Les gens étaient disposés à payer pour des services comme les écoles, les hôpitaux, la police et les coupes de cheveux. Les industries des services (aussi appelées **secteurs tertiaire et quaternaire**) ne fabriquent pas de produits mais améliorent la qualité de vie d'une certaine manière. La personne qui utilise le service paie directement ou par l'entremise de l'impôt. En 1911, 33 % de la main-d'œuvre canadienne travaillait dans les secteurs tertiaire et quaternaire.

Secteurs tertiaire et quaternaire : les industries qui procurent des services (ex. : banque, vente au détail, transport) ou qui produisent un service d'information (enseignement, informatique, édition).

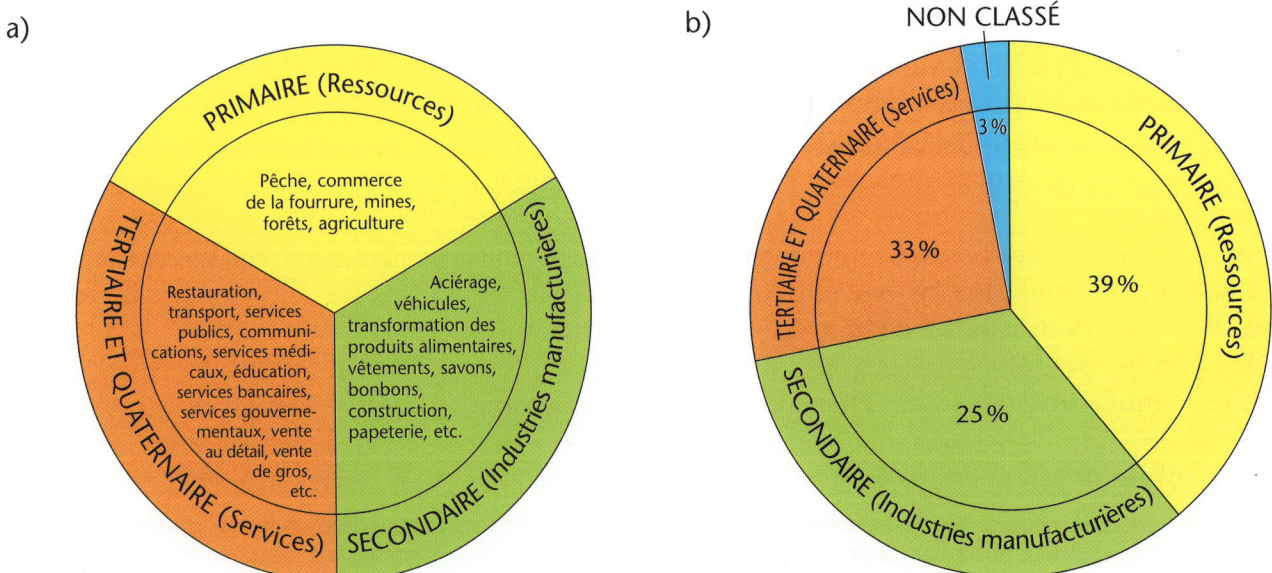

Figure 3
Les quatre secteurs de l'industrie (a) et la structure de la main-d'œuvre canadienne en 1911 (b)

Fais des découvertes

1. Le tableau de la figure 4 montre le nombre de travailleuses et de travailleurs au Canada dans diverses industries, en 1997.
   a) Regroupe les industries par secteurs (primaire, secondaire, tertiaire et quaternaire, et non classé). (« Non classé » doit contenir les industries qui ne correspondent à aucune catégorie précise.)
   b) Calcule le pourcentage de la main-d'œuvre dans chaque secteur. Si tes calculs sont exacts, le total sera 100.
   c) Construis un diagramme circulaire pour montrer les pourcentages. Ton graphique devrait ressembler à celui de la figure 3 b). Colorie ou ombre tes secteurs et identifie-les, comme dans la figure 3 b). Donne un titre à ton diagramme.
2. Compare ton diagramme avec celui de la figure 3 b). Comment la composition de la main-d'œuvre canadienne a-t-elle changé pendant le 20e siècle ? Explique ce qui a causé ces changements.

LIEN MATHÉMATIQUES

Consulte la page 260 pour revoir la façon de construire un diagramme circulaire.

Industrie	Main-d'œuvre (en milliers)
Agriculture	453
Pêche, industrie forestière, industrie minière, piégeage	325
Usines	2 297
Construction	858
Transport, services publics et communications	943
Commerce (vente et distribution de biens)	2 526
Services bancaires, finance, immobilier	817
Autres services	5 619
Fonction publique (gouvernement)	828
Non classé	543
Total	15 209

Figure 4
Nombre de Canadiennes et de Canadiens travaillant dans diverses industries en 1997

Étude de cas — Comment le Canada se compare-t-il ?

Entre 1911 et 1997, plusieurs changements se sont produits dans l'économie canadienne. Ces changements incluent une forte croissance des secteurs secondaire, tertiaire et quaternaire. En 1911, il y avait un nombre à peu près égal d'emplois dans chacun des quatre secteurs de l'industrie (voir figure 3 b) à la page 118). Au cours des décennies, le pourcentage d'emplois dans le secteur primaire a fortement diminué. Durant la même période, le pourcentage d'emplois dans les secteurs tertiaire et quaternaire a augmenté brusquement. Le Canada s'est mis à produire de plus en plus de biens, qui ont remplacé les biens importés. L'industrie manufacturière est demeurée un important secteur économique.

Comme le Canada, la Pologne avait en 1911 des routes et des chemins de fer, des minerais de valeur, des ressources forestières et de pêche, et de grandes superficies de bonne terre agricole. Toutefois, l'économie de la Pologne ne s'est pas développée comme celle du Canada. La répartition des emplois aujourd'hui (figure 5) ressemble à celle du Canada en 1911. La Pologne a beaucoup de potentiel. Pourquoi ce pays a-t-il un retard de développement économique de 80 ans par rapport au Canada?

La réponse nous vient de l'histoire de la Pologne. Depuis le 17e siècle, ce pays a été envahi plusieurs fois et a presque toujours été sous le contrôle de puissances extérieures. De 1945 à 1989, la Pologne eu un gouvernement *communiste*. Sous le communisme, beaucoup d'industries étaient inefficaces. Le manque de nourriture et de logement était courant. Le gouvernement (l'État) possédait toutes les propriétés et les compagnies du pays. Il était impossible de démarrer une entreprise. Les ressources financières du pays étaient limitées; l'équipement et la machinerie brisaient ou devenaient obsolètes.

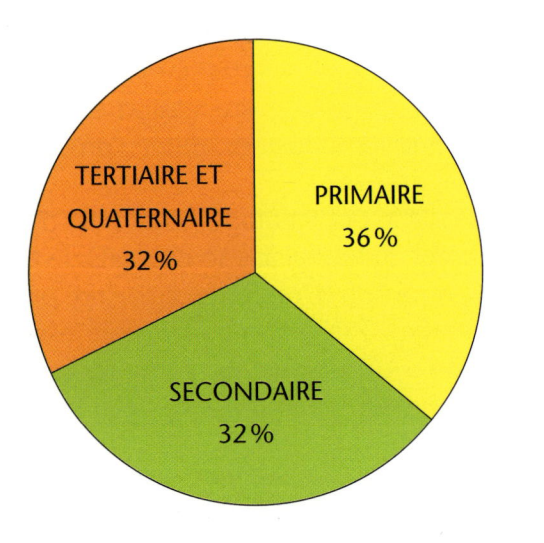

Figure 5
L'emploi en Pologne en 1996

Si tu visitais la Pologne aujourd'hui, plus de dix ans après la fin du communisme, tu verrais un pays qui lutte pour améliorer ses méthodes traditionnelles d'agriculture et son système d'approvisionnement alimentaire. On voit des industries désuètes à côté de nouvelles industries construites en grande partie grâce à des investissements étrangers. On a permis à des entreprises inefficaces dirigées par l'État de faire faillite. De vieux hôpitaux, de vieilles écoles et d'autres services sont lentement améliorés. L'économie se développe à un rythme accéléré de 6 % par année, alors que la croissance économique du Canada est de 3 %. On peut s'attendre que la Pologne prendra un jour sa place comme partenaire majeur au sein de l'économie européenne.

Chapitre 8 L'évolution économique du Canada

Fais des découvertes

1. Quelle ressemblance y a-t-il entre le Canada de 1911 et la Pologne de 1996 ?
2. Pourquoi l'économie de la Pologne est-elle en retard sur celle du Canada ?
3. En équipe, discute de tes prédictions quant au développement de l'économie polonaise. Penses-tu qu'il faudra plus de 80 ans pour que l'économie de la Pologne rejoigne celle du Canada ? Justifie ta réponse. Quels obstacles pourraient ralentir le processus ?
4. Construis un diagramme circulaire qui montre la distribution des emplois dans les quatre secteurs de l'économie de la Pologne dans 20 ans, selon ta prédiction. Justifie la taille de chacun des secteurs que tu as tracés.

LIEN FRANÇAIS

L'emplacement des industries

Quels facteurs influent sur l'emplacement des industries ? Pour le secteur primaire ou de ressources, le facteur le plus important est la disponibilité des ressources naturelles. Au Canada, les industries du secteur secondaire se trouvent surtout dans le sud de l'Ontario et du Québec (figure 6 de la page 122). Six avantages ou « facteurs de localisation » expliquent pourquoi il y a plus d'industries manufacturières dans cette région :

- Il y a un bon réseau de *transport* par bateau, train, camion et avion.
- Beaucoup de *matières premières* utilisées pour fabriquer des produits sont disponibles.
- Il y a une *main-d'œuvre* nombreuse et aux compétences variées.
- Au sud de l'Ontario et du Québec, il y a de grands *marchés* pour les produits. Le marché de l'est des États-Unis est tout près et d'autres marchés sont facilement accessibles.
- Il y a beaucoup d'*énergie* disponible pour faire fonctionner la machinerie.
- Le *capital*, ou l'argent pour acheter de l'équipement, des terrains et ainsi de suite, est disponible sur place.

La figure 6 montre les emplacements des activités manufacturières à travers le Canada.

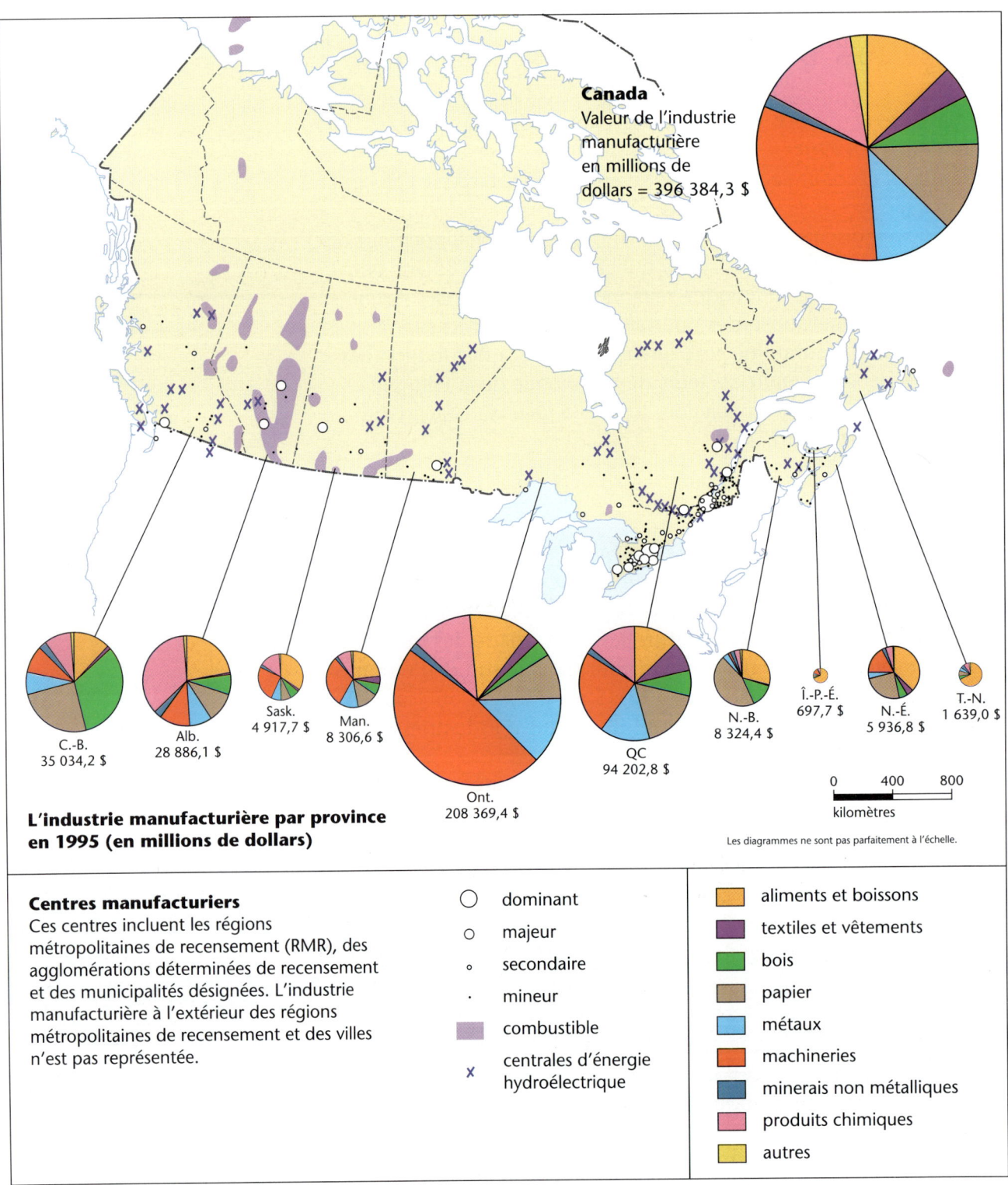

Figure 6
L'industrie manufacturière par province en 1995

Les industries des secteurs tertiaire et quaternaire fournissent des services à la population. En règle générale, plus la population est élevée à un endroit, plus les secteurs des services et de l'information sont importants. Par exemple, une ville de un million de personnes aura 10 fois plus d'écoles, d'hôpitaux, de policières et de policiers, de dentistes, de magasins de vente au détail, de restaurants et de cinémas qu'une ville de 100 000 personnes. Les géographes utilisent le terme *corrélation* pour décrire la relation entre la population et les services.

Le commerce de détail représente une des plus importantes parties du secteur tertiaire. Environ la moitié de l'argent dépensé dans les commerces de détail au Canada va aux magasins d'alimentation et aux concessionnaires d'automobiles. L'autre moitié va aux stations-service, aux centres de réparation automobile, aux pharmacies, aux magasins de vêtements, de meubles et aux épiceries. La figure 7 montre le nombre d'emplois dans les secteurs tertiaire et quaternaire dans chacune des provinces en 1997.

Consulte la page 96 pour revoir la définition de **corrélation**.

Consulte la page 15 pour revoir la corrélation entre la population et les services.

Province	Population (en milliers)	Nombre d'emplois dans les secteurs tertiaire et quaternaire (en milliers)
Terre-Neuve	553	148
Île-du-Prince-Édouard	137	43
Nouvelle-Écosse	936	303
Nouveau-Brunswick	753	215
Québec	7 308	2 406
Ontario	11 254	3 959
Manitoba	1 139	401
Saskatchewan	1 023	335
Alberta	2 836	1 056
Colombie-Britannique	3 964	1 421

Figure 7
Nombre d'emplois dans les secteurs tertiaire et quaternaire de chacune des provinces en 1997

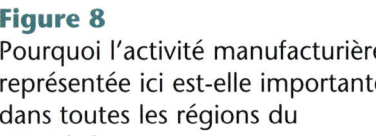

FAIS DES DÉCOUVERTES
AVEC DES CARTES ET DES DIAGRAMMES

1. Observe la figure 6 à la page 122.
   a) Quelle activité manufacturière est importante dans toutes les provinces?
   b) Dans quelles provinces les industries manufacturières du bois et du papier dominent-elles l'économie? Explique cette constante à l'aide de la figure 9, à la page 125.
   c) Quel type d'industrie manufacturière domine en Ontario et au Québec?
   d) Classe les provinces selon la valeur de l'industrie manufacturière, de la plus élevée à la plus faible.
2. Observe la figure 7 à la page 123.
   a) Construis un diagramme de dispersion pour montrer la corrélation entre la *population* (sur l'axe vertical, en milliers, de 0 à 12 000) et le *nombre d'emplois dans les secteurs des services et de l'information* (sur l'axe horizontal, en milliers, de 0 à 4 000).
   b) Quel type de corrélation ton diagramme indique-t-il?

Figure 8
Pourquoi l'activité manufacturière représentée ici est-elle importante dans toutes les régions du Canada?

Consulte la page 263 pour revoir comment construire des diagrammes de dispersion.

Résumé

Dans ce chapitre, tu as vu comment l'économie du Canada a évolué d'un système d'exploitation des ressources naturelles vers un système basé sur l'industrie manufacturière, les services et l'information. Tu as appris que le degré d'industrialisation varie dans le monde. Tu as aussi étudié les facteurs qui influent sur l'emplacement des industries au Canada.

Révise tes découvertes

1. Énumère quatre industries primaires qui ont été importantes pour l'évolution économique du Canada.
2. Donne l'exemple d'un pays qui a beaucoup de ressources naturelles mais qui est moins développé que le Canada. Explique pourquoi l'économie de ce pays n'a pas évolué comme celle du Canada.

Chapitre 8 L'évolution économique du Canada

Mets tes découvertes en pratique

1. Imagine que tu veux démarrer une entreprise de confection de bonbons, Les Bonbons du printemps. Il te faudra : des matières premières (sucre d'érable, beurre et jus de citron) ; des immobilisations d'équipement (machinerie, matériel de cuisson, édifice, terrain et argent) ; de l'électricité (pour faire fonctionner la machinerie) ; de la main-d'œuvre (trois employées et employés). Tu veux atteindre le plus grand marché possible. Travaille en équipe pour mettre ta fabrique de bonbons sur pied.

   a) Fais une recherche sur la confection du sucre d'érable et sur l'emplacement des entreprises qui en produisent.
   b) Fais une recherche sur chacune des villes de la figure 9 afin de déterminer s'il s'agit d'un bon emplacement pour ton entreprise. Dresse une liste de tous les avantages et de tous les inconvénients de chacune des villes pour chacun des facteurs indiqués dans la rangée du haut du tableau de la figure 9. Tu peux consulter la figure 6.
   c) Choisis le meilleur emplacement pour ton entreprise.
   d) Qu'est-ce que tu aimerais savoir d'autre pour pouvoir choisir le meilleur emplacement ?

LIEN SCIENCES

Consulte la page 122 et la page 29 pour dresser ta liste.

Emplacement possible de l'entreprise	Transport	Matières premières	Main-d'œuvre	Marché	Énergie	Immobilisations d'équipement
Edmonton, Alberta						
Churchill, Manitoba						
Toronto, Ontario						
Mirabel, Québec						

Figure 9
Remplis ce tableau afin de t'aider à déterminer le meilleur emplacement pour ta fabrique de bonbons.

Chapitre 9

Les facteurs de réussite

Mots clés

investissement étranger
intrant
produit
pays industrialisé
dérivé

Dans ce chapitre, nous examinons la réussite actuelle de l'économie canadienne. L'information et les activités t'aideront:
- à montrer que tu comprends comment les ressources économiques influent sur le succès économique d'une région;
- à montrer que tu comprends le domaine manufacturier;
- à analyser des données au sujet de l'économie du Canada et des autres pays membres du G-7.

L'importance de l'industrie manufacturière

Dans le chapitre 8, tu as appris que l'économie du Canada s'est développée dans trois secteurs. Tu as vu que l'industrie manufacturière hautement développée du Canada et les secteurs des services sont des éléments clés de la prospérité du pays.

Tout le monde a ses raisons d'être reconnaissant envers les industries manufacturières du Canada. Peut-être qu'un membre de ta famille occupe un des 15 % d'emplois créés dans ce secteur au Canada (selon les données de 1998). Il y a peut-être même des industries manufacturières dans ta communauté. Non seulement ces industries fournissent-elles de l'emploi, mais elles paient également des impôts. Ces impôts, tout comme ceux que paient tes parents, aident à payer les routes, les parcs, l'enlèvement des ordures, le déneigement et d'autres services qui font d'une communauté un endroit sécuritaire et agréable.

Le pays dans son ensemble bénéficie de l'industrie manufacturière. Plus le Canada fabrique ses produits, moins il a besoin d'importer des autres pays. Lorsque la fabrication est *mécanisée*, ou effectuée à l'aide de machinerie, on peut produire une grande quantité de biens à faible coût. Les nombreux biens offerts au Canada aujourd'hui font augmenter le niveau de vie général du pays.

a)

b)

Figure 1
L'industrie manufacturière inclut a) l'industrie artisanale, où des ouvrières et des ouvriers de métier produisent de petits articles à partir de leur demeure, et b) les grandes industries mécanisées où les gens travaillent souvent à une chaîne de montage. Quels avantages la population canadienne retire-t-elle de ces industries manufacturières ?

Les facteurs de production

Tout comme le monde physique possède des *ressources naturelles* (ex.: l'air, les forêts, les minerais), les pays ont des *ressources économiques*. Ces ressources économiques sont aussi appelées « facteurs de production ». Les quatre facteurs de production sont: le *sol*, la *main-d'œuvre*, les *biens d'équipement* ainsi que des *entrepreneuses* et *entrepreneurs qualifiés*. Les économistes se servent de ces facteurs pour expliquer pourquoi certaines régions ont un plus grand succès économique que d'autres. La figure 2 donne des exemples du rôle que ces quatre facteurs jouent dans le succès économique du Canada. Observe la figure 2 et réfléchis à la manière dont ces facteurs aident les industries manufacturières.

Le milieu

Les ressources naturelles utilisées pour produire des biens et des services

Exemples :
- les métaux (du Bouclier canadien et des montagnes de l'Ouest et de l'Est)
  - utilisés pour produire des machines, des camions, des édifices, du câblage électrique ;
- le pétrole, le gaz naturel, le charbon (des basses terres et des plaines) et l'eau
  - utilisés pour produire de l'énergie destinée à l'industrie et aux moyens de transport ;
- les forêts
  - utilisées pour fabriquer la pâte à papier et fournir du bois ;
- les terres cultivables
  - utilisées pour produire des fruits, des légumes et des céréales.

Figure 2
Il faut de grandes quantités de gravier pour construire et entretenir nos routes et nos autoroutes.

La main-d'œuvre

Le temps et les efforts consacrés à la production des biens et des services

Exemples :
- trouver et extraire les ressources naturelles (pour les industries primaires) ;
- chercher comment produire plus efficacement de meilleurs produits (pour les industries secondaires, pour les soins de santé du secteur tertiaire) ;
- concevoir et construire des travaux publics (barrages, ponts, autoroutes).

Figure 3
La main-d'œuvre d'un pays a besoin d'une bonne instruction pour satisfaire aux exigences des nombreux emplois fournis par l'économie.

Les biens d'équipement
L'équipement, les outils et les autres biens fabriqués utilisés pour produire des biens et des services

Exemples :
- édifices et usines ;
- machinerie et équipement ; } « actions »
- fournitures.

Figure 4
Pour une entreprise, une façon de réunir des fonds est de vendre des titres, ou actions. La valeur des actions d'une compagnie (voir la liste ci-dessus) est divisée en parts égales. Des gens paient pour posséder des actions et pour avoir une participation dans la compagnie. Ces personnes reçoivent une part des bénéfices de la compagnie correspondant à leurs actions et peuvent vendre leur certificat d'actions à n'importe quel moment. La photo montre la négociation publique des actions à la Bourse des valeurs de Toronto.

Les compétences pour l'entreprise
Les compétences des gens à structurer et gérer les trois autres facteurs de production

Exemples :
- Conrad Lavigne a fondé et développé un réseau de radiodiffusion dans le nord de l'Ontario, le plus grand réseau privé en Amérique du Nord ;
- Kwok Yuen Ho (gagnant du prix de l'entrepreneur de l'année en Ontario, en 1998) a créé l'entreprise ATI Technologies, une compagnie de composantes informatiques et la troisième entreprise de haute technologie en importance au Canada ;
- Viola MacMillan est la « reine de l'exploitation minière canadienne » et la présidente de la Prospectors & Developers Association depuis 21 ans.

Figure 5
Le gouvernement canadien encourage l'immigration d'entrepreneuses et d'entrepreneurs au Canada. Après leur arrivée au pays, ces personnes ont deux ans pour prouver qu'elles exploitent une entreprise et qu'elles emploient au moins une Canadienne ou un Canadien qui n'est pas membre de leur famille.

Investissement étranger : un apport de capitaux de pays étrangers dans les industries canadiennes, avec l'accord du gouvernement du Canada.

Fais des découvertes

1. Travaille en équipe et discute des questions suivantes.
   a) Choisis trois matières scolaires. Comment chacune de ces matières pourrait-elle être utile dans ton emploi, et donc pour l'économie ?
   b) Que pourrait-on changer au système de l'éducation pour mieux préparer les jeunes au monde du travail ? Explique tes idées en détail.

2. Un moyen qu'a le Canada de réunir les fonds nécessaires au développement de ses entreprises est de permettre l'**investissement étranger**. Le gouvernement du Canada a modifié les lois canadiennes sur l'investissement étranger en 1984. Pendant les dix années qui ont suivi, l'investissement étranger direct a plus que doublé.
   a) Observe la figure 6. À ton avis, pourquoi nos liens dominants en matière d'investissement étranger sont-ils avec les États-Unis ?
   b) Indique trois avantages et trois inconvénients de l'investissement étranger. Inclus les termes ci-dessous dans ta réponse.

   contrôle du siège social *emplois*
   fermetures de succursales *profit sur l'investissement*
   taxes *nouvelle technologie*

3. Le Canada devrait-il ou non favoriser un investissement étranger important ? Discute de cette question en équipe et justifie ton opinion.

4. Complète les phrases suivantes pour savoir si tu ferais une bonne entrepreneuse ou un bon entrepreneur. Vérifie tes réponses à la page 138.
   a) Je compte principalement sur... pour résoudre un problème.
      I) *des amies et des amis*
      II) *des expertes et des experts*
      III) *moi-même*
   b) Ce qui me motive, c'est...
      I) *d'atteindre mes buts*
      II) *d'obtenir de l'attention*
      III) *de diriger les autres*
   c) Si je gérais une entreprise, ma réussite ou mon échec serait attribuable...
      I) *à ma chance*
      II) *au soutien des autres*
      III) *à mes compétences*

d) Mon emploi préféré...
   i) *offrirait des défis, avec quelques risques*
   ii) *serait très bien payé, avec beaucoup de risques*
   iii) *serait facile, avec peu de risques*
e) Mon emploi préféré me permettrait...
   i) *de montrer mes compétences*
   ii) *de structurer mon horaire*
   iii) *de créer et de faire de nouvelles choses*
f) Les profits de mon entreprise seraient importants, car...
   i) *je les réinvestirais dans la compagnie*
   ii) *ils montreraient ma réussite*
   iii) *ils m'enrichiraient*

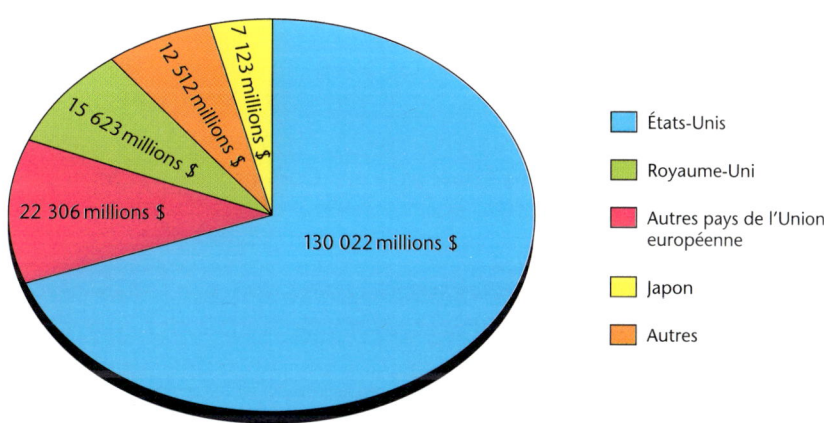

Figure 6
Les sources d'investissement direct au Canada en 1997

Fabriquer la réussite

Tous les types de fabrication comportent quatre éléments: les *intrants*, les *processus*, les *produits* et la *rétroaction*. Même un simple système manufacturier comme un comptoir de limonade sur la rue comprend ces éléments. Pour le comptoir de limonade, les **intrants** sont les *cristaux de limonade* (ou les citrons), le *sucre*, l'*eau* et les *gobelets en papier*. Le processus consiste à mélanger tous les intrants dans les bonnes proportions. Les **produits** sont la limonade et les gobelets en papier usagés. La clientèle fournit la rétroaction: les gens ont-ils aimé la limonade? Pourrait-on l'améliorer? Le prix était-il raisonnable? Les gens reviendront-ils en acheter d'autre?

Intrants: les facteurs de production d'un système manufacturier. Les intrants subissent des traitements.

Produits: les biens qui quittent le système manufacturier après leur traitement.

Étude de cas

La fabrication de l'acier

L'usine de Dofasco, à Hamilton, est un exemple d'une exploitation réussie qui comporte les quatre éléments du système manufacturier. Pour la fabrication de l'acier, le premier groupe d'éléments — les intrants — inclut du *charbon*, du *minerai de fer* et du *calcaire* comme ingrédients principaux, de même que de l'air, de l'eau et de l'énergie électrique. Les ingrédients principaux proviennent d'Amérique du Nord. L'eau est disponible tout près, au port d'Hamilton. L'électricité provient du réseau électrique ontarien, dont les lignes de transmission passent à côté d'Hamilton et transportent l'énergie fournie par les génératrices de Niagara Falls.

Le processus de fabrication de l'acier comprend plusieurs étapes.

1. Le charbon est transformé en « coke » dans des fours à coke.
2. Le coke et le fer sont chargés dans les hauts fourneaux. On les fait chauffer jusqu'à ce que le fer liquide se sépare du minerai. On ajoute du calcaire au mélange dans les hauts fourneaux. Le calcaire s'agglutine aux impuretés du minerai de fer et les sépare du fer fondu, purifiant ce dernier. (La combinaison de calcaire et d'impuretés de minerai de fer, appelée le « laitier », flotte sur le dessus et est écumée.)
3. Le fer fondu est mélangé à de la ferraille dans un fourneau à oxygène pour former de l'acier liquide.
4. L'acier liquide est versé dans une poche de coulée où des produits chimiques particuliers peuvent être ajoutés.
5. L'acier se retrouve ensuite dans la fondeuse à brame où il refroidit et se solidifie. Il est ensuite coupé en longueurs de 10 mètres.
6. Les brames sont alors chauffées de nouveau et roulées.

Les améliorations de Dofasco

Entre 1980 et 1995, Dofasco a dépensé plus de 3 milliards de dollars pour des améliorations technologiques. Plusieurs de ces innovations ont

Figure 7
Le débit journalier du processus de Dofasco est de 11 000 tonnes d'acier de plus de 1 000 types différents.

réduit le coût de fabrication de l'acier et ont aidé à réduire le gaspillage et la pollution. Par exemple, un four électrique à arc de 200 millions de dollars pour la fabrication de l'acier utilise de 70 % à 100 % de ferraille d'acier. La coulée continue de brames élimine le temps et l'espace nécessaires pour fabriquer de l'acier en lingots (gros blocs d'acier durci). Cette technologie a augmenté la vitesse de production et réduit le coût de la production de l'acier.

D'autres changements sont survenus alors que le personnel de Dofasco a cherché et trouvé des solutions pour répondre aux besoins particuliers de la clientèle. Un nouveau mélangeur à cylindre produit des tubes en acier pour les camions et l'industrie des pièces d'automobiles. À la fabrication des pièces, ces tubes spéciaux sont glissés à l'intérieur de formes creuses puis remplis avec de l'eau sous pression élevée. L'eau force l'expansion de l'acier selon la forme requise. Ce procédé est appelé « hydroformage ».

Figure 8
La coulée continue de brames de Dofasco

 Fais des découvertes

1. En équipe, résume le processus de fabrication de l'acier en répondant aux questions suivantes.
    a) Énumère six intrants dans la fabrication de l'acier.
    b) Divise le processus de fabrication de l'acier en quatre étapes principales. Nomme l'équipement utilisé à chacune de ces étapes.
    c) Fais une liste de 20 articles fabriqués à partir des produits de ce processus manufacturier.
    d) Selon toi, comment Dofasco obtient-elle la rétroaction de sa clientèle? Quels changements sont survenus à la suite de ces rétroactions?
2. Dresse une liste des ressemblances et des différences entre la gestion d'un comptoir de limonade sur la rue et la gestion d'une entreprise de fabrication d'acier. Inclus chacun des quatre facteurs de production dans ta réponse.

La preuve de la réussite

La force de l'industrie manufacturière du Canada et la croissance constante de son économie lui ont permis de devenir membre d'une organisation appelée le «Groupe des Sept» (souvent nommé le «G-7»). Cette organisation se compose des **pays** les plus **industrialisés** du monde. Les autres membres sont l'Allemagne, les États-Unis, la France, l'Italie, le Japon et le Royaume-Uni. La Russie a été invitée à se joindre au groupe en 1994.

L'organisation avait pour but, à l'origine, de prendre des décisions au sujet de l'économie, des finances internationales et de la politique commerciale. Aujourd'hui, cependant, le groupe examine d'autres sujets importants comme les armements, l'énergie, la dette extérieure et la technologie.

L'appartenance du Canada à ce groupe influent prouve sa réussite économique. Le seul recul économique grave du Canada au 20e siècle s'est produit de 1930 à 1933. Ces années-là, le

Pays industrialisés: les pays qui utilisent une technologie hautement spécialisée dans tous les secteurs de l'économie.

INTERNET Pour en apprendre davantage sur la fabrication de l'acier par Dofasco, consulte le site Internet de l'éditeur: http://www.dlcmcgrawhill.ca

produit national brut (PNB) a diminué chaque année. C'était pendant la crise de 1929, ou «Grande Crise», qui a touché le monde entier. Des millions de gens n'avaient pas d'emploi et la population en général s'est appauvrie. Toutefois, la production totale du Canada a quand même augmenté entre les années 1930 et 1940, comme tu peux le voir à la figure 9.

Année	PNB en millions de dollars de 1986	Pourcentage de croissance de la décennie précédente
1930	57 086	—
1940	76 864	34,6
1950	134 984	
1960	225 551	
1970	385 583	
1980	628 293	
1990	757 029	
1997	886 170	17,3 (données projetées sur 10 ans)

Figure 9
Le produit national brut (PNB) du Canada de 1930 à 1997 (selon la valeur du dollar en 1986)

Figure 10
La baisse de l'économie en Asie a influé sur les exportations canadiennes vers l'Indonésie. L'exportation a chuté fortement en 1998, période pendant laquelle beaucoup d'Indonésiennes et d'Indonésiens n'avaient pas les moyens de s'acheter de la nourriture.

Le Canada a dû relever un second défi dans les années 1990, alors que plusieurs pays d'Asie ont connu une baisse sérieuse de leur économie. Ces pays sont d'importants marchés pour les exportations canadiennes de matières premières comme le charbon et le bois. La baisse signifiait que les pays asiatiques ne pouvaient plus se permettre d'acheter autant de nos produits qu'auparavant, ce qui a touché notre économie. Au Canada, il y a eu moins d'emplois, donc moins d'argent disponible. L'économie a ralenti, mais elle a quand même continué à croître.

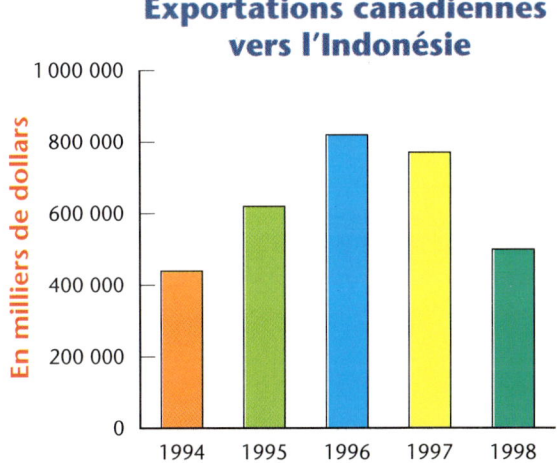

Fais des découvertes
AVEC DES DIAGRAMMES

1. Examine la figure 11.
   a) Écris deux énoncés qui indiquent les ressemblances entre la population du Canada et celle des autres pays du G-7.
   b) Fais un diagramme de dispersion du PNB en fonction de la population. Écris « PNB en milliards de dollars américains » sur l'axe vertical et « Population (en millions) » sur l'axe horizontal. Écris le nom de chaque pays à côté du point qui le représente. Indique la Russie, mais n'inclus pas ce point dans ta droite la mieux ajustée. Identifie les axes et donne un titre à ton diagramme.
   c) À l'exception de la Russie, quelle relation y a-t-il entre la population et le PNB? S'agit-il d'une relation étroite?
   d) Pourquoi peux-tu t'attendre à voir cette relation? (Indice: pense à la définition du PNB.)
   e) La Russie a beaucoup de problèmes économiques. Entre autres, elle connaît les mêmes changements économiques que la Pologne depuis 1989. Quel effet ces changements ont-ils sur la productivité de la Russie? Qu'arrive-t-il au revenu par personne? Explique tes réponses.

Consulte la page 120 pour revoir les conditions économiques de la Pologne.

Pays	Population de 1999 (en millions)	PNB de 1997 (en milliards de dollars américains)	PNB par personne en 1997 ($US)
Allemagne	82,0	2 322	28 280
Canada	30,6	595	19 640
États-Unis	272,5	7 788	29 080
France	59,1	1 489	26 300
Italie	57,7	1 160	20 170
Japon	126,7	4 812	38 160
Royaume-Uni	59,4	1 229	20 870
Russie	146,5	395	2 680

Figure 11
La population et le PNB des pays membres du G-7

f) Donne deux raisons qui expliqueraient pourquoi, selon toi, les pays du G-7 ont invité la Russie à se joindre à l'organisation, même si son PNB est peu élevé par rapport à sa population. (Au besoin, interroge des adultes au sujet de la Russie d'avant 1990.)
2. Examine de nouveau le tableau de la figure 9, à la page 135.
    a) Calcule le pourcentage d'augmentation du PNB de chaque décennie d'après les données de la figure 9. Le premier (croissance de 1930 à 1940) et le dernier (croissance de 1990 à 1997) sont déjà inscrits. Pour calculer la croissance de 1940 à 1950, sers-toi de la formule ci-dessous :
    (*PNB 1950* – *PNB 1940*) × 100 ÷ *PNB 1940*
    (134 984 – 76 864) × 100 ÷ 76 864
    b) La croissance de l'économie du Canada a été particulièrement forte durant quatre décennies. Lesquelles ?
    c) Lorsque l'économie croît rapidement, plusieurs emplois sont créés et le revenu de la population tend à augmenter. Quel effet la croissance économique lente des années 1930 et 1990 a-t-elle eu sur la population ?

Figure 12
La Russie a assisté à son premier sommet du G-7 comme partenaire à part entière en 1997, à Denver, aux États-Unis.

Résumé

Dans ce chapitre, tu as appris l'importance de l'industrie manufacturière et des facteurs de production pour l'économie canadienne. Tu as découvert les éléments du système manufacturier et leur amélioration dans le cas de la production d'acier de Dofasco. Tu as aussi constaté la preuve de la réussite économique du Canada, c'est-à-dire la croissance de son économie et son influence sur le plan international.

Révise tes découvertes

1. Pourquoi l'industrie manufacturière est-elle un important secteur de l'économie canadienne ?
2. Quels sont les quatre éléments de tous les types de fabrication ?
3. Décris les quatre principaux facteurs de la réussite économique.

Mesure tes compétences entrepreneuriales

a) Le meilleur choix est (II). Malgré leur indépendance, les entrepreneuses et les entrepreneurs savent qu'il faut parfois de l'aide.

b) Le meilleur choix est (I). Beaucoup d'entrepreneuses et d'entrepreneurs sont très motivés par leur besoin d'accomplissement personnel.

c) Le meilleur choix est (III). Beaucoup d'entrepreneuses et d'entrepreneurs croient fermement en leur personne, en leurs choix et en leurs compétences.

d) Le meilleur choix est (I). Le succès importe beaucoup aux entrepreneuses et aux entrepreneurs, donc il leur faut limiter les risques. En même temps, la réussite ne doit pas être trop facile.

e) Le meilleur choix est (III). Des recherches ont montré que (I) est le choix des gens en gestion d'entreprise, (II) est le choix des professeurs de collège alors que (III) est le choix des entrepreneuses et des entrepreneurs.

f) Les choix (I) et (II) sont meilleurs que (III). Les entrepreneuses et les entrepreneurs se consacrent à bâtir des entreprises prospères. Les profits sont nécessaires au succès et à la croissance, mais ils ne sont pas une fin en soi.

Mets tes découvertes en pratique

1. En équipe, fais une recherche sur une industrie manufacturière actuelle du Canada. Présente tes découvertes aux autres équipes. Inclus dans ta présentation des cartes qui montrent l'emplacement, des organigrammes, des diagrammes et d'autres supports visuels. Tes découvertes devraient inclure les éléments suivants :

   a) le nom de la compagnie, son emplacement et ses principaux produits ;

   b) une explication des facteurs d'emplacement qui ont influé sur le lieu où l'entreprise a choisi de s'installer ;

   c) les intrants, les processus et les produits, avec une explication de la façon dont l'entreprise obtient de la rétroaction ;

   d) un court historique de l'entreprise ;

   e) le nombre d'employées et d'employés et les types d'emplois offerts ;

   f) les avantages et les inconvénients qui pourraient influer sur ton choix de travailler ou non pour cette entreprise.

Consulte la page 62 pour revoir les facteurs d'emplacement.

2. Le programme spatial nord-américain a entraîné beaucoup de produits **dérivés** de sa technologie. Ces dérivés ont eu un effet considérable sur les systèmes économiques des nations industrialisées. La figure 10 présente quelques-uns de ces dérivés.

Dérivé : un produit ou une idée résultant d'une activité menée dans un but différent.

a) Choisis trois produits dérivés. Dans chaque cas, explique pourquoi cette technologie a été développée pour le programme spatial.
b) Réfléchis à ces produits dérivés puis explique en quelques paragraphes comment le programme spatial a influé sur :
   – notre vie de tous les jours ;
   – la gestion des entreprises ;
   – les méthodes de fabrication ;
   – notre compréhension et notre gestion de l'environnement.

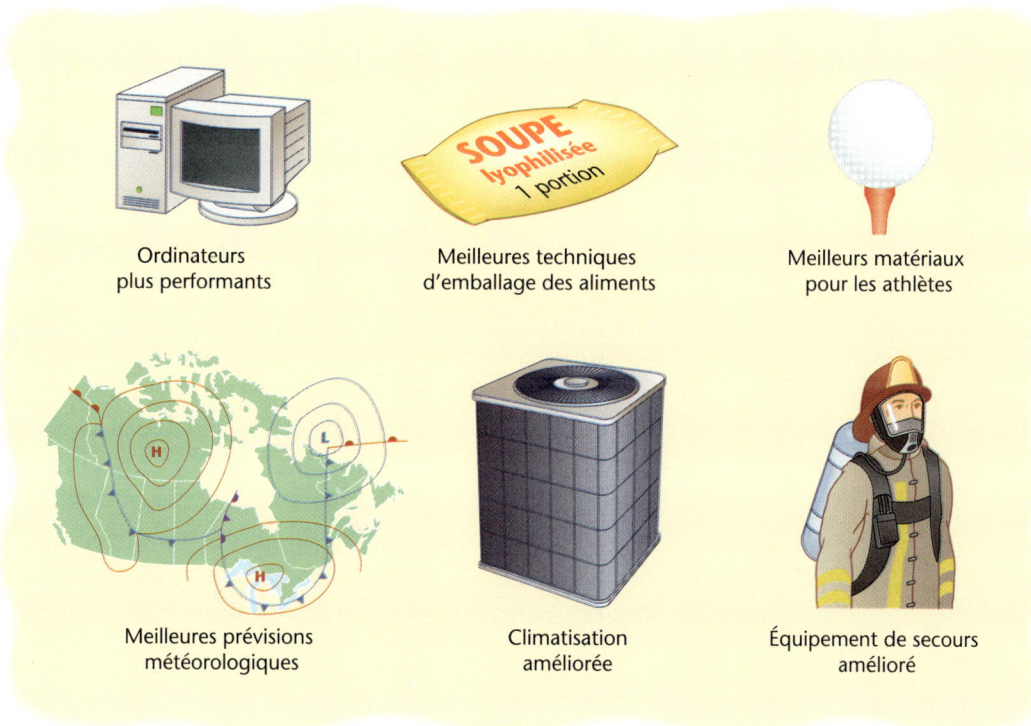

Figure 13
Les dérivés du programme spatial

INTERNET Pour en apprendre davantage sur les effets positifs du programme spatial, consulte le site Internet de l'éditeur : http://www.dlcmcgrawhill.ca

Chapitre 10

Les systèmes économiques dans le monde

Mots clés

économie de subsistance
économie traditionnelle
économie dirigée
économie de marché
économie mixte

Dans ce chapitre, nous examinons les divers types de systèmes économiques dans le monde. L'information et les activités t'aideront :

▶ à prendre conscience des caractéristiques des différents systèmes économiques ;
▶ à reconnaître que les systèmes économiques mixtes sont très répandus ;
▶ à analyser les systèmes économiques de trois communautés ontariennes.

Le plus ancien système économique

Les systèmes économiques existent depuis que les êtres humains cherchent à satisfaire leurs besoins. Dans certaines parties du monde, les gens évoluent dans les mêmes systèmes économiques depuis des centaines d'années. Dans la plupart de ces systèmes, se procurer de la nourriture, du combustible et d'autres articles essentiels à la survie est au cœur de l'activité économique de la population.

Les **économies de subsistance** sont répandues en Afrique, en Amérique du Sud et dans le centre de l'Asie. Dans ces régions, les gens cultivent de petites parcelles de terre ou gardent du bétail dans un climat sec et sur des sols pauvres. Ces économies se retrouvent aussi dans les forêts tropicales humides, où les peuples aborigènes subsistent grâce au bois de la forêt, aux fruits, aux racines, aux plantes médicinales et à la viande. Malheureusement, d'autres activités humaines liées à l'environnement menacent bon nombre de ces économies.

La plus grande partie des terres des populations de Penang, à Sarawak (une île de l'Asie du Sud-Est) a été détériorée par la coupe du bois. La pollution découlant de l'extraction de l'or détruit

Économie de subsistance :
un système économique où la main-d'œuvre produit seulement la nourriture, les vêtements et les logements nécessaires à ses propres besoins.

l'économie de subsistance des Yanomamis, un peuple vivant à la frontière du Brésil et du Venezuela.

Les économies traditionnelles

Les activités d'une **économie traditionnelle** sont un peu plus productives que celles d'une économie de subsistance. Quelques rizicultrices et riziculteurs de l'Asie du Sud-Est font pousser assez de riz pour nourrir leur famille et ont des surplus à échanger contre d'autres biens. La pêche côtière est également courante dans les systèmes économiques traditionnels. La pêche traditionnelle est menacée par les méthodes plus efficaces des grands navires de pêche. Ces opérations d'envergure permettent de prendre plus de poisson à moindre coût, et il devient difficile pour les pêcheuses et les pêcheurs de les concurrencer avec leurs petites embarcations. Un autre problème provient de la surpêche au large de Terre-Neuve, qui a grandement réduit les stocks de poissons. Les photographies ci-dessous montrent des exemples d'économies de subsistance et d'économies traditionnelles.

Économie traditionnelle : un système économique dans lequel les méthodes de travail ont très peu changé d'une génération à l'autre. Les travailleuses et les travailleurs d'une économie traditionnelle essaient de produire un peu plus que ce qui est nécessaire à la subsistance.

Figure 1
Une agriculture de subsistance au Maroc a) et une culture sur brûlis en Côte d'Ivoire b) ne sont pas aussi productives que les activités économiques traditionnelles en c) et en d).

FAIS DES DÉCOUVERTES

1. Travaille en équipe pour déterminer si les activités suivantes correspondent à une économie de subsistance, à une économie traditionnelle ou à aucune des deux. Explique tes choix.
   a) la pêche et la chasse.
   b) la fabrication d'équipement électronique.
   c) la confection de courtepointe.
   d) la culture sur brûlis (brûler une petite parcelle de forêt pour y pratiquer l'agriculture).
   e) la culture des légumes.
   f) les Jeux olympiques d'été.
2. Décris une situation où l'économie traditionnelle est aussi une économie de subsistance. Donne un exemple précis.
3. Dans certains pays en voie de développement, une grande partie de la population gagne sa vie grâce à l'économie de subsistance. Explique pourquoi ces pays ont un PNB par personne extrêmement bas.

L'organisation d'une économie nationale

Beaucoup de régions du monde vivent d'activités économiques de subsistance ou traditionnelles. Même dans les pays développés, il reste des endroits où l'on pratique une économie de subsistance ou traditionnelle. Par exemple, on observe des vestiges d'économie traditionnelle dans certaines régions isolées du Canada où la chasse, le piégeage et la pêche représentent encore une partie importante de la vie des gens. Cependant, les pays requièrent en général des systèmes économiques plus complexes. Ces systèmes se composent du *gouvernement*, du *milieu des affaires* et de l'*industrie* ainsi que des *consommatrices* et des *consommateurs*.

De nos jours, ces systèmes prennent en général trois formes différentes. À un extrême, le gouvernement prend les commandes du milieu des affaires et de l'industrie, et minimise ainsi toute influence des consommatrices et des consommateurs. À l'autre extrême, le gouvernement laisse toute liberté au milieu des affaires, à l'industrie ainsi qu'aux consommatrices et aux consommateurs, qui interagissent et s'influencent mutuellement. Un troisième type de système économique combine certaines caractéristiques de ces deux extrêmes.

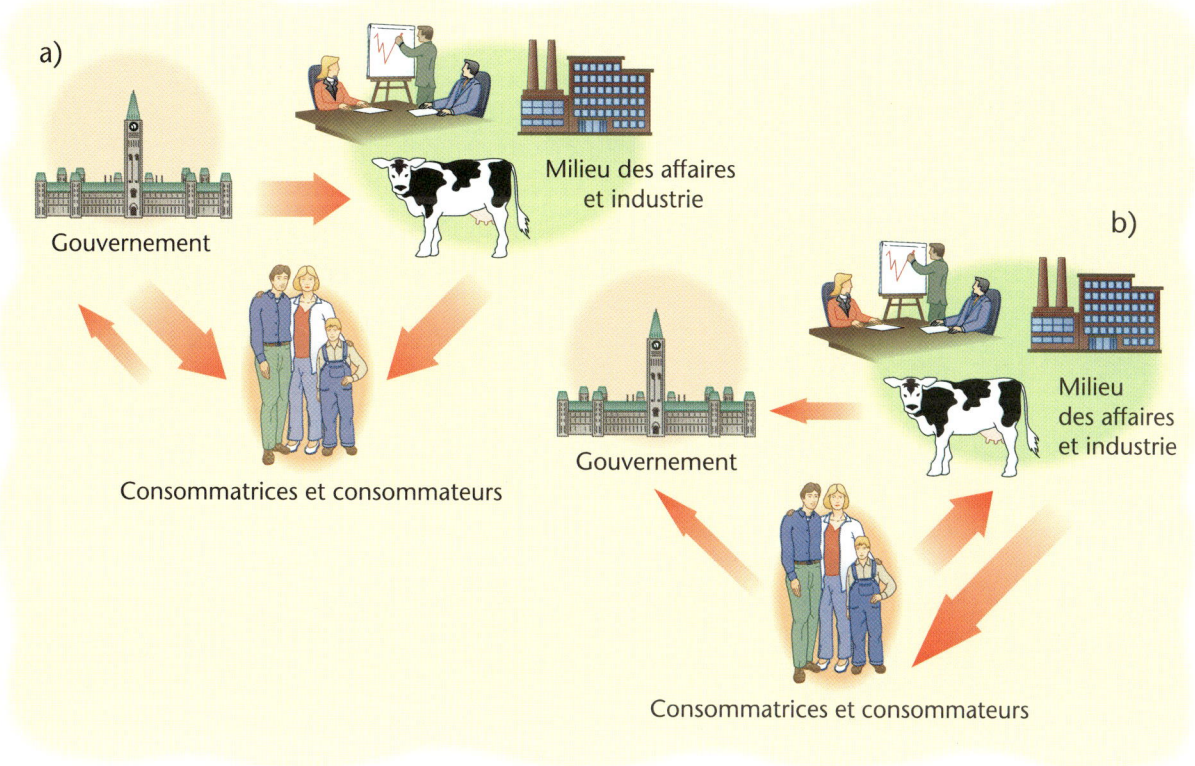

Figure 2
Dans quel système économique le gouvernement prend-il toutes les décisions clés? Dans quel système économique le milieu des affaires et l'industrie répondent-ils aux demandes de biens et de services du public? Quel système économique, selon toi, offre les meilleures possibilités aux entrepreneuses et aux entrepreneurs?

Les économies dirigées

On trouve aujourd'hui les **économies dirigées** (figure 2 a) dans les pays communistes. Ce système a pris naissance en Russie en 1917 après la révolution russe, mais plusieurs de ses principes avaient été développés par un Allemand vivant en Angleterre au 19e siècle, Karl Marx. Selon Marx, dans un monde idéal, toutes les personnes travailleraient aussi fort que possible pour le bien du pays et, en retour, elles pourraient prendre du pays ce dont elles auraient besoin. Le résultat serait un niveau de vie décent pour tout le monde, sans gens très riches et sans gens très pauvres. Le communisme et l'économie dirigée se sont étendus à d'autres pays comme la Chine, la Pologne et Cuba entre 1945 et 1975. En 1989, plusieurs pays communistes d'Europe ont abandonné le communisme ainsi que l'économie dirigée, mais ce système est toujours en vigueur dans d'autres parties du monde.

Économie dirigée : un système économique où le gouvernement possède et contrôle tous les éléments de l'économie.

Dans ce système économique, toutes les propriétés, y compris les terres agricoles et les industries, appartiennent à l'État. L'État paie toutes les travailleuses et tous les travailleurs, et presque tout le monde a un emploi procurant un revenu régulier. Par contre, la plupart des travailleuses et des travailleurs trouvent qu'une économie dirigée ne récompense pas les gens qui travaillent fort ou essaient d'améliorer le système. Puisqu'il n'y a aucune concurrence entre les industries du même type, les procédés industriels ne s'améliorent pas rapidement. La construction est souvent de mauvaise qualité et plusieurs édifices, routes et équipements se détériorent rapidement. L'agriculture n'est pas aussi productive qu'elle devrait l'être, ce qui entraîne un manque de nourriture.

L'économie chinoise est l'une des économies dirigées qui subsistent. Le pays est en train de modifier son système; le gouvernement permet davantage aux gens de prendre des décisions dans les régions et leur accorde le droit de posséder une entreprise. Ces changements ont entraîné une importante augmentation de la production.

Figure 3
Au 20e siècle, 21 pays ou « républiques » d'Europe et l'ex-URSS ont fonctionné avec une économie dirigée pendant des périodes variant de 40 à 70 ans.

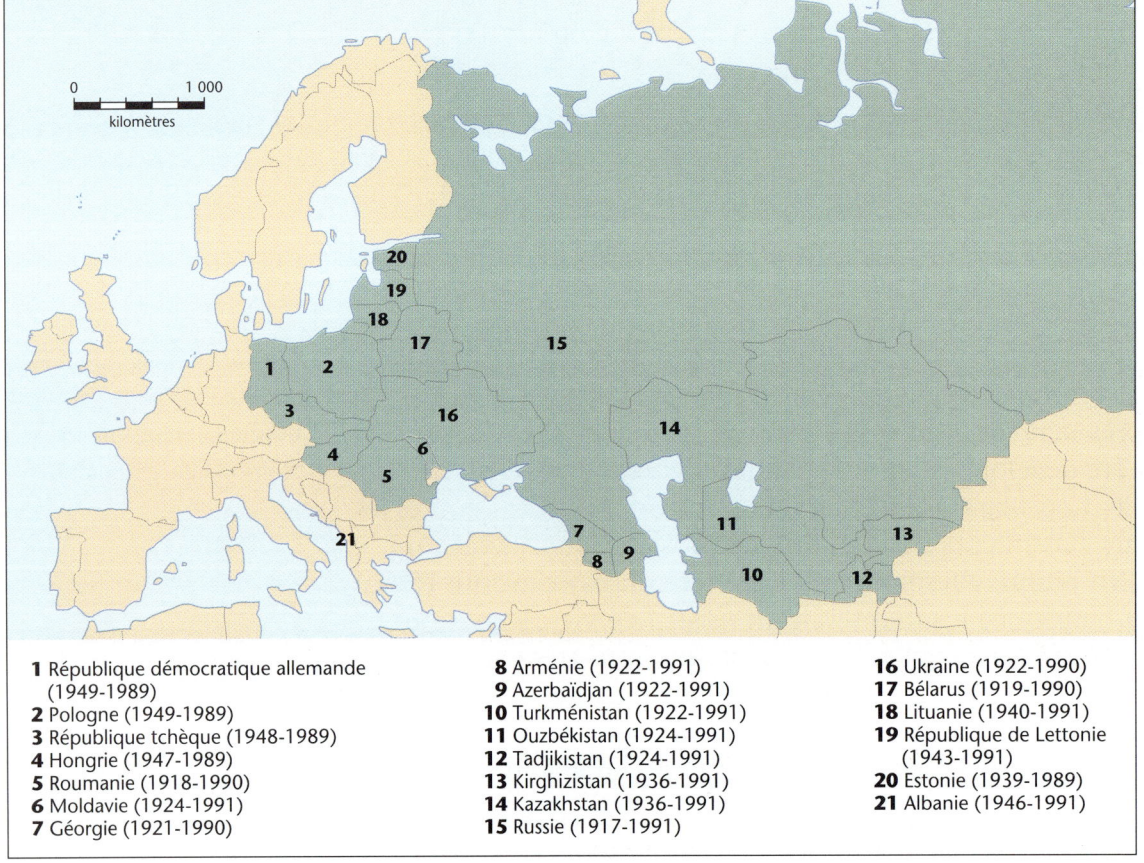

1 République démocratique allemande (1949-1989)
2 Pologne (1949-1989)
3 République tchèque (1948-1989)
4 Hongrie (1947-1989)
5 Roumanie (1918-1990)
6 Moldavie (1924-1991)
7 Géorgie (1921-1990)
8 Arménie (1922-1991)
9 Azerbaïdjan (1922-1991)
10 Turkménistan (1922-1991)
11 Ouzbékistan (1924-1991)
12 Tadjikistan (1924-1991)
13 Kirghizistan (1936-1991)
14 Kazakhstan (1936-1991)
15 Russie (1917-1991)
16 Ukraine (1922-1990)
17 Bélarus (1919-1990)
18 Lituanie (1940-1991)
19 République de Lettonie (1943-1991)
20 Estonie (1939-1989)
21 Albanie (1946-1991)

Les économies de marché

Une véritable **économie de marché** (figure 2 b à la page 143) permet à toute personne de créer une entreprise sans aide ni intervention du gouvernement. Le philosophe écossais Adam Smith a été le premier à décrire, au 18e siècle, un système où les gens sont libres d'essayer n'importe quelle activité économique.

M. Smith croyait que cette liberté pouvait mener à un système économique ordonné parce que, selon lui, une « main invisible » pousse même les gens d'affaires les plus égoïstes à travailler pour le bien de la société. Il disait que la concurrence entre les entreprises est un avantage pour la société, attribuable à la main invisible. Par exemple, même lorsque les gens d'affaires travaillent seulement pour leur propre avantage, la concurrence les empêche de demander un coût excessif pour leurs produits, de sous-payer leur personnel ou de profiter des gens d'autres manières.

Dans une économie de marché, les entreprises qui produisent des biens ou des services recherchés par les consommatrices et consommateurs seront prospères. D'autres fermeront à cause d'une trop faible demande. Par conséquent, c'est le marché qui détermine comment l'économie tournera et ce qu'elle produira. Dans un tel environnement, une entrepreneuse ou un entrepreneur qui a une bonne idée et beaucoup d'énergie a d'excellentes chances de réussir.

Aucun pays au monde n'a un système économique *entièrement* contrôlé par le marché. Les États-Unis, cependant, s'en approchent. Les deux tiers du PNB des États-Unis sont générés par l'entreprise privée. Seulement un sixième du PNB provient d'activités gouvernementales comme le transport, l'armée ou l'éducation.

La participation du gouvernement à l'économie est limitée 1) à l'administration des politiques monétaires et douanières ; 2) à des interventions pour aider les compagnies en difficulté si leur défaillance devait avoir un effet grave sur l'économie.

Un exemple du deuxième genre de participation est le prêt accordé par le gouvernement américain à la société Chrysler, en 1980. Ce genre d'aide est cependant rare aux États-Unis.

Économie de marché : un système économique où de simples particuliers établissent, possèdent et dirigent des entreprises qui produisent des biens et des services recherchés par les consommatrices et les consommateurs. Ce système s'appelle aussi la « libre entreprise » ou le « capitalisme ».

Fais des découvertes

1. Examine la figure 4.
   a) Fais une copie du tableau. Remplis la troisième colonne à l'aide de l'information de la figure 3 à la page 144. Quelle constante vois-tu?
   b) En Russie et en Roumanie, il y a eu très peu d'entreprises et d'exploitations agricoles privées depuis plus de 70 ans. Pourquoi s'agit-il d'un problème pour ces pays qui tentent une transition vers l'économie de marché?

Pays	PNB par personne, 1997 ($ US)	Nombre d'années en économie dirigée
République tchèque	5 240	
Pologne	3 590	
Roumanie	1 410	
Russie	2 680	

Figure 4
Le PNB de quelques pays européens

2. Donne trois raisons pour lesquelles une économie de marché est beaucoup plus intéressante qu'une économie dirigée pour une entrepreneuse ou un entrepreneur.
3. Le *marché noir* est courant dans les économies dirigées. Dans les économies de marché, l'*économie souterraine* est souvent florissante parce que les gens doivent payer des taxes élevées pour acheter certains biens et services.
   a) Trouve ce que veulent dire les expressions «marché noir» et «économie souterraine» et écris les définitions.
   b) En équipe, discute des raisons pour lesquelles ces activités illégales sont courantes dans leur système économique particulier.

Les économies mixtes

Le Canada est l'un des nombreux pays du monde à avoir une **économie mixte**. Nos gouvernements ont beaucoup d'influence sur certaines parties de l'économie, mais très peu sur d'autres.

Le Canada exerce un contrôle sévère sur certains aspects de l'agriculture. Par exemple, le gouvernement contrôle la quantité de lait et d'œufs produits dans le but d'assurer un approvisionnement constant de ces produits et d'offrir des prix stables aux producteurs et aux consommateurs. De plus, certaines cultures sont vendues à des prix convenus pour empêcher la concurrence qui pourrait forcer certaines fermes à cesser leurs activités. Le gouvernement vient aussi parfois à la rescousse des entreprises agricoles lorsque les prix trop bas du marché deviennent une menace pour leur survie. Le gouvernement peut aussi intervenir lorsque des intempéries endommagent les cultures ou les détruisent.

D'autres domaines où différents paliers de gouvernement sont actifs incluent l'éducation, la formation professionnelle, la défense nationale, le maintien de l'ordre, la construction de routes, les soins de santé, l'assurance-emploi, l'aide sociale et les prestations de retraite. Le gouvernement offre aussi de l'aide aux personnes qui tentent de démarrer une entreprise. Les gouvernements locaux (en charge des questions relatives à la communauté ou à la ville) peuvent encourager les industries à s'établir dans leur ville par une réduction des taxes.

Économie mixte : un système économique qui combine la propriété privée avec un contrôle gouvernemental.

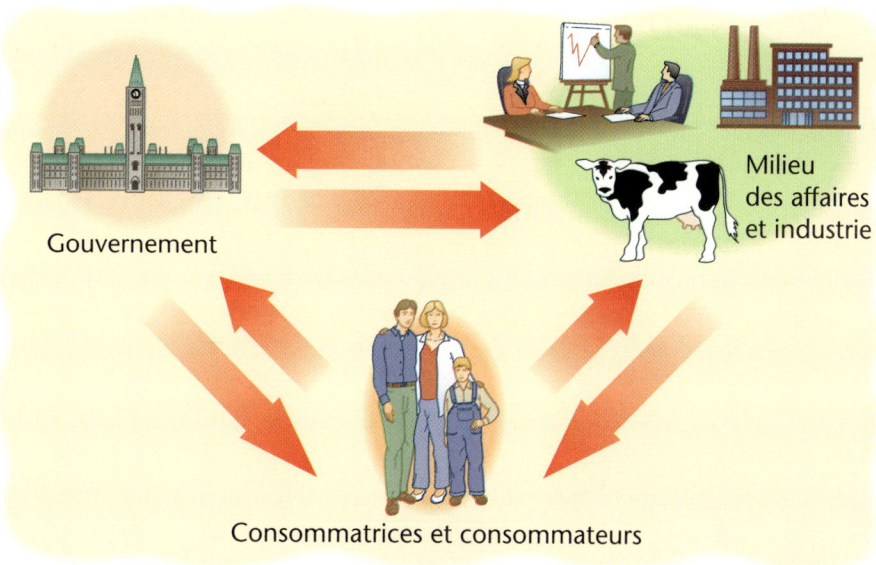

Figure 5
Une économie mixte

Dans les systèmes mixtes, la participation du gouvernement à l'économie varie selon le parti politique au pouvoir. Les gouvernements conservateurs ont tendance à encourager le développement des entreprises par des réductions de taxes d'affaires. Ils peuvent également alléger les contrôles sur la protection de l'environnement de façon à diminuer les coûts de production. Ces gouvernements croient que plus grands seront les profits des compagnies, plus grande sera la croissance de l'économie et de l'emploi. Les gouvernements conservateurs dépensent habituellement moins d'argent pour les programmes sociaux comme les écoles, les hôpitaux et les services sociaux. Les riches ont, par conséquent, de meilleures possibilités que les pauvres, qui ne peuvent se payer des services qui ne sont pas fournis par l'État.

À l'opposé, les gouvernements socialistes tendent à taxer davantage les industries afin de disposer de plus d'argent pour les programmes sociaux. La croissance industrielle peut être ralentie par ces lourds impôts ; l'économie en souffre et, souvent, le chômage augmente. Les dépenses excessives des gouvernements socialistes peuvent les forcer à emprunter de l'argent et à s'endetter. Les intérêts à payer sur ces dettes deviennent un autre obstacle à la croissance économique.

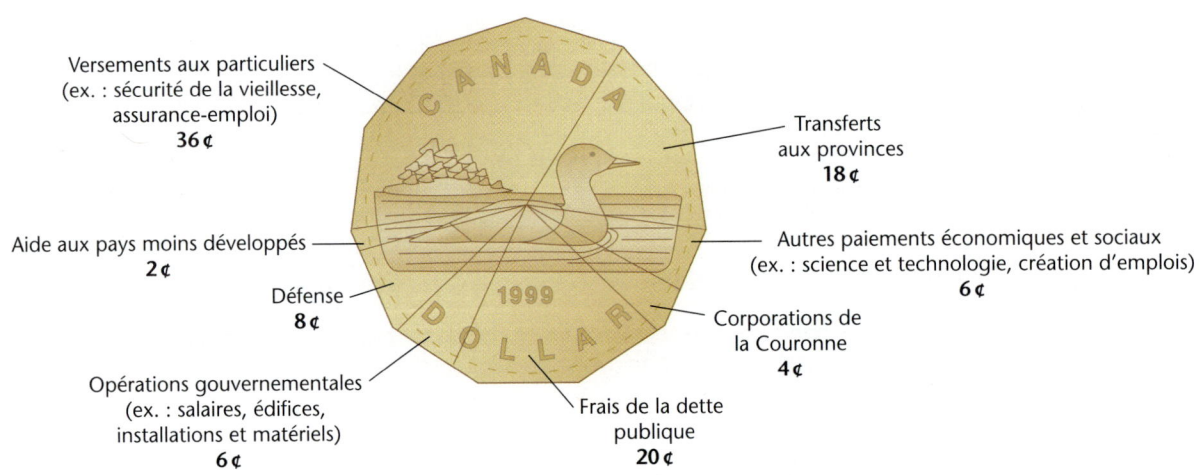

Figure 6
Selon toi, comment le gouvernement décide-t-il de répartir l'argent qu'il reçoit chaque année en impôts ?

Fais des découvertes

1. Pourquoi les gouvernements au Canada
   a) contrôlent-ils la production du lait et des œufs ?
   b) aident-ils les entreprises à démarrer ?
2. En équipe, discute des deux questions suivantes. Justifie ton point de vue.
   a) Accordes-tu ta préférence à l'approche conservatrice ou à l'approche socialiste pour l'organisation de l'économie ?
   b) Le gouvernement fédéral (responsable du pays) et les gouvernements provinciaux (responsables d'une province) changent fréquemment et la politique économique change avec eux. Selon toi, s'agit-il d'une bonne ou d'une mauvaise chose ?

Les économies mixtes des petites et des grandes villes

La plupart des communautés ont besoin de l'aide des gouvernements locaux pour s'assurer d'une économie forte. Le milieu des affaires et l'industrie doivent aussi faire leur part en employant autant de résidentes et de résidents de la communauté que possible. Un sondage auprès de communautés ontariennes montre qu'il y a souvent plusieurs genres d'entreprises dans une communauté et que les gouvernements locaux participent à l'économie de plusieurs façons. Dans la plupart des cas, tant l'entreprise que le gouvernement désirent que l'économie soit la plus *diversifiée* possible ou qu'elle repose sur des bases larges.

Elk Lake est un exemple d'une petite communauté dont l'économie n'est pas très diversifiée. L'exploitation forestière et la scierie sont au cœur de l'économie et emploient environ 200 personnes. La population totale se situe entre 450 et 500. C'est seulement dans une aussi petite communauté que l'économie peut dépendre d'une seule ressource naturelle.

Kirkland Lake est une communauté plus grande, d'environ 10 000 personnes. Même si l'extraction de l'or est très importante pour l'économie, le gouvernement local essaie activement d'attirer plus d'industries manufacturières dans la région. Tous les échelons de gouvernement ont offert à des entreprises des subventions et des prêts ainsi que des terrains à des prix très raisonnables pour les encourager à venir s'installer à Kirkland Lake. Un projet controversé toujours à l'étude utiliserait une mine abandonnée pour entreposer des déchets solides qui arriveraient par train du Grand Toronto.

À l'opposé de ces communautés du nord de l'Ontario, la ville de Guelph est beaucoup plus populeuse, avec 90 000 habitantes et habitants. Elle est située tout près de plusieurs autres grandes villes et offre un large éventail d'emplois dans divers domaines. Une de ces grandes entreprises est la McNeil Consumer Products Company (les fabricants de Tylenol) qui emploie environ 375 personnes, dont plusieurs dans la recherche de haute technologie et le développement. La ville accueille aussi une université ainsi que diverses entreprises manufacturières. La figure 7 résume l'économie mixte de ces trois communautés.

Communauté	Pourcentage d'emplois		
	Industries primaires	Industries manufacturières et construction	Industries des services
Elk Lake	26	28	46
Kirkland Lake	15	10	75
Guelph	2	31	67

Figure 7
La main-d'œuvre de différents secteurs de l'économie de certaines villes de l'Ontario en 1996

Figure 8
Kirkland Lake, Ontario

Figure 9
Guelph, Ontario

Chapitre 10 Les systèmes économiques dans le monde 151

Fais des découvertes

1. Fais ou procure-toi une carte vierge de l'Ontario. À l'aide d'un atlas ou d'une carte routière de l'Ontario, indique par un point rouge les trois communautés de la figure 7 et identifie-les avec un marqueur noir.
    a) Pour chaque communauté, fais un diagramme circulaire qui montre le pourcentage d'emplois dans chaque secteur de l'économie. Fais tes diagrammes de différentes tailles selon la main-d'œuvre de chaque communauté. Trace le *rayon* de chaque diagramme comme suit : Elk Lake, 9 mm ; Kirkland Lake, 39 mm ; Guelph, 129 mm. Sers-toi de la même couleur pour chaque diagramme.
    b) Découpe chaque cercle avec soin. Dispose les cercles autour de la carte vierge de l'Ontario et trace des lignes droites qui ne se coupent pas de chaque diagramme jusqu'à l'emplacement qu'il représente. Colle la carte et les diagrammes sur une grande feuille de papier. Pour terminer, indique le nord, inclus une légende et donne un titre approprié à la carte.

2. Examine tes diagrammes circulaires et l'emplacement des communautés sur ta carte.
    a) Quelles différences remarques-tu entre les deux communautés du nord de l'Ontario et Guelph, au sud de l'Ontario ?
    b) Selon toi, quels facteurs sont responsables de ces différences ?

3. Imagine que toutes les industries primaires de chaque communauté ferment leurs portes.
    a) Classe les communautés selon l'importance des conséquences de la fermeture de ces industries (des plus graves conséquences aux moins graves).
    b) Donne deux raisons qui expliquent pourquoi la perte de 100 emplois dans une petite communauté du nord serait beaucoup plus grave que la perte de 100 emplois dans une communauté du sud plus populeuse.

LIEN MATHÉMATIQUES

Résumé

Dans ce chapitre, tu as examiné cinq systèmes économiques différents. Tu as découvert les avantages et les inconvénients de chacun. Tu as aussi vu les différences dans l'économie de certaines communautés de l'Ontario.

Révise tes découvertes

1. Quel système économique chacun des énoncés suivants décrit-il ?
   a) Le gouvernement prend toutes les décisions.
   b) Les gens ont juste ce qu'il faut pour survivre.
   c) Le gouvernement prend certaines décisions, mais les entreprises privées en prennent beaucoup d'autres.
   d) L'activité économique d'une région n'a pas changé depuis 200 ans.
   e) Les entreprises s'occupent seulement de répondre aux demandes des consommatrices et des consommateurs.

Mets tes découvertes en pratique

1. En équipe, fais une recherche sur le type d'économie de ta communauté. Trouve les sortes d'industries présentes et les genres d'emplois possibles. Inclus de l'information sur la répartition des quatre secteurs de l'économie. Présente tes découvertes dans un court compte rendu qui inclura :
   a) un paragraphe écrit.
   b) un diagramme.
   c) deux listes ou tableaux.

2. En équipe, formule trois propositions pour améliorer l'économie locale.
   a) Tes améliorations devraient-elles provenir du gouvernement ou des industries ?
   b) Peux-tu imaginer des problèmes qui pourraient résulter de tes suggestions ?

Chapitre 11

Les échanges commerciaux

Dans ce chapitre, nous examinons le commerce entre le Canada et d'autres pays. L'information et les activités t'aideront :
- à décrire les avantages et les inconvénients des associations économiques ;
- à décrire la relation économique entre le Canada et la collectivité mondiale ;
- à reconnaître les pays qui font le plus de commerce.

Mots clés

importations

exportations

tarif douanier

Accord de libre-échange nord-américain (ALENA)

Les importations et les exportations

Parmi les produits que tu utilises tous les jours, il se peut qu'il y ait beaucoup d'**importations**. Par exemple, les vêtements que tu portes aujourd'hui ont-ils été fabriqués à l'extérieur du Canada ? Et la radio que tu écoutais ce matin en t'habillant ? Le jus d'orange de ton petit déjeuner provient d'un pays plus au sud que le Canada, puisqu'il fait trop froid ici pour cultiver des oranges. Le Canada a aussi un climat trop froid pour produire les ingrédients de la tablette de chocolat que tu as peut-être apportée comme collation. La voiture de tes parents peut avoir été importée, tout comme l'ordinateur dont tu te sers à l'école ou à la maison.

Importations : des produits qui entrent dans un pays.

Nous achetons des produits de pays étrangers pour plusieurs raisons : soit parce que nous ne produisons pas ces produits au Canada, soit parce qu'ils coûtent moins cher que les produits canadiens équivalents. Dans certains cas, c'est aussi parce que nous les préférons aux produits faits au Canada.

Figure 1
Quels éléments d'un petit déjeuner canadien doit-on importer ? Pourquoi ?

Nous importons également des services; ils représentent 17 % de nos importations totales. Ces services incluent les banques étrangères, les compagnies d'assurances, les firmes de consultants, les divertissements, les voyages organisés, les hôtels et les restaurants. Nous payons régulièrement pour la main-d'œuvre d'autres pays. Par exemple, le traitement des données et les tâches administratives liés aux demandes de règlement auprès des compagnies d'assurances sont souvent faits à l'extérieur du Canada. Pourquoi? Parce que la main-d'œuvre coûte moins cher dans d'autres pays.

Le coût de la main-d'œuvre, c'est-à-dire le montant versé à quelqu'un pour faire un travail, peut varier énormément d'un pays à l'autre. La main-d'œuvre des pays développés gagne le plus en moyenne, alors que celle des pays en voie de développement gagne le moins. Le diagramme ci-dessous compare le salaire de 100 $ d'une travailleuse ou d'un travailleur des États-Unis avec celui qu'on verse dans huit autres pays pour le même travail.

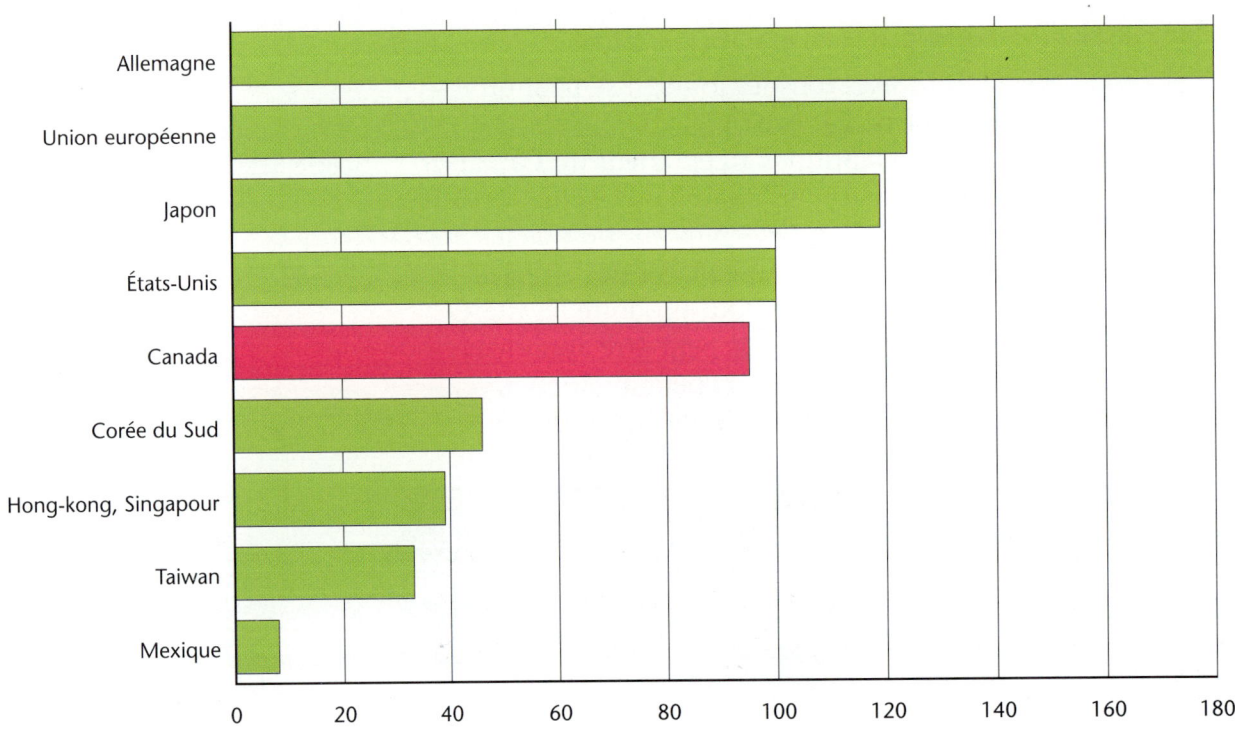

Figure 2
Ce diagramme montre qu'en 1996 une travailleuse ou un travailleur qui gagnait 180 $ US en Allemagne aurait gagné seulement 7 $ US pour le même travail au Mexique. Pourquoi la différence est-elle si importante, selon toi?

Pour payer nos importations, nous devons faire des **exportations**, par exemple des produits agricoles, des ressources naturelles, des biens usinés et des services. Une grande partie de nos exportations consiste en matières premières comme le blé, les métaux, le bois et le poisson. Il est assez rare qu'un pays industrialisé exporte autant de matières premières. La plupart des pays industrialisés importent beaucoup de matières premières et en exportent très peu. Les services constituent environ 12 % de la valeur de nos exportations.

Exportations : les articles qui sortent d'un pays.

Le commerce international du Canada

La qualité de vie au Canada dépend principalement de deux facteurs : 1) notre capacité de produire les biens et les services dont nous avons besoin et 2) notre capacité d'acheter les biens et les services que nous ne pouvons produire. Dans le passé, lorsque les réseaux de transport étaient beaucoup moins développés, le Canada produisait presque tout ce qu'il consommait. Le gouvernement a même appliqué des **tarifs douaniers** sur plusieurs produits que nous importions afin de décourager les gens de les acheter si ces mêmes produits étaient déjà fabriqués au Canada.

Tarif douanier : la taxe appliquée à une importation. Les tarifs douaniers protègent les industries et les emplois d'un pays parce qu'ils rendent les importations plus coûteuses.

Aujourd'hui, cependant, les réseaux de transport et de communications efficaces rendent le commerce international beaucoup plus facile et beaucoup plus économique. Plusieurs pays se sont regroupés et ont établi des ententes commerciales qui ont fait monter le volume des échanges à des niveaux plus élevés que jamais auparavant. Ces ententes diminuent les tarifs douaniers et les éliminent dans certains cas.

L'entente commerciale la plus influente dont le Canada fait partie est l'**Accord de libre-échange nord-américain (ALENA)**. Il n'est donc pas étonnant que les États-Unis soient notre principal partenaire commercial. De plus, nous commerçons beaucoup avec les autres régions très industrialisées du monde, comme le Japon et l'Union européenne.

Accord de libre-échange nord-américain (ALENA) : accord commercial signé par le Canada, les États-Unis et le Mexique.

Si tu compares les montants d'exportations et d'importations totales de 1998, à la figure 3 de la page 156, tu peux voir que la valeur de nos exportations est plus élevée que celle de nos importations. Autrement dit, le Canada a eu un excédent commercial ; un tel excédent, ou surplus, favorise une saine économie.

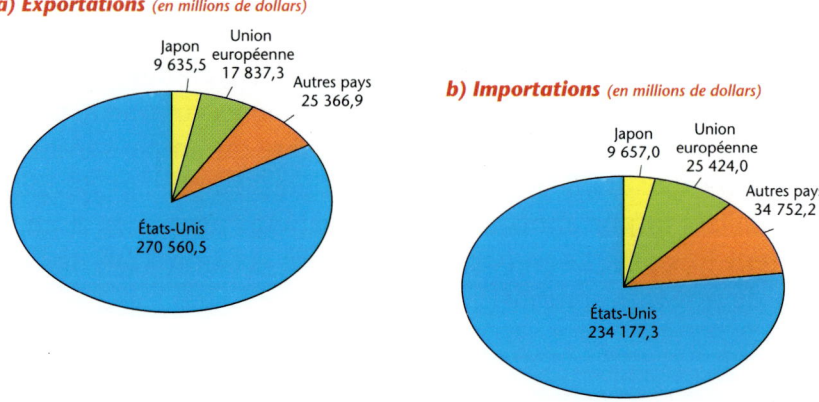

Figure 3
Valeur du commerce de biens entre le Canada et ses principaux partenaires commerciaux, 1998

FAIS DES DÉCOUVERTES

1. Trouve 15 produits importés sur lesquels tu peux lire le nom du pays d'origine.
   a) En équipe, dresse une liste de tous les articles et de leur pays d'origine.
   b) Selon ta liste, quels pays fournissent au Canada une large proportion de biens importés ? Donne des raisons possibles.
2. Selon toi, pourquoi le Canada importe-t-il plus de services qu'il en exporte ? (Indice : la plus petite partie du coût des services provient des salaires versés à la main-d'œuvre.)
3. La figure 4 fournit des données sur les types de biens que le Canada a exportés et importés en 1998.
   a) Représente ces données à l'aide de deux diagrammes circulaires. Dans chaque diagramme, utilise les mêmes couleurs ou ombrages pour les articles qui reviennent. Identifie tes diagrammes et donne-leur un titre.
   b) Quel pourcentage de nos exportations représentent les matières premières (les quatre premières catégories) ? Ce pourcentage est-il plus grand ou plus petit que le pourcentage de nos importations de matières premières ?
   c) Il est possible d'importer et d'exporter des biens des mêmes catégories. Donne deux raisons possibles.
   d) Quelle matière première est davantage exportée qu'importée ? Donne deux raisons possibles.
   e) Quelle est la différence entre la valeur de nos exportations de machinerie et d'équipement et la valeur de nos importations de machinerie et d'équipement ? Quel lien pourrait-il y avoir avec nos exportations de matières premières ?

Produits	Exportations (%)	Importations (%)
Produits de l'agriculture et de la pêche	8	6
Produits énergétiques	7	3
Produits forestiers	11	1
Biens et matériaux industriels	18	20
Machinerie et équipement	24	33
Produits automobiles	24	22
Autres biens de consommation	4	11
Autres	4	4
Total	100	100

Figure 4
Principaux biens importés et exportés au Canada, 1998

Les accords commerciaux

Pourquoi les pays établissent-ils des accords commerciaux ? Quels sont les avantages et les inconvénients de tels accords ?

Les accords commerciaux permettent à chaque pays membre de vendre plus facilement ses produits à d'autres pays membres. Ces accords aident à la croissance de l'économie des pays exportateurs.

Il peut aussi y avoir des inconvénients aux accords commerciaux. Toutefois, comparés aux avantages, ils sont moins apparents et plus difficiles à prouver. Prenons comme exemple l'accord commercial le plus important du Canada. Le 1er janvier 1989, le Canada et les États-Unis sont devenus partenaires d'un accord de libre-échange (commerce sans tarifs douaniers). Le 1er janvier 1994, le Mexique s'est joint au Canada et aux États-Unis dans ce qui s'appelle maintenant l'ALENA.

Cette entente a posé des difficultés à cause des conditions de travail différentes parmi les pays membres de l'ALENA. Les salaires sont beaucoup plus élevés au Canada qu'au Mexique (de même que dans certaines parties des États-Unis). La main-d'œuvre canadienne a aussi plus de droits et d'avantages sociaux que celle du Mexique en

Figure 5
Les pays membre de l'ALENA

général et même que certains travailleurs et travailleuses des États-Unis. Les lois canadiennes obligent les industries manufacturières du Canada à contrôler les niveaux de pollution, ce qui fait augmenter les coûts de production canadiens. Par contre, les lois du Mexique sur le contrôle de la pollution sont rarement appliquées.

À cause de ces différences, les produits canadiens coûtent plus cher que beaucoup de produits faits au Mexique et aux États-Unis. Quand on élimine les tarifs douaniers sur les produits moins chers, ces importations deviennent très intéressantes pour les consommatrices et les consommateurs canadiens. Les consommatrices et les consommateurs choisissent habituellement d'acheter davantage d'importations que de produits faits au Canada. Comme résultat, beaucoup d'usines canadiennes ont fermé et des travailleuses et des travailleurs ont perdu leur emploi.

Il y a encore des ajustements à faire avant que l'ALENA soit entièrement en vigueur. Il est probable que d'autres pays de l'Amérique centrale et de l'Amérique du Sud se joindront aux États-Unis, au Canada et au Mexique. Seul le temps dira si cet accord a été bénéfique ou non au Canada.

L'Union européenne (UE)

L'Union européenne a vu le jour en 1951 avec un accord sur la production d'acier intervenu entre la France, l'Allemagne de l'Ouest, l'Italie, les Pays-Bas, la Belgique et le Luxembourg. Avec l'ajout d'autres pays, l'Union européenne comprend aujourd'hui 15 pays parmi lesquels les biens, les services, les gens et les capitaux se déplacent librement. La figure 7 à la page 161 montre les pays qui ont contribué à bâtir cette puissante économie. Plusieurs pays européens qui ne sont pas membres de l'UE ont des accords commerciaux avec l'Union.

Les gens qui habitent les pays de l'Union européenne utilisent un passeport commun. Depuis le 1er janvier 1999, certains pays se servent de la même monnaie, l'euro (€). L'Union a mis sur pied quatre fonds différents pour améliorer le niveau de vie des pays membres plus pauvres.

En plus des questions économiques, les pays membres de l'Union décident conjointement de la politique étrangère et de la politique de sécurité. Par exemple, le Parlement européen, avec des représentantes et des représentants de tous les pays membres, décide des lois et des politiques qui s'appliquent à tous les pays.

Figure 6
Les pays de l'Union européenne (UE)

Par conséquent, l'Union européenne est une organisation économique très influente et une entité politique importante.

La création de l'Union n'a pas été facile. Plusieurs pays européens n'en font pas partie, certains par choix, d'autres à cause de leur faible performance économique. Certains pays membres ont mis du temps à adopter les politiques de l'Union. Dans les pays membres, beaucoup de gens n'ont pas aimé perdre leur indépendance nationale. Pourtant, la rationalisation de l'activité économique a bénéficié aux membres de l'Union. Les pays membres plus petits, en particulier, reconnaissent qu'ils participent plus activement qu'avant à l'économie globale. L'Union européenne représente plus de 20 % du commerce mondial, et il est probable que d'autres pays deviendront membres dans un proche avenir.

Fais des découvertes

1. En équipe, discute et fais une analyse des questions suivantes.
   a) Nomme trois avantages pour un pays à faire partie d'une union économique comme l'Union européenne ou l'ALENA.
   b) Nomme deux inconvénients des unions économiques.
   c) L'Union européenne pourrait devenir un modèle pour d'autres groupes de pays liés par des accords commerciaux. Qu'est-ce qui changerait en Amérique du Nord si y on suivait le modèle de l'UE?
   d) Selon toi, comment une association plus étroite avec les États-Unis et le Mexique pourrait-elle influer sur ta vie?
   e) Es-tu d'accord pour que le Canada ait une association plus étroite avec les États-Unis et le Mexique? Justifie ta réponse.

2. La figure 7 résume les constantes de commerce à l'intérieur de quatre régions du monde et entre elles. En équipe, examine la figure et réponds à ces questions.
   a) Parmi les quatre régions, laquelle fait le plus de commerce intérieur? Laquelle en fait le moins?
   b) Suggère deux raisons pour expliquer pourquoi il y a autant de commerce intérieur dans la région indiquée en a).
   c) Classe les régions commerciales selon la valeur de leurs exportations par région (de la plus grande à la plus petite). Indique la valeur des exportations dans chaque cas. Ta liste devrait commencer de la façon suivante :
      – De l'Asie et de l'Océanie aux Amériques : 333 milliards de dollars américains.
   d) Nomme deux régions du monde qui fournissent beaucoup de biens et de services :
      – aux Amériques.
      – à l'Europe.
      – à l'Asie et l'Océanie.
   e) Quelle région fait très peu de commerce avec le reste du monde? Qu'est-ce que cela t'indique au sujet du niveau d'industrialisation et du niveau de vie de cette région?

3. La figure 8, à la page 162, montre le commerce mondial en équipement microélectronique. L'équipement microélectronique comprend les ordinateurs, les lecteurs de disques compacts, les radios et les téléviseurs ainsi que les petites composantes utilisées dans ces produits.

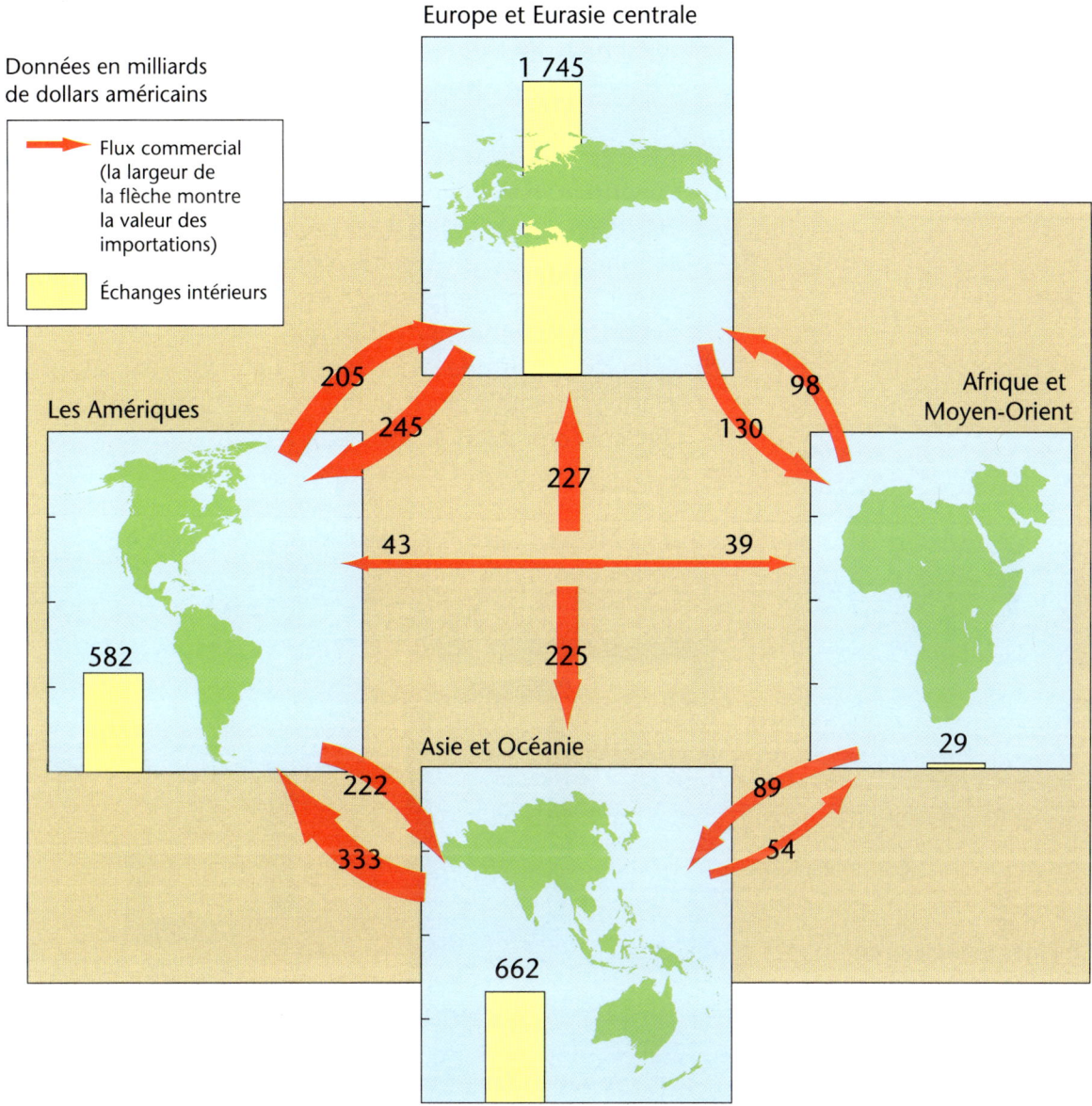

Figure 7
Commerce international et échanges intérieurs de quatre régions du monde, 1996

a) Copie le tableau de la figure 9 à la page 162 et remplis-le. Pour remplir la colonne du milieu, additionne tous les nombres correspondant à des flèches d'importation dirigées vers une région. Pour remplir la colonne de droite, additionne tous les nombres correspondant à des flèches d'exportation sortant d'une région. Par exemple, le Japon a deux flèches d'importation, de 3,67 et 5,80.

Par conséquent, les importations totales sont 9,47. Le Japon a aussi deux flèches d'exportation, de 9,29 et 21,02, soit 30,31 en tout. Observe la figure 9 pour savoir comment remplir la rangée du Japon.

b) Quelles sont les trois premières régions du monde pour l'exportation d'équipements microélectroniques ?

c) Est-ce que le Canada est un importateur net ou un exportateur net d'équipements microélectroniques ? (Un pays importateur net importe plus qu'il exporte, alors qu'un pays exportateur net exporte plus qu'il importe.)

d) Selon toi, dans quelles régions du monde vendra-t-on le plus d'équipements d'électronique finis aux consommatrices et aux consommateurs ? Justifie ta réponse.

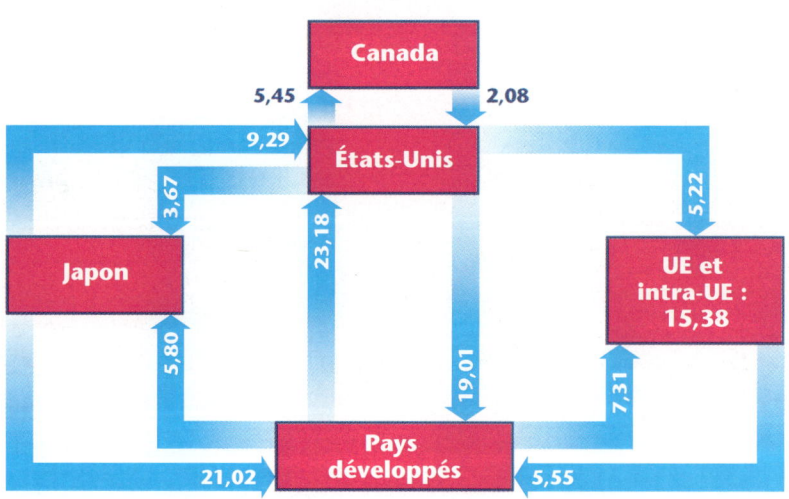

Figure 8
Flux d'échanges mondiaux en équipements microélectroniques, 1995

Région	Importations (en milliards de dollars américains)	Exportations (en milliards de dollars américains)
Canada		
États-Unis		
Japon	9,47	30,31
UE		
Pays développés		

Figure 9
Fais une copie de ce tableau et remplis-le pour répondre à la question 3.

Étude de cas — *Le virus asiatique*

Vers le milieu des années 1990, une série d'événements ont montré la complexité des liens du commerce mondial. On a appelé ces événements le « virus asiatique ». Ces événements avaient un lien avec la baisse soudaine des cours de la monnaie dans plusieurs pays de l'Asie du Sud-Est.

Pour comprendre la situation qui a mené à la crise, il faut revenir en 1975, à la fin de la guerre du Vietnam. À cette époque, le Japon a commencé à investir massivement dans les secteurs manufacturiers de quatre pays de l'Asie du Sud-Est : la Malaisie, la Corée, l'Indonésie et la Thaïlande. Le Japon espérait que les exportations de biens usinés de ces pays feraient de la région entière un « joueur » important sur le marché mondial. Les États-Unis espéraient que ce développement d'économies de marché préviendrait la propagation des économies dirigées communistes dans la région.

Les économies de ces quatre pays ont connu une croissance rapide. Cependant, au début des années 1990, le Japon a eu des problèmes d'argent et a arrêté d'investir. Pour obtenir de l'argent d'autres sources, les quatre pays ont augmenté les taux d'intérêts qu'ils payaient sur leurs emprunts. Par conséquent, la région a reçu des investissements privés d'Europe et des États-Unis. Une main-d'œuvre bon marché a permis de produire des exportations peu coûteuses, qui ont généré des profits considérables pour les propriétaires des compagnies et les gens qui avaient investi. La prospérité économique a duré sept ans.

En 1997, un certain nombre de banques et d'industries manufacturières des quatre pays ont fait faillite. Les compagnies étrangères ont vite retiré leurs investissements, car elles avaient peur de perdre leur argent. Encore plus d'usines ont fermé et des millions d'Asiatiques se sont retrouvés sans emploi. Les gouvernements des quatre pays devaient rembourser leurs emprunts. Ils avaient donc très peu d'argent pour aider les gens sans emploi. Quand on n'a pas d'emploi, on ne peut se permettre de faire beaucoup d'achats. Le commerce a donc chuté de façon significative et le chômage a augmenté. Maintenant, à l'aube du 21e siècle, des millions de personnes ont faim et sont sans abri. Beaucoup d'élèves n'ont pas d'école. Des services de santé insuffisants ont conduit à la propagation de plusieurs maladies. Ces gens malheureux et désespérés pourraient un jour se soulever contre leurs propres gouvernements.

Les événements d'Asie ont eu des effets dans beaucoup d'autres parties du monde. Moins d'usines en Asie signifiait moins d'importations de matières premières. L'économie du Canada a été durement touchée parce qu'une grande partie de nos exportations consiste en matières premières, dont la majorité est destinée à l'Asie. Lorsque la demande de produits de base diminue, la valeur de ces produits diminue aussi parce qu'il y en a trop à vendre. Même si nous pouvions vendre nos matières premières à d'autres pays, nous en obtiendrions peu d'argent.

La valeur des monnaies des pays asiatiques a chuté. Donc, les produits importés d'Asie coûtent moins cher qu'avant au Canada. Par exemple, un survêtement fait en Corée du Sud coûte beaucoup moins cher qu'un survêtement fait au Canada. Il devient très intéressant pour les consommatrices et les consommateurs canadiens. Une usine canadienne de survêtements peut fermer si elle ne peut concurrencer ces importations meilleur marché. Une fermeture d'usine signifie des pertes d'emplois au Canada.

Les effets du virus asiatique montrent à quel point le bien-être de milliards de personnes dépend du commerce international. Le fait d'investir dans une autre économie ou de retirer cet investissement peut avoir des répercussions considérables.

Fais des découvertes

1. Ordonne les événements ci-dessous du premier au dernier. Fais ensuite un organigramme, avec des flèches pour relier les événements. (Il se peut que certaines parties de ton organigramme forment des cercles.) Donne un titre approprié à ton organigramme.
   a) La guerre du Vietnam prend fin.
   b) L'économie canadienne décline.
   c) Le Japon investit en Asie du Sud-Est.
   d) Les prix des produits de base baissent à travers le monde.
   e) Des usines asiatiques ferment.
   f) Des usines canadiennes ferment.
   g) L'économie japonaise décline.
   h) Les États-Unis et l'Europe investissent en Asie.
   i) L'économie asiatique croît.
   j) Des banques ferment et des entreprises font faillite en Asie.
   k) Les investisseurs retirent leur argent.
   l) Les Asiatiques deviennent très pauvres.
   m) Les Asiatiques achètent moins d'importations.
2. L'économie canadienne a souffert du virus asiatique. Indique trois façons dont elle a souffert.

Figure 10
En juillet 1998, après la chute de l'économie en Indonésie, une assemblée de plus de 100 000 personnes a prié pour mettre fin à la pauvreté.

Résumé

Dans ce chapitre, tu as étudié les liens commerciaux entre le Canada et le reste du monde. Tu as vu que les accords commerciaux jouent un rôle important dans les constantes du commerce mondial. Tu as aussi découvert à quel point des conditions économiques à l'autre bout du monde peuvent nous toucher.

Chapitre 11 Les échanges commerciaux

Révise tes découvertes

1. Comment le commerce international a-t-il changé au cours des 100 dernières années?
2. Qu'est-ce qui est particulier au sujet des principales exportations du Canada? En quoi la dépendance du Canada envers ce type d'exportations nuit-elle au Canada lorsque d'autres pays ont des problèmes économiques?
3. Nomme le principal accord commercial dont le Canada fait partie. Pourquoi le Canada a-t-il signé cet accord?

Mets tes découvertes en pratique

1. Consigne ton interaction avec le reste du monde durant une période de 24 heures. Fais ce qui suit.
   a) Copie le tableau de la figure 11 et remplis-le à mesure que le temps passe. (Quelques exemples sont indiqués, mais ne les copie pas. N'oublie pas de trouver la provenance de toutes les émissions télévisées que tu regardes et de la musique que tu écoutes.)
   b) Sur une mappemonde, identifie et colorie les pays avec lesquels tu as interagi durant la période de 24 heures.
   c) En équipe de deux ou plus, fais part de tes découvertes à tes camarades.
   d) En équipe, choisis un des produits et fais une recherche sur ce produit. Détermine :
      – la compagnie qui le fabrique.
      – le mode de fabrication.
      – qui bénéficie de sa fabrication (le pays où le produit est fabriqué, la compagnie qui le fabrique ou les travailleuses et les travailleurs qui le produisent?).

Heure	Activité	Liens avec l'économie mondiale
7 h 30	me laver et m'habiller	serviette: Inde; t-shirt: Égypte; jeans: États-Unis; chaussures: Pakistan
8 h	déjeuner	jus d'orange: États-Unis; verre: France; assiettes: Chine

Figure 11
Fais un tableau comme celui-ci pour consigner tes activités.

Chapitre 12

L'économie locale

Dans ce chapitre, nous examinons dans quelle mesure une industrie unique peut influer sur l'économie locale. L'information et les activités t'aideront:
- à reconnaître les relations entre les industries;
- à décrire les répercussions d'une industrie sur l'économie d'une région;
- à évaluer les répercussions possibles d'une nouvelle industrie dans le voisinage de ton école.

Mots clés

effet ondulatoire

pipe kimberlitique

entente locale relative aux répercussions et aux avantages

Effet ondulatoire: une chaîne d'effets ou d'événements qui découlent d'un événement initial. Ce nom rappelle les ondes qui se forment lorsqu'une pierre est lancée à l'eau.

Les « effets ondulatoires »

Plus tôt dans ce module, tu as lu au sujet des différentes économies de trois communautés ontariennes (pages 149-150). Tu as appris que, dans la plupart des communautés, le milieu des affaires travaille avec le gouvernement dans le but d'obtenir une économie diversifiée.

Quels sont les avantages d'une économie locale diversifiée? D'abord, une industrie diversifiée empêche une communauté d'être dépendante d'une seule ressource. Ensuite, elle bénéficie des effets ondulatoires produits par les entreprises. Plus il y a d'entreprises différentes, plus les **effets ondulatoires** seront étendus. En voici un exemple.

Lorsque la compagnie McNeil Consumer Products s'est installée à Guelph, en 1978, elle a eu un effet sur:
- les *industries du bâtiment et des matériaux* (nécessaires pour agrandir l'édifice et fournir l'équipement);
- les *infrastructures* (nécessaires pour construire et améliorer les routes, les réseaux de distribution d'électricité et d'eau, les services d'enlèvement des déchets et le service du traitement des eaux usées dans le parc industriel où la compagnie McNeil est située);
- les *industries du logement, des meubles, des appareils électriques, de l'approvisionnement et des services* (nécessaires pour fournir

des biens et des services aux 375 employées et employés de McNeil);
- les *gouvernements* (la compagnie McNeil et son personnel paient des taxes aux gouvernements municipal, provincial et fédéral);
- la *communauté locale* (la communauté locale profite des taxes payées aux gouvernements et l'usine de la compagnie influe sur l'environnement).

Figure 1
Lorsque la compagnie McNeil s'est installée à Guelph, elle a provoqué un effet ondulatoire sur l'économie locale.

Des industries anciennes et nouvelles

Les répercussions qu'une compagnie a sur une région ne dépendent pas seulement de ce que la compagnie produit, mais aussi de la durée de sa présence dans la région. Pour le démontrer, nous allons étudier deux industries très différentes. La première (pages 167 à 170) est établie depuis longtemps. La deuxième (pages 172 à 175) ne fait que démarrer, mais elle aura probablement des répercussions importantes sur les régions du nord du Canada.

Étude de cas : L'aéroport international Lester B. Pearson

L'aéroport international Lester B. Pearson a une influence énorme sur la région du Grand Toronto. C'est l'aéroport le plus grand et le plus fréquenté du Canada; en 1997, il a traité plus de 26 millions de passagers et 396 000 mouvements d'avions (décollages et atterrissages). Le nombre de mouvements d'avions place l'aéroport international Lester B. Pearson au 26e rang des aéroports les plus fréquentés au monde.

À son ouverture, en 1938, l'aéroport s'appelait l'aéroport Malton. On l'a construit sur des terres agricoles achetées par le gouvernement fédéral. En 1962, le gouvernement a acheté 1 200 hectares de plus pour agrandir l'aéroport. L'Aérogare Un a ouvert en 1964, l'Aérogare Deux a ouvert en 1973 et l'Aérogare Trois, en 1991. On doit remplacer les Aérogares Un et Deux par un nouvel aérogare unique, qui devrait être terminé en 2006. D'ici là, on ajoutera de nouvelles pistes d'atterrissage et d'autres installations.

En raison du grand nombre d'employées et d'employés, de voyageuses et de voyageurs et d'avions à diriger, l'aéroport influe sur l'économie de la région de plusieurs façons. Tu peux les voir à la figure 2, aux pages 168 et 169.

Intrants

- **Électricité**
  - Du réseau ontarien
  - Pour faire fonctionner l'éclairage, les équipements et les systèmes de climatisation et de chauffage

- **Approvisionnement en eau**
  - Fourni par Toronto et le comté de Peel
  - Pour l'usage domestique et la lutte contre les incendies

- **Carburant des aéronefs**
  - Des réservoirs d'entreposage sont reliés à des canalisations souterraines vers les zones de distribution

- **Gaz naturel**
  - Pour les systèmes centraux de climatisation et de chauffage des édifices

- **Nourriture**
  - Pour les restaurants et les avions

Sécurité du public
- Police
- Service de sécurité
- Services d'urgence

Agences gouvernementales
- Canadiennes : Douanes et Taxes d'accise, Agriculture Canada, Transport Canada, Santé et Bien-être, Emploi et Immigration, Postes Canada, Environnement Canada
- Américaines : Douanes, Immigration et Naturalisation

Autres services
- 3 garderies
- 3 cliniques médicales
- 3 chapelles
- Kiosques d'information
- Guides multilingues
- Station de radio
- Magasins
- Restaurants

Figure 2
Les interactions entre la région et l'aéroport international Pearson

Chapitre 12 L'économie locale

Sur les pistes
- 52 entreprises de transport aérien
- Contrôle de la faune (piégeage sans douleur, techniques d'effarouchement pour éloigner les animaux et les oiseaux des pistes d'atterrissage)

Transport
- Bus-navettes (toutes les 10 minutes entre les aérogares, de 6 h à minuit)
- Compagnies de transport terrestre

Stationnement et entreposage
- 11 000 places de stationnement
- 8 édifices d'entreposage des cargaisons

Produits

▶ **Eaux usées**
- Des décharges, des aérogares et des avions
- Se rendent aux stations de traitement de Peel et de Toronto

▶ **Déchets solides**
- Des aérogares et des avions
- Déversés dans les sites d'enfouissement

L'aéroport emploie environ 57 000 personnes. Par rapport à la population de la région, ce nombre signifie qu'*une travailleuse ou un travailleur du Grand Toronto sur 50* a un emploi à l'aéroport! De plus, *32 000 autres personnes* travaillent pour des entreprises qui approvisionnent l'aéroport en toutes sortes de produits, du papier hygiénique aux aliments pour les restaurants. L'argent dépensé par ces gens procure de l'emploi à *24 000 autres personnes*. Ces statistiques permettent d'affirmer que l'aéroport :

- fournit un emploi *à une travailleuse ou à un travailleur du Grand Toronto sur 25*;
- génère plus de 3 milliards de dollars par année en revenus personnels;
- génère plus de 2 milliards de dollars par année en taxes;
- génère près de 12 milliards de dollars par année en revenus d'entreprise.

On s'attend qu'en 2005 l'aéroport desservira 33 millions de passagers et créera près de 150 000 emplois.

FAIS DES DÉCOUVERTES
AVEC DES CARTES

1. Reproduis la carte de la figure 3, qui montre les municipalités autour de l'aéroport Pearson. Trace le contour de chaque municipalité.
   a) Choisis un petit symbole pour représenter *1 %* des personnes qui travaillent à l'aéroport.
   b) Pour chaque municipalité, indique le pourcentage de la main-d'œuvre de l'aéroport Pearson qui vit à cet endroit. Pour ce faire, dessine le nombre approprié du symbole que tu as choisi en a). La figure 4 te fournit l'information dont tu as besoin. Place les symboles correspondant à «Autres» autour de la carte, à l'extérieur des municipalités.
2. Classe les municipalités selon le nombre d'employées et d'employés de l'aéroport qui y vivent, du plus grand au plus petit.
   a) Quelle est la relation entre le nombre d'employées et d'employés et la distance entre la municipalité et l'aéroport?
   b) Comment expliquerais-tu cette relation?

INTERNET — Pour en apprendre davantage au sujet de l'aéroport international Pearson, consulte le site Internet de l'éditeur à l'adresse suivante :
http://www.dlcmcgrawhill.ca

Figure 3
Quelques municipalités près de l'aéroport international Pearson

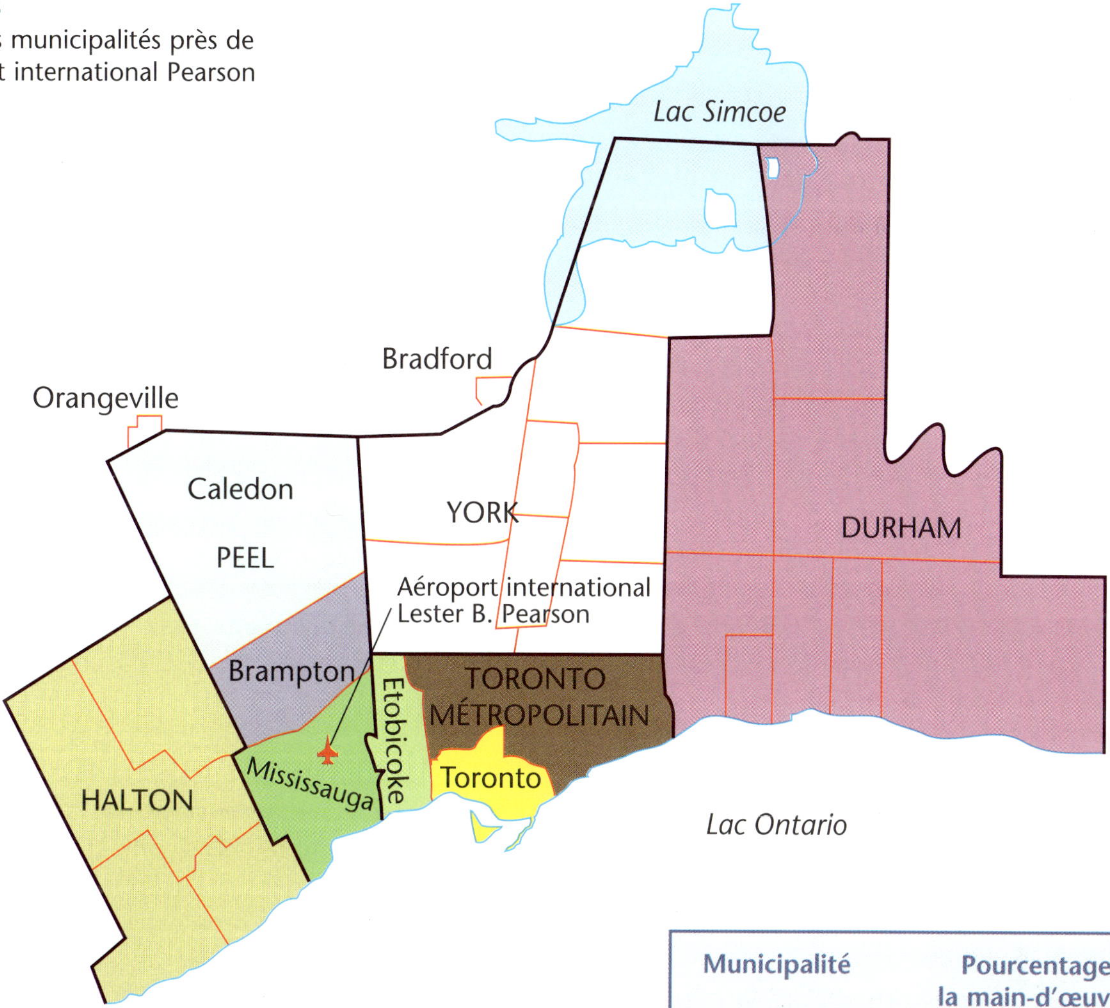

3. Énumère 10 effets ondulatoires qui découlent de la construction de l'aéroport et décris-les brièvement. En équipe, fais part de ta liste à tes camarades. Dresse une liste des 10 effets ondulatoires que les membres de l'équipe trouvent les plus importants.

4. Lors de sa construction à l'ouest de Toronto, l'aéroport se trouvait en pleine campagne. Selon toi, pourquoi a-t-on choisi cet emplacement ? Qu'est-ce qu'on pouvait prévoir ?

Figure 4
Pourcentage de la main-d'œuvre de l'aéroport Pearson qui vit dans chaque municipalité

Municipalité	Pourcentage de la main-d'œuvre de l'aéroport Pearson
Toronto	14,7
Etobicoke	7,8
Toronto métropolitain	8,1
Mississauga	25,3
Brampton	15,0
Caledon	1,4
Halton	6,8
York	3,9
Durham	2,5
Autres	14,5

Étude de cas : La mine de diamants Ekati^{MD}

Un type d'exploitation minière nouveau et excitant a récemment vu le jour dans les Territoires du Nord-Ouest : la recherche de diamants ! Les diamants se forment d'abord sous la croûte terrestre, à une profondeur d'environ 120 km. Lorsqu'un volcan entre en éruption, ces diamants peuvent remonter par des **pipes kimberlitiques**. Les pipes kimberlitiques contenant des gemmes sont très rares — jusqu'en 1995, seulement 15 mines de diamants importantes étaient en production dans le monde.

En 1991, à environ 300 km au nord-est de Yellowknife, deux géologues ont découvert de la kimberlite contenant probablement des diamants. En 1993, un camp d'exploration était déjà sur place pour vérifier la présence de diamants dans les roches. Lorsque les géologues ont confirmé qu'il y avait assez de diamants pour rendre une mine rentable, une entreprise a dépensé environ 700 millions de dollars pour préparer les opérations de la mine. Il fallait :

- acheter de l'équipement lourd pour l'exploitation minière ;
- préparer l'emplacement de la mine à ciel ouvert ;
- construire des dortoirs pour les ouvrières et les ouvriers de la construction et de la mine ;
- construire une centrale électrique et un moulin pour séparer les diamants de la kimberlite ;
- construire une piste d'atterrissage ;
- négocier des **ententes locales relatives aux répercussions et aux avantages** ;
- interviewer des employées et employés potentiels ;
- choisir des entreprises pour l'approvisionnement. (Ex. : les entreprises alimentaires ont fourni 100 800 L de lait, 50 400 kg de poulet, 810 000 sandwichs, 324 000 œufs, 30 kg de bacon et 15 192 kg de café durant la construction de la mine. D'autres entreprises ont fourni 22 000 m^3 de béton et 78 280 kg d'acier.)

La mine de diamants Ekati^{MD} a ouvert officiellement en octobre 1998. C'est un projet conjoint de BHP Diamonds Inc. (51 %), de Dia Met Minerals Ltd. (29 %) et des géologues Charles E. Fipke et Dr Stewart L. Blusson (10 % chacun).

Les premiers diamants bruts, produits en octobre et novembre 1998, ont été vendus en janvier 1999. Des gens d'Anvers en Belgique, le centre mondial du commerce de diamants, ont acheté les diamants au prix de 8,5 millions de dollars américains. En mars 1999, la production avait quadruplé.

Des *industries dérivées* ont commencé à se développer ; c'est un effet ondulatoire de la mine. En 1999, une compagnie manufacturière locale a ouvert une usine de transformation à Yellowknife. Cette entreprise achète certains dia-

---

Pipes kimberlitiques : un culot cylindrique fait d'une roche très rare appelée « kimberlite ». Ce culot ressemble à une cheminée ; il est formé par du magma refroidi et il peut contenir des diamants.

Entente locale relative aux répercussions et aux avantages : un accord volontaire signé par une compagnie minière et un groupe local d'autochtones. La compagnie minière accepte de réduire les répercussions de la mine sur les écosystèmes et peut garantir de l'emploi aux résidentes et aux résidents de la région ainsi que des fonds pour la recherche environnementale.

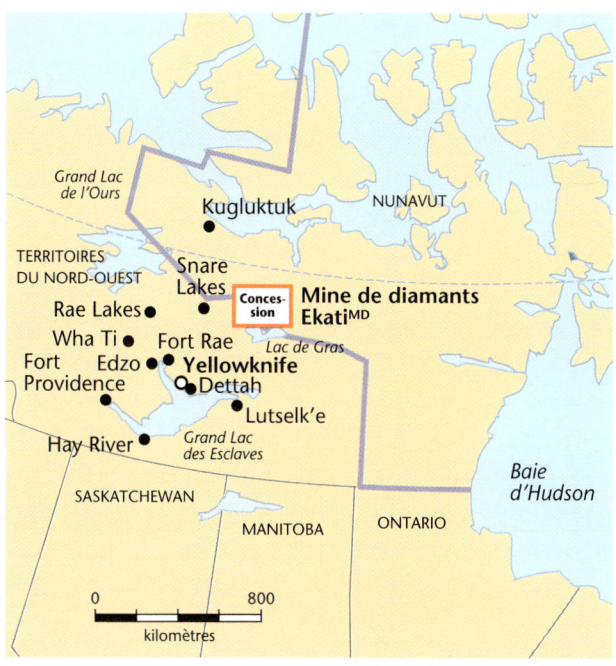

Figure 5
La concession de la mine de diamants Ekati^{MD}

mants bruts de la mine d'Ekati^{MD}, les coupe et les polit pour le commerce des gemmes. Chaque diamant que la compagnie traite à Yellowknife est gravé au laser avec le logo d'un ours polaire pour montrer son lieu d'origine. Également en janvier 1999, on a construit un centre de granuloclassement à l'aéroport de Yellowknife. Ce centre emploie environ 14 personnes. La mine expédie ses diamants par avion et le centre estime leur valeur. La mine paie des redevances au gouvernement en fonction de la valeur des diamants. On s'attend que d'autres industries se développent : la coupe des gemmes, la fabrication de bijoux et la fabrication d'équipement industriel comme les foreuses à diamant. Pour une période de trois ans à partir du milieu de 1999, 35 % des diamants bruts de la mine seront vendus à De Beers Centenary, un courtier en diamants bien établi à l'échelle mondiale.

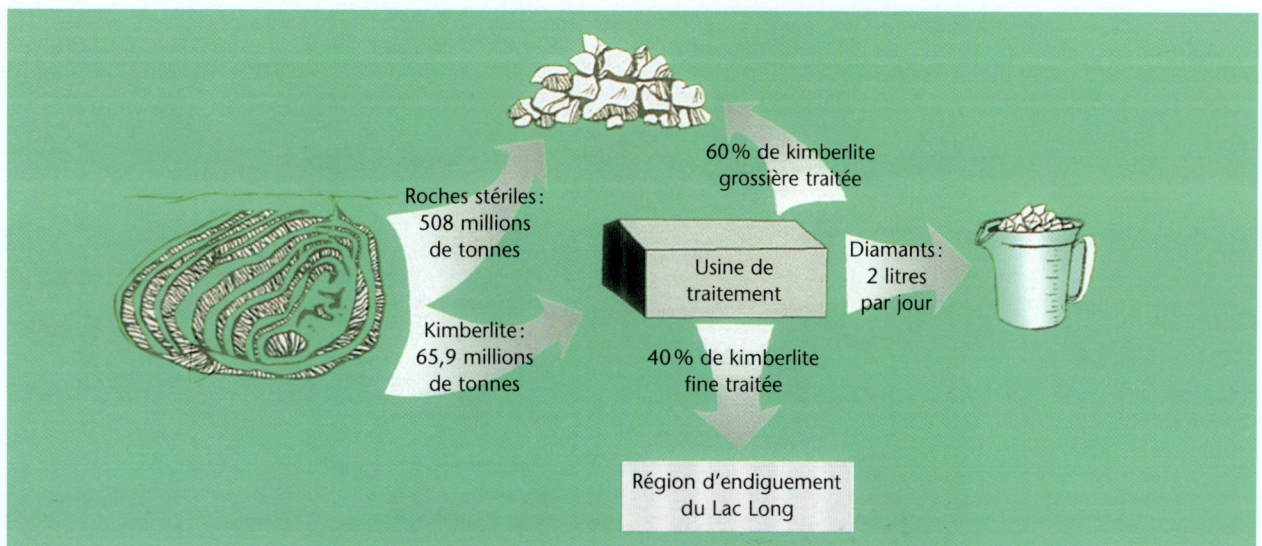

Figure 6
Les sous-produits de l'extraction du diamant sont la pierre concassée et l'eau. La pierre de gros diamètre est entreposée avec les déchets de roche. La pierre fine concassée et l'eau sont entreposées dans la région d'endiguement du Lac Long.

La mine emploiera environ 600 personnes à salaire élevé. C'est un nombre important puisque les taux de chômage des Territoires du Nord-Ouest et du Nunavut sont environ 50 % plus élevés que dans les régions plus au sud. De plus, la population s'accroît rapidement. La mine a accepté d'engager au moins 62 % de résidentes et de résidents du Nord, dont au moins la moitié seront des autochtones. Dans les faits, la mine a engagé 79 % de gens du Nord, dont tout juste plus de la moitié sont des autochtones. Ces personnes viennent principalement de petites communautés très éloignées les unes des autres. Wekweti (Snare Lakes), une communauté de 135 personnes, est la plus proche, à 180 km à l'ouest de la mine. Kugluktuk (Coppermine), avec une population de 1 201 personnes, est probablement la communauté la plus éloignée d'où viendront des travailleuses et des travailleurs.

La mine transporte gratuitement par avion ses travailleuses et ses travailleurs des Territoires du Nord-Ouest, de Yellowknife jusqu'au site. La plupart des travailleuses et des travailleurs viennent deux semaines à la fois, travaillant des quarts de travail de 12 heures par jour, puis retournent dans leur communauté pour deux semaines. D'autres travaillent pendant quatre jours puis retournent dans leur communauté pour trois jours. À la mine, les travailleuses et les travailleurs sont nourris et logent sans frais dans l'une des 375 chambres des cinq dortoirs à trois étages. Les installations dans les résidences incluent un téléphone dans chaque chambre, une salle d'exercice, une salle de jeux, un court de racquetball et de balle au mur, un gymnase avec une piste de course surélevée, une salle à manger et une laverie.

Figure 7
Remarque le tunnel surélevé, appelé le « corridor de l'Arctique », qui relie les installations minières aux dortoirs. Pourquoi le couloir est-il au-dessus du sol? (Indice : consulte la page 175.) Pourquoi est-il fermé?

La mine devrait rapporter 14,3 milliards de dollars en taxes sur une période de 25 ans. Une partie de cet argent retournera à la région directement ou indirectement, selon les dépenses du gouvernement fédéral à travers le Canada. Le gouvernement fédéral accordera aussi une aide financière au gouvernement des Territoires du Nord-Ouest pour payer le développement des infrastructures, les programmes de contrôle environnementaux et les services sociaux.

La mine de diamants Ekati^{MD} a accepté d'acheter 70 % des biens et services des entreprises du Nord, avec une priorité à celles qui appartiennent à des autochtones ou qui sont gérées par des autochtones. Les biens incluent la nourriture, les vêtements, les équipements et les fournitures. Les services incluent le soutien informatique, les voyages et les services aux entreprises. La mine Ekati^{MD} offrira aussi des bourses d'études aux élèves originaires du Nord.

Une grande inquiétude des gens par rapport à l'ouverture d'une mine concerne les dommages à l'environnement. La mine de diamants se trouve dans la toundra, sur une couche de pergélisol (un sous-sol gelé en permanence). L'équipement lourd peut facilement endommager le terrain, en particulier durant l'été lorsque les couches supérieures du pergélisol commencent à dégeler. Les opératrices et les opérateurs de la mine ont accepté d'essayer d'endommager le moins possible le terrain. Une entente prévoit la restauration de l'environnement à la fin des opérations. Le personnel environnemental comprend 10 expertes et experts qui étudient l'environnement, le surveillent et donnent des conseils sur les façons de réduire les effets des opérations minières. Les chasseuses et les chasseurs ainsi que les naturalistes de la région apprécient grandement ces précautions visant à protéger l'environnement.

FAIS DES DÉCOUVERTES

1. Construis un tableau à deux colonnes. Dans la première colonne, écris tous les avantages que cette région du Nord retirera de l'ouverture de la mine. Dans la deuxième colonne, écris tous les problèmes qui pourraient découler de l'ouverture de la mine.
2. Dans un texte d'une page, compare les répercussions économiques de la mine d'Ekati^{MD} avec celles de l'aéroport international Pearson. Inclus de l'information sur l'emploi, les effets ondulatoires et l'environnement.

INTERNET Pour en apprendre davantage sur la mine de diamants Ekati^{MD}, consulte le site Internet de l'éditeur à l'adresse suivante : http://www.dlcmcgrawhill.ca

Figure 8
Le caribou et d'autres animaux sauvages vivent dans la région de la mine Ekati^MD. Comment l'activité économique peut-elle influer sur l'environnement des animaux sauvages ? Comment les industries peuvent-elles contrôler ces effets ?

Résumé

Dans ce chapitre, tu as découvert qu'une industrie peut avoir d'importantes répercussions sur une économie locale. Tu as étudié un premier exemple de ces répercussions par une entreprise établie depuis longtemps (l'aéroport international Pearson) et un deuxième exemple par une nouvelle industrie (la mine de diamants Ekati^MD).

Révise tes découvertes

1. Donne un exemple:
   a) d'un avantage direct lié à l'implantation d'une industrie dans une communauté.
   b) d'un avantage indirect lié à l'implantation d'une industrie dans une communauté.
   c) d'un inconvénient lié à l'implantation d'une industrie lourde près d'une ville.
   d) d'un inconvénient lié à l'implantation d'une mine dans la toundra.

Mets tes découvertes en pratique

1. En équipe, détermine une nouvelle entreprise qui serait prospère dans le voisinage de ton école, selon toi. Il pourrait s'agir d'un petit restaurant, d'un restaurant à service rapide, d'un club vidéo, d'une boutique de vêtements, d'une usine d'assemblage de véhicules automobiles, d'une station-service, d'une usine de fabrication d'articles de plomberie, d'un journal de quartier, d'un magasin d'ordinateurs et de composantes électroniques, ou de tout autre entreprise de ton choix.
   a) Choisis un emplacement précis pour ton entreprise.
   b) Prépare une présentation qui décrit les bénéfices que ton entreprise apporterait à la région. Chaque présentation devrait inclure une carte, deux organigrammes (le premier montre le fonctionnement de l'entreprise, le deuxième montre les effets ondulatoires) et des statistiques sur l'emploi.
   c) Fais ta présentation devant la classe.
   d) Analyse les présentations de tes camarades.
      – Dans quelle mesure les bénéfices indiqués sont-ils réalistes?
      – Comment pourrait-on maximiser les bénéfices?
      – Quels inconvénients pourraient résulter de l'entreprise?
      – Comment pourrait-on minimiser les inconvénients?

L'atelier de géographie

Dans ce module, tu as trouvé de l'information sur plusieurs aspects de l'économie, y compris :

- l'activité économique (acheter, vendre et échanger des biens et des services);
- les ressources économiques (terrain, main-d'œuvre, biens d'équipement, esprit d'entreprise);
- les systèmes économiques (de subsistance, traditionnel, dirigé, de marché, mixte);
- les secteurs économiques (primaire ou des ressources, secondaire ou manufacturier, tertiaire et quaternaire ou des services);
- les caractéristiques économiques du Canada (industrialisé avec des secteurs secondaire et tertiaire forts, industrie mixte, lié globalement par des accords de commerce comme l'ALENA).

Dans cet atelier, tu te serviras de tes connaissances sur l'économie pour analyser des articles portant sur l'économie canadienne et l'économie mondiale.

Exemple

Lis l'article suivant puis son analyse.

À vos marques !

Entre dans le nouveau monde des marques de commerce mondiales. Ouvre le réfrigérateur. Veux-tu une gorgée de Canada Dry ? La dernière fois que cette boisson gazeuse a été produite par une compagnie canadienne remonte à 1931. Le nom « Canada Dry » appartient maintenant à une compagnie anglaise de boissons gazeuses et de bonbons, le géant Cadbury Schweppes PLC, qui vend cette boisson dans 90 pays. La marque de commerce RCA gravée sur le téléviseur à écran géant du coin détente appartient à Thomson C.S.F. de France. La voiture dans le garage est peut-être chaussée de pneus Firestone, une marque connue qui appartient à la corporation Bridgestone du Japon. Et si la voiture est une Chrysler, même ce nom américain vénérable passera bientôt aux mains de Daimler-Benz AG d'Allemagne.

Les marques renommées sont en demande, et les compagnies sont prêtes à payer des sommes colossales pour bénéficier de leur reconnaissance instantanée et de l'accès au marché. Depuis que les téléviseurs se répandent dans les pays en voie de développement, la sensibilisation aux marques de commerce est devenue un phénomène mondial. Et dans ce processus, les compagnies accordent toujours plus d'importance aux produits renommés.

Par-dessus tout, les marques montrent un bon sens des affaires, dit Niraj Dawar, professeur de marketing à l'Université Western de London, en Ontario. Cela coûte très cher de faire connaître

Le points les plus importants

Les marques de commerce aident à vendre un produit parce que les consommatrices et les consommateurs les reconnaissent.

C'est un phénomène mondial, même dans les pays en voie de développement, parce que beaucoup de gens regardent les annonces publicitaires à la télévision.

Les compagnies dépensent beaucoup d'argent pour acheter une marque de commerce.

Les coûts de développement et de publicité des produits sont très élevés; il est bon qu'un plus grand marché ait accès aux produits. Les marques de commerce rejoignent ce plus grand marché.

Liens avec le module sur l'économie

Chapitre 7, page 106 — Cette partie montre la relation entre les consommatrices et les consommateurs, les productrices et les producteurs, les annonceures et les annonceurs et les agences d'études de marché.

Chapitre 9, page 134 — Les grosses compagnies mentionnées dans cette partie proviennent toutes des pays les plus industrialisés (les pays du G-7) : Grande-Bretagne, France, Japon, Allemagne et États-Unis.

Chapitre 10, page 145 — Cette partie montre l'économie de marché au travail. Les compagnies ont laissé le marché déterminer les noms de leurs produits.

une marque de commerce aujourd'hui, donc la valeur des marques existantes grimpe sans arrêt.

L'effort continu des multinationales pour promouvoir leurs marques partout dans le monde est dicté en partie par leur volonté d'étendre le développement du produit et les coûts de publicité sur un vaste marché, dit M. Dawar.

Lorsqu'une marque locale commence à faiblir, les compagnies la remplacent par une marque multinationale à la hausse. Par exemple, au Canada, l'année dernière, la compagnie PepsiCo, dont le siège social est aux États-Unis, a changé le nom des croustilles Hostess pour Frito-Lay.

John Schofield
Adapté de la revue *Maclean's*
18 mai 1998, p. 32

Ta tâche

Trouve deux articles récents dans un journal, un magazine d'actualités ou dans Internet. Un article devrait traiter de l'économie à l'intérieur du Canada. L'autre article devrait traiter de l'activité économique entre le Canada et un ou plusieurs autres pays. Lorsque tu auras trouvé et lu chaque article, suis les instructions suivantes.

1. Découpe l'article ou fais-en une copie. Encadre-le ou colle-le proprement sur une feuille de papier, puis écris la date et la source.
2. Résume l'article en tes propres mots, point par point, comme dans l'exemple.
3. Montre la relation entre le contenu de ton article et des connaissances spécifiques que tu as acquises dans ce module.

Module 3

Découvrir les déplacements de la population

Dans le module 1, tu as étudié plusieurs constantes humaines, entre autres les constantes de peuplement, c'est-à-dire les villages et les petites ou grandes villes que les gens établissent pour y vivre. Les gens se déplacent constamment à l'intérieur de ces peuplements et entre eux, certains par choix, d'autres par obligation. Les géographes désirent comprendre ces déplacements, apprendre d'où viennent ces gens, où ils vont, comment ils se déplacent et pourquoi.

Dans ce module, tu vas découvrir des constantes de déplacement des gens. Tu vas connaître les endroits que les gens veulent quitter et ceux où ils aimeraient s'installer. Tu vas apprendre comment ces déplacements influent sur un pays comme le Canada, qui est devenu multiculturel en raison de l'immigration. Tu vas aussi étudier les conséquences de la technologie sur les déplacements. Ce faisant, tu vas « visiter » des parties du monde, notamment celles qui sont en rouge sur la mappemonde ci-dessus.

La diffusion de la culture

Découvre comment les déplacements sont liés à la culture.

Chapitre 13

La migration

Chapitre 14

Découvre les catégories utilisées par les géographes pour classifier et comprendre les divers types de déplacement.

Les constantes de migration

Chapitre 15

Découvre le rôle des facteurs de répulsion et d'attraction dans les constantes de migration du monde aujourd'hui.

L'immigration au Canada

Chapitre 16

Découvre comment l'immigration a influé sur le Canada.

Les moyens de transport

Chapitre 17

Découvre des constantes dans la façon de voyager des gens à travers le monde.

Le transport et les communications : hier et aujourd'hui

Chapitre 18

Découvre les améliorations que la technologie a apportées au déplacement des populations et aux échanges d'information.

Chapitre 13

La diffusion de la culture

Mots clés

culture
diffusion
société multiculturelle
peuple autochtone

Dans ce chapitre, nous examinons la façon dont les caractéristiques culturelles se répandent. L'information et les activités t'aideront :
- à reconnaître des constantes dans l'emplacement et la diffusion de diverses cultures ;
- à montrer que tu comprends les effets de la migration sur les cultures ;
- à montrer que tu comprends les effets de la migration sur la culture canadienne et sur ton sentiment d'identité.

La culture nord-américaine

Une bonne façon de comprendre ce qu'est la **culture** est d'examiner notre propre culture. Quelles caractéristiques de la culture nord-américaine peux-tu reconnaître dans la description suivante ?

Culture : les comportements appris, composés des systèmes de croyances, de la langue, des valeurs sociales, du système politique, des organisations, des habitudes alimentaires et vestimentaires et de l'utilisation des édifices, des outils et des machines.

> À 7 h 30, Ariane Delorme est tirée d'un profond sommeil par son radio-réveil. De la musique « rock » suit les nouvelles et les prévisions de la météo. Ariane se force à sortir du lit et se traîne jusqu'à la salle de bains. Elle se glisse sous la douche tiède et, en quelques minutes, elle se sent déjà mieux. Elle sèche ses cheveux au séchoir, met un peu de fond de teint et enfile ses jeans, un tee-shirt et le chandail épais que sa mère lui a donné à Noël. Il y a déjà eu du gel mais on annonce un après-midi chaud.
>
> À table, Ariane se verse un verre de jus d'orange tout préparé et un bol de céréales sucrées. Son beau-père finit de préparer les lunchs et sa mère règle la minuterie automatique du four pour que la lasagne congelée soit prête pour le souper. Dans cinq minutes, les parents d'Ariane quitteront pour le

Chapitre 13 La diffusion de la culture 183

travail, chacun dans sa voiture. En chemin pour son travail, son beau-père laisse le petit frère d'Ariane chez la gardienne. Sa mère le ramènera à son retour du travail.

Ariane quitte la maison à 8 h 30 ; elle s'assure que la porte d'entrée est bien verrouillée. Elle a un examen de mathématiques aujourd'hui ; mais elle a surtout hâte à la partie de base-ball après l'école.

Figure 1
Quels indices donne cette chambre au sujet de la culture nord-américaine ?

Les activités décrites dans l'histoire d'Ariane font partie de la culture nord-américaine. La culture nord-américaine inclut :
- différents types de familles (des familles avec deux parents, des familles monoparentales, et d'autres) ;
- beaucoup de familles où les deux adultes travaillent à l'extérieur de la maison ;
- l'anglais, le français ou l'espagnol sont les langues parlées à la maison ;
- des adolescentes et des adolescents qui aiment la musique pop, les jeans et les vêtements « branchés » ;
- l'utilisation courante d'appareils électriques et la consommation d'aliments prêts-à-servir ;

- un grand souci d'hygiène et une grande utilisation d'eau
- les fréquentations entre jeunes gens.

La culture nord-américaine est le mode de vie d'environ 5 % de la population mondiale.

Fais des découvertes

1. En équipe, discute des questions suivantes au sujet de la culture nord-américaine.
   a) Selon l'histoire d'Ariane, comment peux-tu dire qu'un certain bien-être matériel est typique de la culture nord-américaine ? Donne quatre exemples pour justifier ta réponse.
   b) Imagine que la culture nord-américaine change de la manière suivante : *Dans les familles où il y a plus d'une ou d'un adulte et des enfants de moins de 12 ans, c'est la coutume qu'une ou un adulte, habituellement le père, reste à la maison pour s'occuper des tâches ménagères et des enfants.* Qu'est-ce qui changerait dans la façon de vivre de beaucoup de gens ?

Le développement de la culture

Toutes les cultures du monde tirent leur origine d'un centre ou de plusieurs centres de l'ancien monde, représenté à la figure 2. Dans ces centres, les productrices et les producteurs agricoles ont appris à produire assez de nourriture pour nourrir beaucoup de personnes. En conséquence, les autres personnes du centre ont eu le temps de développer la langue, l'écriture, la religion, les arts et la technologie de leur communauté. Chaque centre a pu voir sa civilisation évoluer et prospérer.

Lorsque des gens se rendaient d'un centre à l'autre pour le voyage ou le commerce, ils échangeaient des idées avec les gens qu'ils rencontraient. Ces échanges ont conduit à la propagation, ou **diffusion**, de certaines caractéristiques de chaque culture dans les régions avoisinantes.

La culture nord-américaine est le résultat de plusieurs siècles de diffusion. Pense à Ariane Delorme. Le modèle de son lit provient d'Asie et a été modifié en Europe du Nord. Ses draps sont de coton, et le coton a d'abord été conçu en Inde. Le modèle de son

Diffusion : la propagation d'une nouvelle caractéristique à partir d'un centre ou de plusieurs centres. Par exemple, on a commencé à utiliser le piment du Chili dans la cuisson et l'alimentation en Amérique centrale il y a environ 5 000 ans. Les explorateurs et les colons ont répandu l'usage du piment du Chili (l'ont diffusé) en Europe. Les colons portugais ont ensuite introduit le piment du Chili en Asie méridionale. Il s'agit maintenant d'un ingrédient de base dans presque toute la région.

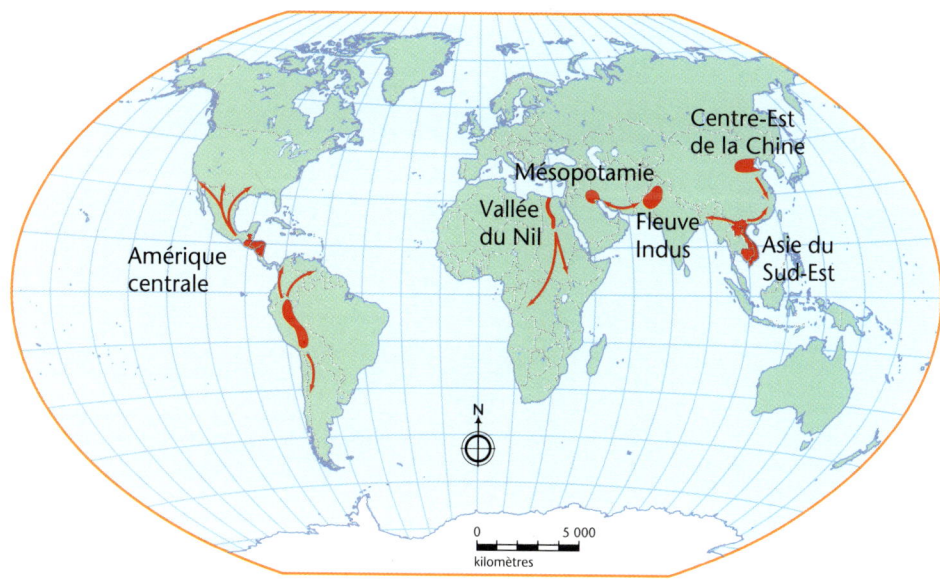

Figure 2
Les principaux centres où différentes cultures se sont développées

pyjama a aussi été créé en Inde. Les mocassins qu'elle chausse pour se rendre à la salle de bains ont été inventés par les autochtones nord-américains des forêts de l'Est. Le savon avec lequel elle se lave a été inventé dans l'Europe antique. Le bol à céréales est fait de poterie inventée en Chine. L'acier de sa coutellerie a tout d'abord été produit dans le sud de l'Inde, et la fourchette et la cuillère sont deux inventions italiennes.

Les diagrammes de diffusion

Les diagrammes de diffusion montrent comment une caractéristique se propage d'un centre vers d'autres endroits. Une représentation simple de la diffusion consiste à tracer des flèches sur une mappemonde, comme à la figure 2.

Les géographes qui étudient la culture veulent connaître la diffusion des caractéristiques culturelles. La figure 3 (page 186) montre la diffusion des principales langues dans le monde. La figure 4 montre la diffusion des grandes religions dans le monde.

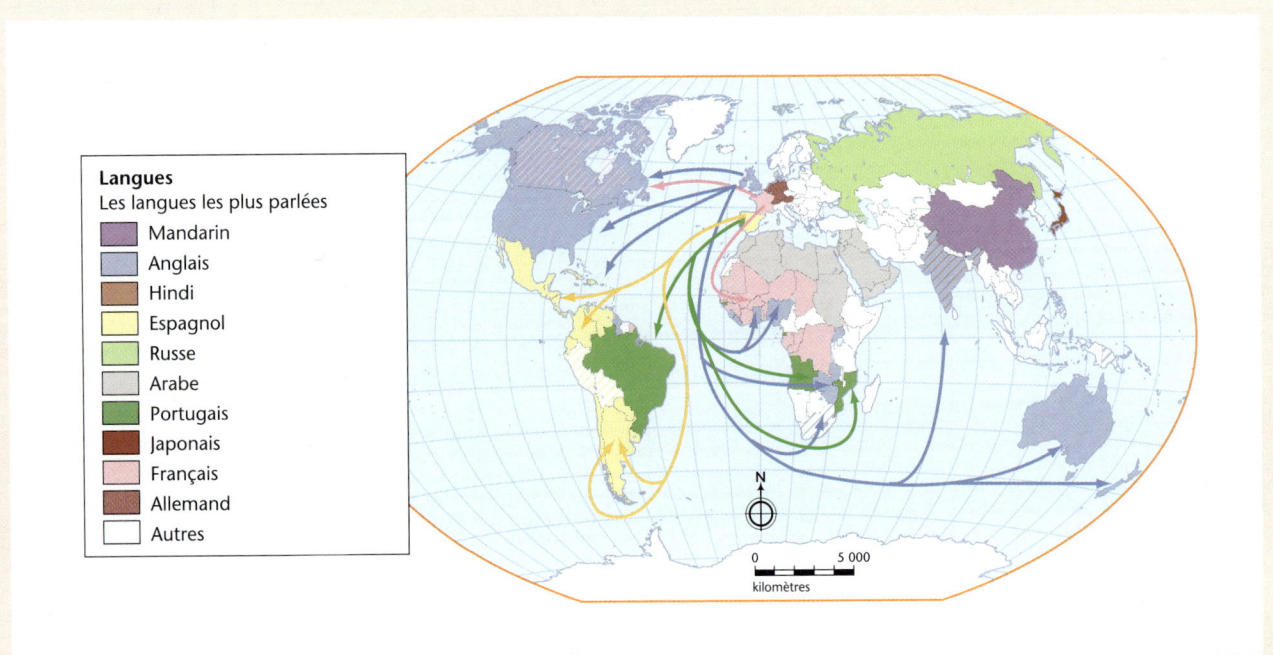

Figure 3
La diffusion des principales langues dans le monde

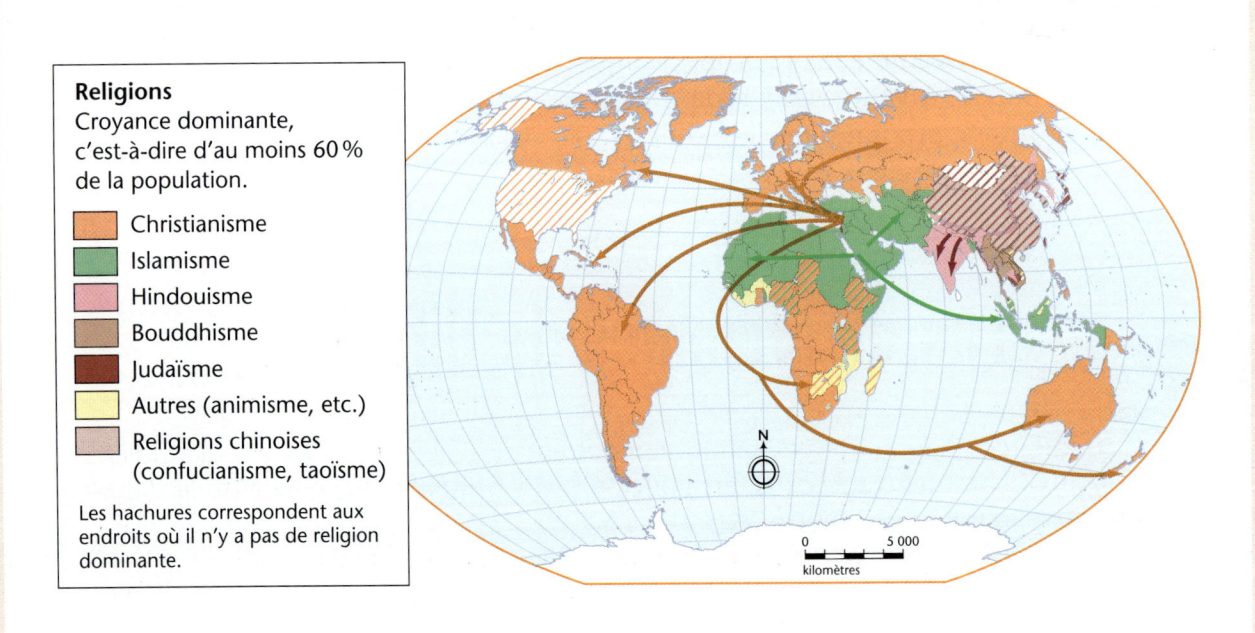

Figure 4
La diffusion des grandes religions dans le monde

Fais des découvertes
AVEC DES CARTES

1. Examine la figure 3.
   a) Quel continent a eu une très grande influence sur la propagation des langues dans le monde? Donne des exemples de la propagation de quatre langues pour justifier ta réponse.
   b) Suggère une raison qui explique pourquoi le continent que tu as indiqué en a) a eu autant d'influence sur la propagation des langues.
   c) Selon toi, pourquoi les pays d'Europe de l'Est n'ont-ils pas propagé leurs langues dans le monde?
2. Examine la figure 4.
   a) Quelle religion est la plus répandue en tant que croyance dominante? Énumère les pays où cette religion s'est étendue.
   b) Quelle religion est la moins répandue en tant que croyance dominante? Dans quel pays cette religion est-elle dominante?
3. Construis un diagramme à bandes empilées pour représenter les données de la figure 5. Quel continent abrite un grand nombre de personnes de chacune des quatre religions?

Consulte les pages 264 et 265 pour apprendre à construire des diagrammes à bandes empilées.

Religion	Afrique	Asie	Europe	Amérique latine	Amérique du Nord	Océanie	Monde
Christianisme	348,2	306,8	551,9	448,0	249,3	23,8	1 928,0
Islamisme	300,3	760,2	32,0	1,3	5,5	0,4	1 099,7
Hindouisme	1,5	775,3	1,5	0,7	1,2	0,3	780,5
Bouddhisme	0,0	320,7	1,5	0,6	0,9	0,2	323,9

Figure 5
Nombre de personnes (en millions) appartenant à quatre grands groupes religieux

Un sentiment d'identité

Chaque personne possède un sentiment d'identité issu de la combinaison de la langue, de la religion et d'autres caractéristiques qui forment les traditions culturelles. Ce sentiment d'identité culturelle est très important. Il nous lie au monde physique. C'est un point de départ pour observer le monde, s'y faire une place et même le changer. Toutefois, c'est possible seulement si les autres nous acceptent pour ce que nous sommes et si nous acceptons

Société multiculturelle : un pays ou une partie d'un pays où de grandes parties de la population possèdent des traditions culturelles différentes. Dans une telle société, on encourage les gens à préserver leurs coutumes ou on leur permet de le faire.

aussi les autres. Au Canada, le gouvernement a voté des lois et fondé des institutions pour s'assurer que les populations de toutes les cultures soient acceptées. Cela fait du Canada une **société multiculturelle**. Dans ce type de société, nous avons accès à des aliments, des traditions et d'autres traits culturels qui proviennent d'autres parties du monde.

Beaucoup d'autres pays ont aussi des citoyennes et des citoyens de différentes cultures. Certains pays ont des populations qui appartiennent en grande partie à un seul groupe culturel. La figure 6 propose des scénarios qui expliquent l'apparition des différences culturelles.

Les différences entre les groupes culturels d'un pays entraînent parfois des tensions et même la guerre. C'est vrai en particulier dans les pays où un groupe culturel a beaucoup plus de pouvoir

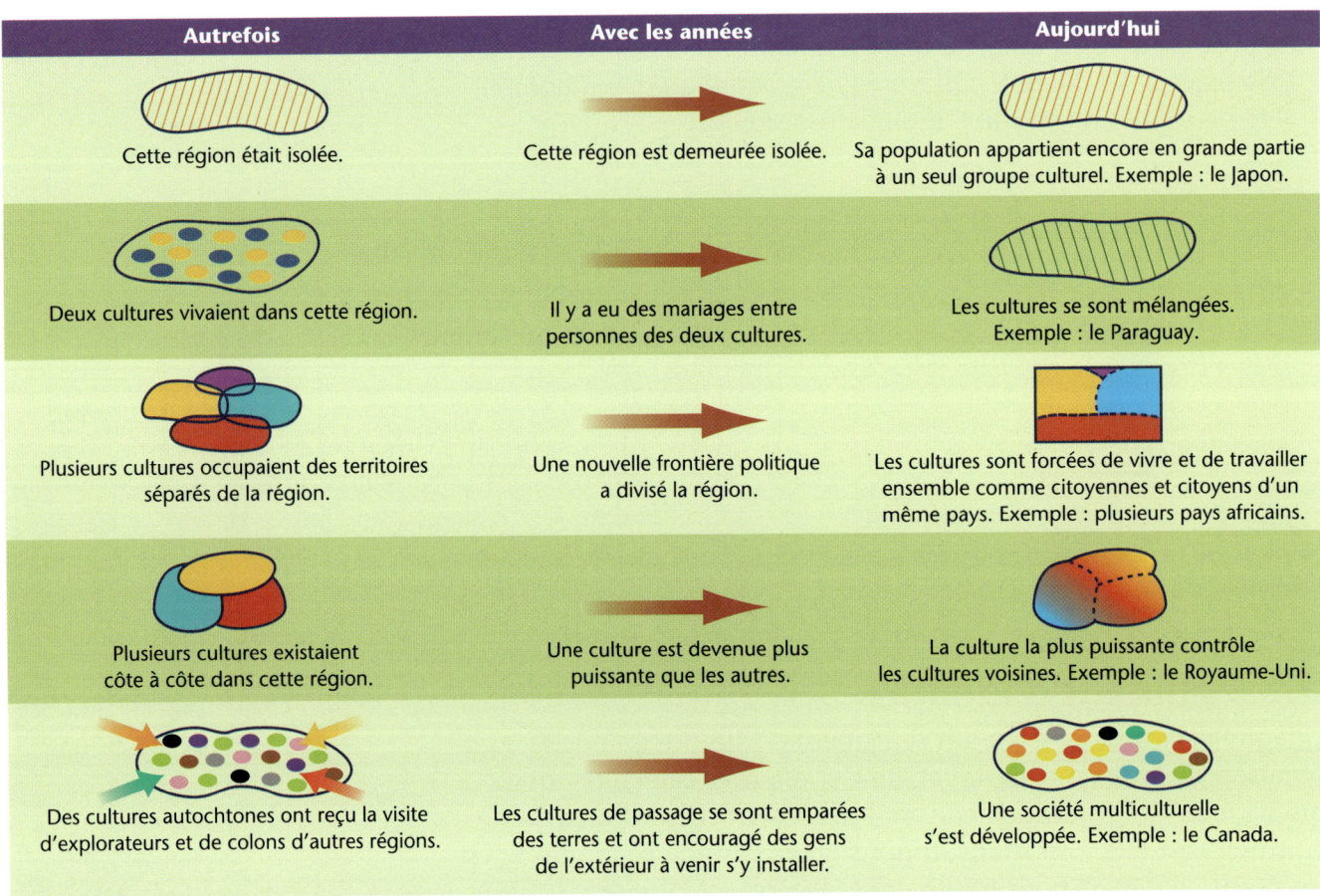

Figure 6
Dans ces scénarios de mélanges culturels, chaque couleur représente une culture différente ou une sous-culture.

que les autres. D'un autre côté, les gens qui vivent dans un pays composé d'une seule culture ont souvent inutilement peur des autres cultures. Ils n'ont pas eu la chance de se lier d'amitié avec des gens qui ont des traditions culturelles différentes.

Étude de cas : Une culture en voie de disparition

Lorsque les gens interagissent avec la Terre et modifient l'environnement, certaines espèces d'animaux et de plantes ne peuvent plus survivre. Par conséquent, les écosystèmes de la Terre sont beaucoup moins variés ou diversifiés qu'ils l'ont déjà été. On peut dire la même chose au sujet de la diversité culturelle. Certaines cultures ne peuvent survivre dans un environnement envahi par les influences nord-américaines et européennes.

Au Canada, plusieurs membres des cultures autochtones se sont élevés contre ces influences et ont exigé la reconnaissance de leurs traditions et de leurs territoires. Certains groupes ont obtenu des résultats impressionnants, souvent après des décennies de lutte. On ne peut dire la même chose présentement des membres de la culture kitawan, dans le Pacifique Sud. Cette culture pourrait en effet disparaître à tout jamais.

Des traditions anciennes

Sur quelques îles du Pacifique Sud d'accès difficiles, plusieurs groupes culturels ont vécu isolés pendant de 10 000 à 15 000 ans, entre autres les Kitawans de l'île de Kitawa. Les Kitawans demeurent dans trois villages sur l'île. Ils ont développé un ensemble de traditions uniques qui se traduisent dans leur art, leurs sculptures et leur poésie. Ces traditions se sont transmises de bouche à oreille parce que leur culture ne possède aucun système d'écriture.

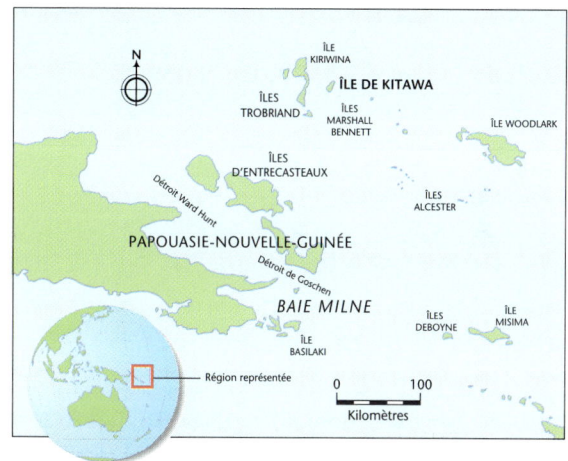

Figure 7
L'île de Kitawa et les régions avoisinantes

Un élément important de la culture kitawan est la fabrication de canots de cérémonie de 20 m de long. Le village entier participe à la construction de chaque canot. Un canot transporte 40 hommes d'île en île deux fois par année. Durant ces voyages, les Kitawans échangent des cadeaux avec des partenaires d'autres îles selon une pratique préétablie. Durant l'année, tous les voyageurs auront visité chaque île et tous les cadeaux auront passé par les mains de tous les partenaires.

La première étape de la construction de cet énorme canot est le choix d'un arbre approprié. Une fois l'arbre coupé, les Kitawans le transportent sur des kilomètres, de la forêt jusqu'à la

Figure 8
Un Kitawan et son fils

plage, à l'aide de cordes faites de vignes et de rampes. L'arbre ne touche jamais le sol avant d'atteindre la plage. Ensuite, il faut évider le tronc. Un maître sculpteur ajoute une très belle proue, ou devant du canot, au tronc. Les villageois ont beaucoup de respect pour les sculpteurs. C'est un honneur de pouvoir entrer en apprentissage pour devenir sculpteur.

La sculpture sur bois, comme toutes les activités traditionnelles, comporte des habiletés, des règles et des modèles transmis d'une génération à l'autre. La passation du savoir est organisée avec soin, chaque famille étant responsable de connaissances différentes. Par exemple, une famille est responsable de la transmission des connaissances sur la danse, une autre est en charge de la musique et une autre encore est experte en décorations corporelles.

Des traditions menacées

Le bateau est la seule façon de se rendre sur l'île de Kitawa et les tempêtes fréquentes ainsi que les conditions difficiles de la mer rendent le voyage très dangereux. Très peu de gens d'Occident sont venus sur l'île. Mais c'est différent sur les autres îles de la région.

Les relations avec l'Ouest ont amené les embarcations à moteur, la nourriture en conserve, les outils et les vêtements occidentaux aux îles autour de Kitawa. Les Kitawans en visite sur les îles avoisinantes ont vu les traditions disparaître. Plusieurs Kitawans se questionnent maintenant sur l'importance de conserver leur propre culture. En 1990, les Kitawans ont abandonné la danse traditionnelle de la récolte. Aucun canot n'a été construit depuis plusieurs années. Plusieurs insulaires échangent leurs produits agricoles pour des biens usinés. Les articles faits de plastique et d'aluminium sont parmi les biens les plus recherchés. Les souliers occidentaux, même s'ils blessent la plante durcie des pieds des insulaires, sont aussi en demande. Étant donné que les gens des îles pratiquent une économie de subsistance, il n'y a plus assez de nourriture dans les villages après qu'ils ont échangé leurs récoltes. Les gens âgés ainsi que les personnes handicapées sont particulièrement touchés par le manque de nourriture.

Lorsque la Papouasie-Nouvelle-Guinée a obtenu son indépendance, en 1975, la population a choisi l'anglais comme langue officielle et le christianisme comme religion principale. Plusieurs églises chrétiennes découragent les traditions ancestrales des insulaires. Certains enfants kitawans ont été envoyés à l'école sur d'autres îles et ont pris goût aux valeurs et aux possessions occidentales. Très peu se rendent jusqu'au secondaire et reviennent donc à la maison. Cependant, leur école leur a enseigné à réprouver les traditions de leur peuple. De plus, les enfants n'ont pas appris à pêcher, à naviguer ou à cultiver. Sans ces habiletés essentielles à la survie, ces enfants sont malheureux dans leur société. Voilà pourquoi la culture est en voie de disparition.

Fais des découvertes

1. Imagine que tu vis sur l'île de Kitawa avant qu'elle soit entrée en contact avec le monde extérieur. À quoi ressemble ta vie d'adulte ? Fais un dessin.
2. En équipe, discute des questions suivantes.
   a) Pourquoi une culture sans écriture a-t-elle moins de chances de survivre qu'une culture avec écriture ?
   b) Quelles sortes d'habiletés et de traditions disparaîtront probablement à cause de l'influence occidentale sur Kitawa ?
3. Écris un sketch et joue-le en classe ou enregistre-le sur vidéo. Ton sketch doit représenter la conversation d'un petit groupe d'adolescentes et d'adolescents de Kitawa qui reviennent à la maison pour les vacances, après une première année passée dans une école sur une île éloignée.

Résumé

Dans ce chapitre, tu as découvert les différentes caractéristiques qui composent une culture. Tu as appris comment les caractéristiques culturelles comme la langue et la religion se diffusent. Tu as aussi réfléchi à la façon dont la culture nous donne un sentiment d'identité. Enfin, tu as lu l'histoire d'une culture qui disparaîtra probablement dans un proche avenir.

Révise tes découvertes

1. Énumère quatre éléments typiques de la culture nord-américaine.
2. Nomme trois aspects des cultures qui peuvent varier dans le monde.
3. Ton identité se compose de plusieurs facteurs.
   a) Nomme deux principaux facteurs qui forment ton identité.
   b) Nomme trois autres influences sur ta personnalité et ta vision du monde, de l'école et de la famille. Explique-les brièvement.
   c) Fais part de tes découvertes à tes camarades de classe.

Mets tes découvertes en pratique

1. En équipe, fais une recherche sur l'un des **peuples autochtones** du monde. Par exemple, à l'extérieur de l'Amérique du Nord, il y

Peuples autochtones : les groupes culturels qui ont vécu dans une région bien avant l'arrivée des colonisateurs.

a les Aïnous (Japon), les Caribes (îles Caraïbes), les Maoris (Nouvelle-Zélande), les Penangs (Sarawak, Malaisie), les Tainos (Amérique centrale), les Tamouls (Inde du Sud et Sri Lanka) et les Yanomami (Venezuela et Brésil). Tu dois découvrir :
- le mode de vie traditionnel de ce peuple (l'alimentation, le logement, les vêtements, les danses, l'art, la musique, les célébrations et ainsi de suite);
- les menaces à son existence, s'il y en a;
- les mesures prises pour l'aider, s'il y en a;
- ce qui arrivera à ce peuple si sa culture s'affaiblit ou disparaît;
- ce que le monde perdra si cette culture disparaît.

Présente tes découvertes sous l'un des formats suivants :
- un compte rendu écrit.
- une affiche avec des illustrations et un texte de quelques paragraphes.
- une présentation orale.

Assure-toi d'indiquer les sources d'information que tu as utilisées.

Figure 9
Ces femmes de la tribu des Penangs fabriquent des bracelets et des sacs en rotin très colorés dans une maison longue de Sarawak.

Chapitre 14

La migration

Dans ce chapitre, nous examinons les types de migrations humaines. L'information et les activités t'aideront :
- à montrer que tu comprends que la migration découle de décisions prises par les gens au sujet de leur environnement ;
- à reconnaître les facteurs qui motivent les gens à quitter un endroit ou à se rendre à un autre endroit ;
- à reconnaître les obstacles à la migration.

Mots clés

migration
réfugiées et réfugiés
esclave
immigration

Un environnement différent

Le phénomène de la migration humaine remonte à très loin. Elle a commencé bien avant l'époque des civilisations anciennes, qui ont permis la diffusion des caractéristiques culturelles par l'exploration et le commerce (figure 2, page 185). En réalité, la **migration** a commencé il y a 50 000 ans, au début de l'existence humaine moderne. C'était l'époque de l'*Homo sapiens sapiens* ou de l'homme de Cro-Magnon.

Cette première phase de l'existence moderne correspondait à la dernière époque glaciaire. Les constantes climatiques à l'échelle mondiale changeaient, et une grande partie de la surface de la Terre était recouverte de glace. Après un certain temps, les glaciers se sont retirés vers les hautes altitudes et les hautes latitudes. Ces changements de climat ont influé sur les lieux de croissance de divers types de végétation et sur le développement des sols. En conséquence, des animaux sauvages se sont déplacés pour trouver des pâturages. Les prédateurs, de même que nos premiers ancêtres chasseurs, les ont suivis. À mesure que le climat humide et chaud devenait plus sec et plus froid, les fermières et les fermiers ont dû se déplacer eux aussi vers des régions ayant un climat propice à leurs récoltes.

Les glaciers qui recouvraient les hautes latitudes contenaient une grande partie de l'eau douce de la planète. Le niveau de la mer était donc beaucoup plus bas qu'aujourd'hui. Il était possible de passer d'une région à l'autre à pied ou par une courte traversée en bateau. De nos jours, ces régions sont séparées par de profondes

Migration : le déplacement d'un lieu à un autre.

étendues d'eau. La figure 1 montre quelques déplacements humains effectués durant la dernière période glaciaire. C'est ainsi que les êtres humains se sont répandus sur presque toute la surface terrestre.

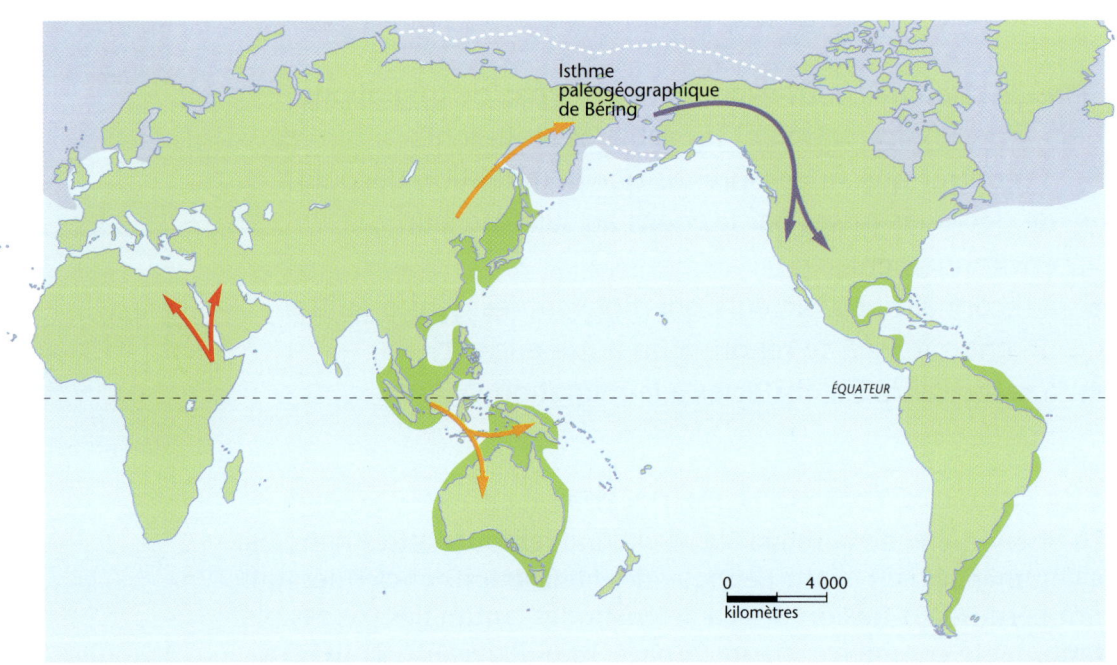

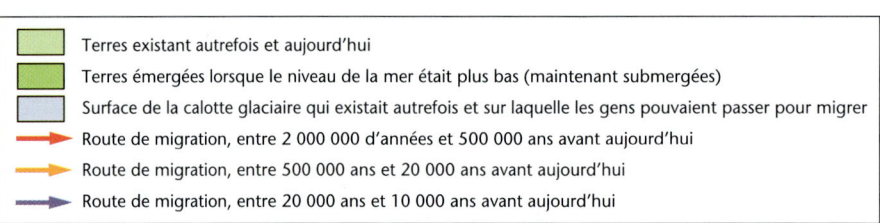

Figure 1
Les principales routes de migration, entre 2 millions d'années et 10 000 ans avant aujourd'hui

1. Décris les trois principales constantes de migration indiquées par les flèches dans la figure 1. Indique le *point de départ,* la *direction du déplacement* et la *destination du déplacement.*
2. Quelle différence y a-t-il entre l'environnement d'autrefois et celui d'aujourd'hui ? Comment cet environnement différent a-t-il favorisé la migration ?

Les changements environnementaux d'aujourd'hui

Il y a encore des millions de personnes qui migrent à cause des changements environnementaux. En raison des changements climatiques saisonniers, des bergers nomades se déplacent d'un endroit à l'autre à la recherche de bons pâturages. C'est le cas en Afrique, en Asie et dans l'Arctique. La figure 2 donne un exemple de ce type de migration.

Beaucoup d'ouvrières et d'ouvriers agricoles travaillent dans les champs et les vergers des régions chaudes des États-Unis durant l'hiver, puis se déplacent vers le nord lorsque le temps se réchauffe en été. Ces gens participent aux récoltes des produits de la ferme jusque dans le Sud du Canada. Il y a plus de 20 ans, les gouvernements du Canada et de la Jamaïque ont signé une entente selon laquelle les fermières et fermiers canadiens payaient le transport par avion, le logement et le travail d'ouvrières et d'ouvriers migrants jamaïcains. La main-d'œuvre voyage de la Jamaïque jusqu'aux fermes canadiennes en avril et y demeure jusqu'en octobre, recevant le salaire minimum. Trente-cinq pour cent du salaire va directement au gouvernement jamaïcain, qui le remet presque entièrement aux travailleuses et aux travailleurs à leur retour au pays pour l'hiver.

Au cours de ta vie, il se peut que des changements climatiques provoquent la migration de millions ou peut-être même de milliards de personnes vivant sur les basses terres. En effet, le niveau de la mer pourrait monter à cause du réchauffement de la planète, qui fait fondre les glaciers et les calottes polaires. Personne ne sait de combien le niveau de la mer peut monter, mais à l'heure actuelle une estimation suggère une hausse de un mètre d'ici à l'an 2050. Si cela se produit, 150 millions de personnes dans le monde devront se déplacer vers des terres plus élevées. La plus grande partie des basses terres est densément peuplée et produit une grande proportion des récoltes mondiales. Une hausse de 6 m obligerait 40 % de la population mondiale à se déplacer. Tous ces gens devraient trouver un logement et du travail sur les terres situées à plus haute altitude.

Figure 2
Les Nenets gardent des troupeaux de rennes. Chaque année, ce peuple migre entre les pâturages d'hiver situés dans les forêts du nord et les pâturages d'été de la toundra.

Figure 3
Un travailleur migrant jamaïcain en Ontario

FAIS DES DÉCOUVERTES
AVEC DES CARTES

1. Examine la carte de la figure 2 à la page 195.
   a) À l'aide de l'échelle, détermine la longueur de la route annuelle de migration des Nenets.
   b) Les terres occupées par les Nenets et leurs rennes contiennent peut-être la plus grande réserve de gaz naturel au monde. Plus d'un millier de travailleuses et de travailleurs de l'industrie gazière sont arrivés dans la région pour forer des puits de gaz et construire des maisons, des routes et une voie ferrée. Selon toi, comment l'environnement et le peuple des Nenets auront-ils changé vers le milieu du 21e siècle?

2. En équipe, observe les cartes de la figure 5. Fais un remue-méninges pour trouver les effets d'une hausse de 6 m du niveau de la mer en Floride:
   a) sur la population.
   b) sur le réseau de transport.
   c) sur la production agricole.
   d) sur le tourisme.
   e) sur la flore et la faune.

La guerre et la famine

Les changements environnementaux causés par le climat sont une des raisons qui poussent les gens à migrer. La guerre et la famine changent aussi l'environnement et causent les migrations. Les migrantes et migrants qui fuient vers un autre pays dans ces circonstances deviennent des **réfugiées** et des **réfugiés**. Le tableau ci-dessous montre les cinq pays d'où viennent le plus grand nombre de réfugiées et de réfugiés au 1er janvier 1999.

Réfugiées et réfugiés: des gens qui ont fui leur propre pays à cause de la guerre, d'une catastrophe naturelle ou de persécution reliée à la race, la religion, la nationalité, le groupe social ou l'opinion politique.

Pays d'origine	Nombre
Afghanistan	2 648 000
Irak	631 000
Bosnie	597 000
Somalie	525 000
Burundi	517 000

Source: Nations Unies, *Maclean's*, 23 août 1999, p. 18.

Figure 4
Pays d'origine des réfugiées et des réfugiés, par ordre d'importance, janvier 1999

Chapitre 14 La migration

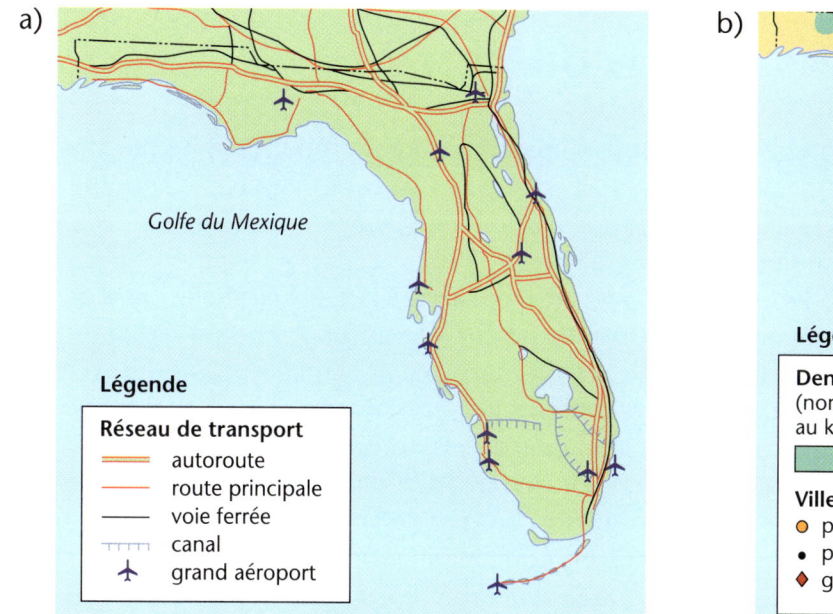
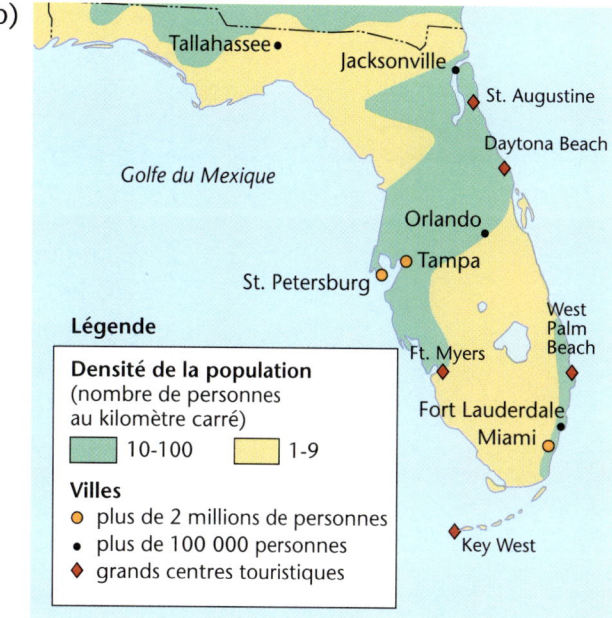
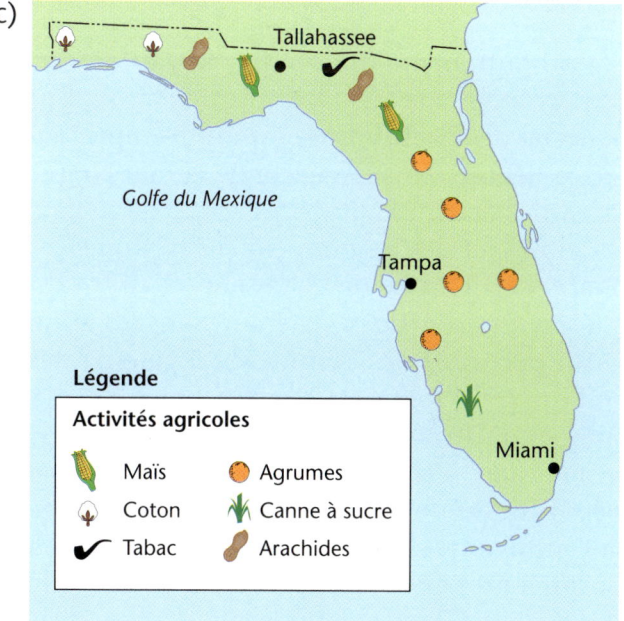

Figure 5
Une hausse du niveau de la mer de 6 m (d) aurait des effets sur le réseau de transport (a), sur la distribution de la population (b) et sur l'agriculture (c).

Fais des découvertes

1. On utilise souvent l'expression « migration de survie » pour décrire les déplacements étudiés jusqu'ici dans ce chapitre. Pourquoi cette expression est-elle appropriée ? Donne des exemples.
2. Examine la figure 4 à la page 196.
    a) Procure-toi ou dessine une carte vierge. Colorie les pays de la figure 4. Utilise la couleur la plus foncée pour l'Afghanistan, puisqu'il est au premier rang, et des couleurs moins foncées pour les quatre autres pays.
    b) Forme une équipe de cinq élèves. Chaque membre de l'équipe doit choisir un pays différent de la figure 4 et faire une recherche sur son histoire récente. Dresse une liste pour l'équipe des raisons qui expliquent pourquoi et comment un pays devient une source importante de réfugiées et réfugiés.

Esclave : une personne qui appartient à une autre personne et qui doit faire ce que sa ou son propriétaire désire.

La migration forcée

La migration forcée se produit lorsqu'un groupe puissant de personnes force d'autres personnes à se déplacer contre leur volonté. Le commerce international des **esclaves** en est un exemple. Le commerce des esclaves a débuté dans la région de la mer Noire, il y a des siècles. Des hommes étaient capturés et forcés de se battre dans les armées égyptiennes, et des femmes étaient capturées pour devenir des servantes en Europe de l'Ouest.

Le commerce des esclaves en Afrique a débuté dans les années 1440 lorsque des marins portugais ont commencé à amener des Africains avec eux en Europe. Durant le 18e siècle, entre 12 et 30 millions d'Africaines et d'Africains ont été faits esclaves et transportés vers les Amériques. Un grand nombre sont morts sur les bateaux surpeuplés et insalubres qui les transportaient. À leur arrivée, on vendait les survivantes et les survivants à des propriétaires terriens. Ces propriétaires envoyaient les esclaves travailler dans leurs champs, leurs plantations et leurs vergers. Des esclaves ont aussi travaillé comme domestiques, à la construction de routes et dans les mines. Aujourd'hui, 40 millions de personnes en Amérique du Nord, en Amérique du Sud et dans les Caraïbes sont des descendantes et des descendants de ces esclaves.

À la fin du 18e siècle, le gouvernement britannique a envoyé beaucoup de criminelles et de criminels en Australie. Il y avait deux buts à cela : débarrasser le pays de ces personnes indésirables et aider à peupler la colonie d'Australie. Elizabeth Hannell, une jeune femme condamnée pour le vol d'un pain, faisait partie de ces migrantes et de ces migrants forcés. Envoyée en Australie, elle a décidé d'y rester à la fin de sa sentence. Par la suite, elle a eu sept enfants, et son aîné est devenu le premier chef de police et lord-maire de la ville de Newcastle, à 100 km au nord de Sydney.

Peu de gens savent que le gouvernement canadien a forcé des Canadiennes et des Canadiens à quitter leur maison. Dans les années 1950, 92 Inuits ont dû quitter Inukjuak, dans le nord du Québec, et Pond Inlet, sur l'île de Baffin. Le gouvernement les a relogés à Craig Harbour et à Fjord Grise, sur l'île d'Ellesmere, et à Resolute Bay, sur l'île Cornwallis. Cette migration forcée avait pour but de permettre au Canada de réclamer la propriété de ces deux îles nordiques peu peuplées. La chasse sur la nouvelle terre était mauvaise, et le gouvernement ne s'est pratiquement pas occupé de ces personnes qui devaient lutter pour leur survie dans un environnement très hostile.

Durant la Seconde Guerre mondiale, des milliers d'hommes, de femmes et d'enfants canadiens qui avaient des ancêtres japonais ont dû quitter la zone littorale de la Colombie-Britannique. Le gouvernement les a transportés jusqu'à des camps d'internement (prisons) loin de la côte. Le gouvernement craignait que ces gens aident le Japon à envahir l'Amérique du Nord. Cependant, cette crainte était sans fondement.

Dès le début des années 1800, des Canadiens d'origine africaine habitaient Africville, une banlieue d'Halifax, en Nouvelle-Écosse. Par une nuit froide de 1969, des bouteurs ont rasé Africville pour en faire un parc. Cette communauté très unie, qui habitait la ville depuis huit générations, a été brisée lorsqu'on a relogé les gens dans d'autres parties de la ville.

Figure 6
Beaucoup de Canadiennes et de Canadiens ayant des ancêtres japonais ont été forcés de quitter les côtes de la Colombie-Britannique pendant la Seconde Guerre mondiale.

Figure 7
Africville, en Nouvelle-Écosse

FAIS DES DÉCOUVERTES

1. Copie le tableau ci-dessous et remplis-le.

Type de migration	Description	Exemple d'il y a plus d'un siècle	Exemple du 20e siècle
De survie			
Forcée			

2. Relis le passage, à la page 199, qui raconte comment le peuple inuit a été déplacé.
   a) À l'aide d'un atlas, situe les endroits mentionnés (Craig Harbour se trouve sur la pointe sud de l'île d'Ellesmere, un peu à l'est de Fjord Grise). Dessine une carte vierge de cette partie du Canada et indique les cinq endroits. Identifie aussi le Québec et les principales îles.
   b) En équipe, observe des cartes thématiques dans un atlas de la région que tu as dessinée. Sers-toi des informations indiquées sur les cartes pour discuter de cette question : *Quel groupe d'Inuits — ceux d'Inukjuak ou ceux de Pond Inlet — a dû avoir le plus de problèmes à s'adapter à son nouvel environnement ?* Donne cinq justifications.

   c) Le gouvernement a déplacé les Inuits à la fin de l'automne. Quel problème de plus ont-ils dû affronter ?
3. En équipe, fais une recherche soit sur la migration forcée des Canadiennes et Canadiens d'origine japonaise, soit sur la migration forcée des résidentes et des résidents d'Africville. Lorsque tu connaîtras les détails entourant la migration, fais un jeu de rôle qui présente les différents points de vue des personnes concernées.
   a) Si tu as choisi les Canadiennes et Canadiens d'origine japonaise, différents membres de ton équipe devraient jouer le rôle :
      • du premier ministre Mackenzie King.
      • d'une Canadienne ou d'un Canadien d'origine japonaise qu'on enferme dans un camp d'internement.
      • d'une Canadienne ou d'un Canadien d'origine japonaise qu'on force à travailler en Ontario.
      • d'une résidente ou d'un résident de la Colombie-Britannique sans ancêtres japonais.

b) Si tu as choisi Africville, différents membres de ton équipe devraient jouer le rôle :
- d'une résidente ou d'un résident d'Africville.
- d'une promotrice ou d'un promoteur qui souhaite développer le site d'Africville.
- d'une ou d'un membre du conseil municipal de la ville d'Halifax responsable de reloger les résidentes et les résidents d'Africville.

La migration volontaire

Beaucoup de personnes choisissent de quitter le pays où elles sont nées pour trouver une meilleure vie ailleurs. Elles cherchent un meilleur travail, de l'aventure ou veulent échapper à ce qu'elles n'aiment pas dans leur pays d'origine. C'est la « migration libre ».

Une fois qu'une migrante ou qu'un migrant a réussi à s'établir dans un nouveau pays, d'autres membres de sa famille peuvent souhaiter y venir aussi. C'est la « migration en chaîne ». Ces gens arrivent au pays grâce à un programme de réunion des familles. On n'exige pas qu'ils répondent aux mêmes exigences que la première immigrante ou le premier immigrant de leur famille.

Il arrive qu'un grand nombre de personnes se déplacent d'une partie du monde à une autre. C'est la « migration massive ». Dans les années 1800 et 1900, 45 millions de personnes ont migré de l'Europe vers l'Amérique du Nord et l'Amérique du Sud. La vie en Europe était difficile, et de la publicité encourageait les gens à venir s'installer en Amérique du Nord ou du Sud. Beaucoup de personnes sont venues parce que des membres de leur famille qui avaient déjà migré leur écrivaient des lettres pleines d'espoir qui les assuraient d'une vie meilleure de ce côté-ci de l'Atlantique.

Les États-Unis, le Canada et l'Australie sont les seuls pays qui permettent encore l'immigration massive. Cependant, ils commencent à devenir plus restrictifs.

Figure 8
Ce bateau rempli d'immigrantes et d'immigrants d'Europe est l'un des nombreux bateaux arrivés au Canada durant les années 1950.

 Fais des découvertes
AVEC DES CARTES ET DES DIAGRAMMES

1. Forme une équipe de cinq élèves. Chaque membre de l'équipe doit choisir un diagramme différent de la figure 9 et l'analyser. Pour analyser ton diagramme, procède comme suit :
   a) Sur une carte vierge des pays du monde, colorie le pays représenté par ton diagramme et identifie-le. Sers-toi d'un atlas au besoin.
   b) Sur ta carte, écris des nombres sur les pays d'origine des immigrantes et des immigrants qui ont peuplé ton pays. Écris « 1 » sur le pays d'où vient la plus grande proportion d'immigrantes et d'immigrants. Écris « 2 » sur le deuxième pays d'origine des immigrantes et des immigrants. Écris « 3 » sur le troisième pays.
   c) Examine ta carte et celles de tes camarades et discute en équipe pour déterminer si l'énoncé suivant est vrai ou faux pour chacun des pays : *Le plus grand groupe d'immigrantes et d'immigrants vient d'un pays du même continent.*

2. En équipe, discute des questions ci-dessous au sujet des cinq diagrammes de la figure 9.
   a) En quoi les lieux d'origine des immigrantes et des immigrants venus au Canada et aux États-Unis sont-ils différents ?
   b) En quoi les lieux d'origine des immigrantes et des immigrants venus en Australie et en France sont-ils différents ?
   c) Énumère trois facteurs qui aideraient les pays à décider de quels pays d'origine ils devraient accepter un grand nombre d'immigrantes et d'immigrants. Donne des exemples pour appuyer tes réponses.

LIEN MATHÉMATIQUES

Les obstacles à l'immigration

Il y a quatre facteurs principaux qui font obstacle au déplacement facile d'un lieu à un autre. Le premier est *physique* — les montagnes, les déserts et d'autres environnements physiques hostiles ne peuvent faire vivre beaucoup de personnes et, par conséquent, empêchent les gens d'y immigrer. Le deuxième est *financier* — les coûts des démarches pour l'**immigration** dans un pays, du transport vers ce pays et de l'installation dans une nouvelle demeure sont souvent trop élevés. Le troisième est *juridique* —

Immigration : l'action d'entrer et de s'installer dans un pays autre que son pays d'origine.

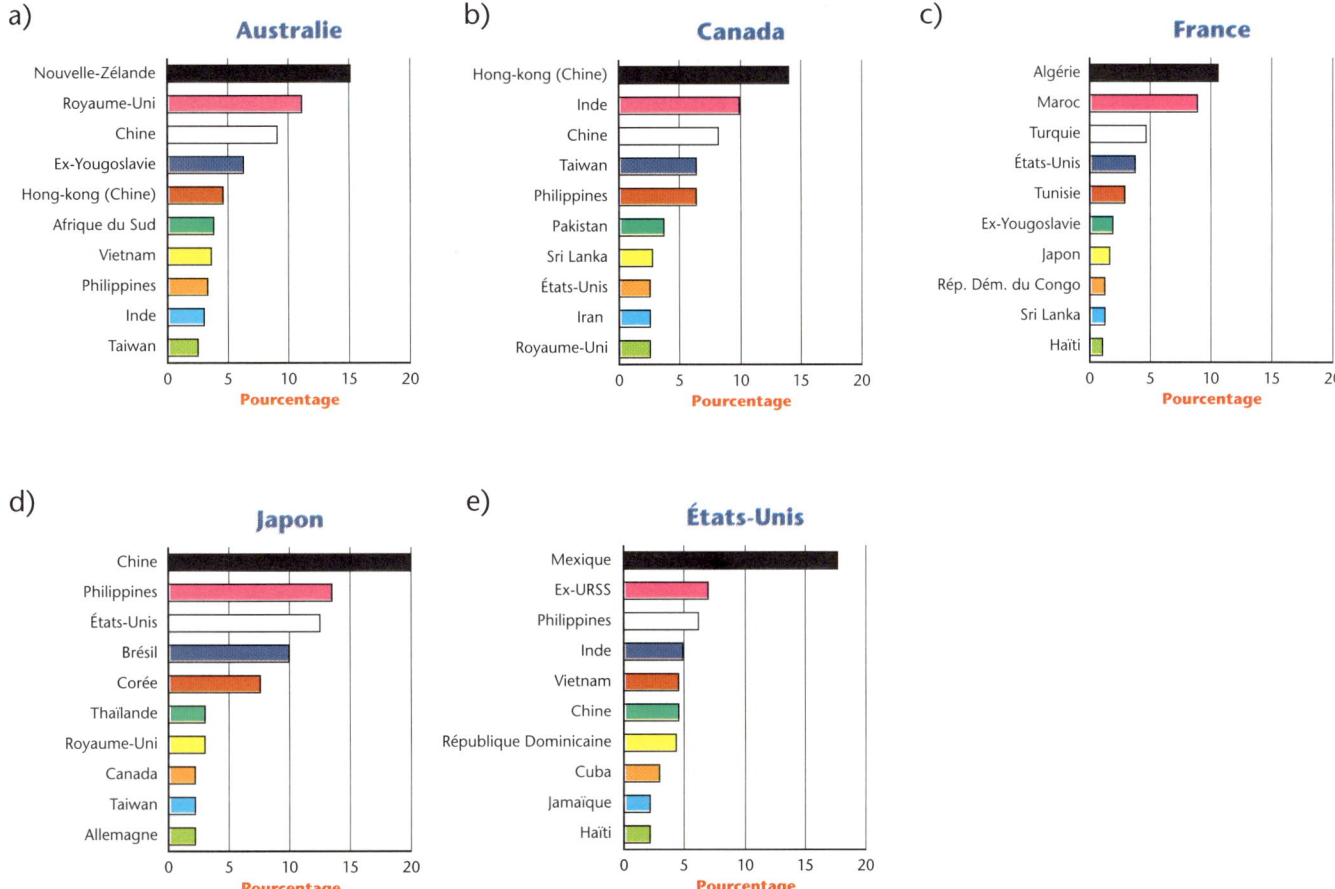

Figure 9
Pourcentage d'immigrantes et d'immigrants selon le pays d'origine

les candidates et les candidats à l'immigration vers un autre pays doivent satisfaire à plusieurs exigences établies par ce pays. Le quatrième est *émotif* — c'est difficile pour une personne de quitter sa famille, ses amies et ses amis, les activités culturelles et les lieux qui font partie de sa vie. Les immigrantes et les immigrants ont plusieurs sujets d'inquiétude :
- le coût du transport aérien.
- la langue parlée, différente dans le nouveau pays.
- le manque de qualifications pour répondre aux exigences du nouveau pays.

Figure 10
Ce diagramme illustre les quatre principaux types d'obstacles auxquels les immigrantes et les immigrants doivent faire face.

Pour immigrer au Canada, une personne doit d'abord payer des droits de demande de 500 $. Les autres dépenses incluent les frais suivants :
- taxe d'établissement : 475 $
- firme spécialisée en droit de l'immigration (optionnel) : 250 $ – 5 000 $
- vérification des empreintes digitales au service de police : 35 $
- frais de production de dossier scolaire et autres certificats : 40 $
- radiographies pulmonaires : 30 $

D'un point de vue juridique, les immigrantes et les immigrants au Canada doivent se qualifier en obtenant un nombre minimal de points en éducation, formation et expérience de travail. Si une personne possède des compétences professionnelles recherchées par le Canada ou si elle a déjà un emploi assuré à son arrivée, elle obtient des points supplémentaires. La connaissance du français et de l'anglais, l'âge et les qualités personnelles sont également considérés.

Étude de cas

Faire face aux obstacles

Patricia Abeliamba a 45 ans et elle a un fils, Michael, qui a maintenant 4 ans. Pendant deux ans, elle et son fils ont vécu avec une famille canadienne travaillant au Kenya. Elle faisait la cuisine, le ménage et les courses, et elle s'occupait des deux enfants de la famille. En échange, elle était nourrie, avait une chambre et recevait un petit salaire. Elle envoyait presque tout cet argent à son conjoint, qui s'occupait de leurs trois autres enfants et de deux petits-enfants. Son employeure, Maryanne Cleave, était très satisfaite du travail de Patricia et lui a demandé de venir s'installer au Canada avec la famille. Patricia a obtenu le visa requis pour entrer au Canada. Elle a aussi obtenu un permis de travail pour la durée de son séjour.

Quelques mois après l'arrivée des Cleave, de Patricia et de Michael au Canada, Maryanne a reçu un appel d'Immigration Canada. On lui a annoncé que le permis de travail de Patricia ne serait pas renouvelé à la fin de la période de 12 mois. Patricia devrait donc retourner au Kenya après un an. La seule façon pour elle de revenir au Canada l'année prochaine est de faire une demande d'immigration du Kenya. Patricia espère revenir au Canada l'année prochaine avec un nouveau permis. Sa famille a vraiment besoin de l'argent qu'elle peut lui envoyer. De plus, vivre au Canada permet à Michael d'apprendre le français et l'anglais.

FAIS DES DÉCOUVERTES

1. En équipe, analyse l'étude de cas. Étudie les questions suivantes :
   a) Énumère quatre facteurs parmi les critères d'Immigration Canada qui pourraient empêcher Patricia et Michael d'immigrer au Canada. Explique-les brièvement.
   b) D'après tes connaissances, Patricia et son fils pourraient-ils venir au Canada avec le statut de « réfugiés » ? Pourquoi ?
2. Imagine que tu as 21 ans et que tu as immigré au Canada d'un autre pays. Tu vas bientôt quitter l'aéroport international Pearson. Un taxi te conduit à un motel bon marché où tu habiteras jusqu'à ce que tu aies trouvé du travail et un logement.
   a) Décris tes émotions dans un journal intime ou un agenda.
   b) Écris trois questions qui te traversent l'esprit présentement.
   c) Énumère et décris cinq services qui te seraient particulièrement utiles en tant qu'immigrante ou immigrant.

Résumé

Dans ce chapitre, tu as découvert que la migration est imposée, forcée ou volontaire. Tu as appris pourquoi certaines personnes ne peuvent migrer. Tu as aussi eu un aperçu de la politique du Canada en matière d'immigration.

Révise tes découvertes

1. Énumère les causes de la migration imposée.
2. Décris les circonstances de la migration forcée.
3. Explique comment la migration libre peut conduire à la migration en chaîne et à la migration massive.
4. Quels sont les quatre types d'obstacles à l'immigration ? Donne un exemple de chacun.

Mets tes découvertes en pratique

1. Fais une recherche sur le « chemin de fer souterrain ». Dans un bref compte rendu,
    a) explique les raisons de son existence.
    b) fais une carte pour indiquer son emplacement.
    c) décris son effet sur le développement de l'Ontario.
2. Imagine que tu fais partie d'un groupe de 20 familles de bergers et bergères nomades. Joue au jeu de la figure 11, « À la recherche du parfait pâturage ». Lorsque tu auras terminé le jeu,
    a) dresse une liste des obstacles que tu as rencontrés.
    b) décris un autre obstacle physique qui n'apparaît pas sur la carte mais qui aurait pu influer sur ton déplacement.
3. Il est possible que dans l'avenir les gens quittent la Terre pour s'établir dans l'espace ou sur une autre planète. En équipe, écris ou joue un sketch au sujet de la migration vers l'espace. Assure-toi qu'au moins une équipe choisisse l'un des scénarios suivants :
    a) une migration imposée vers l'espace.
    b) une migration forcée vers l'espace.
    c) une migration volontaire vers l'espace.

Chapitre 14 La migration

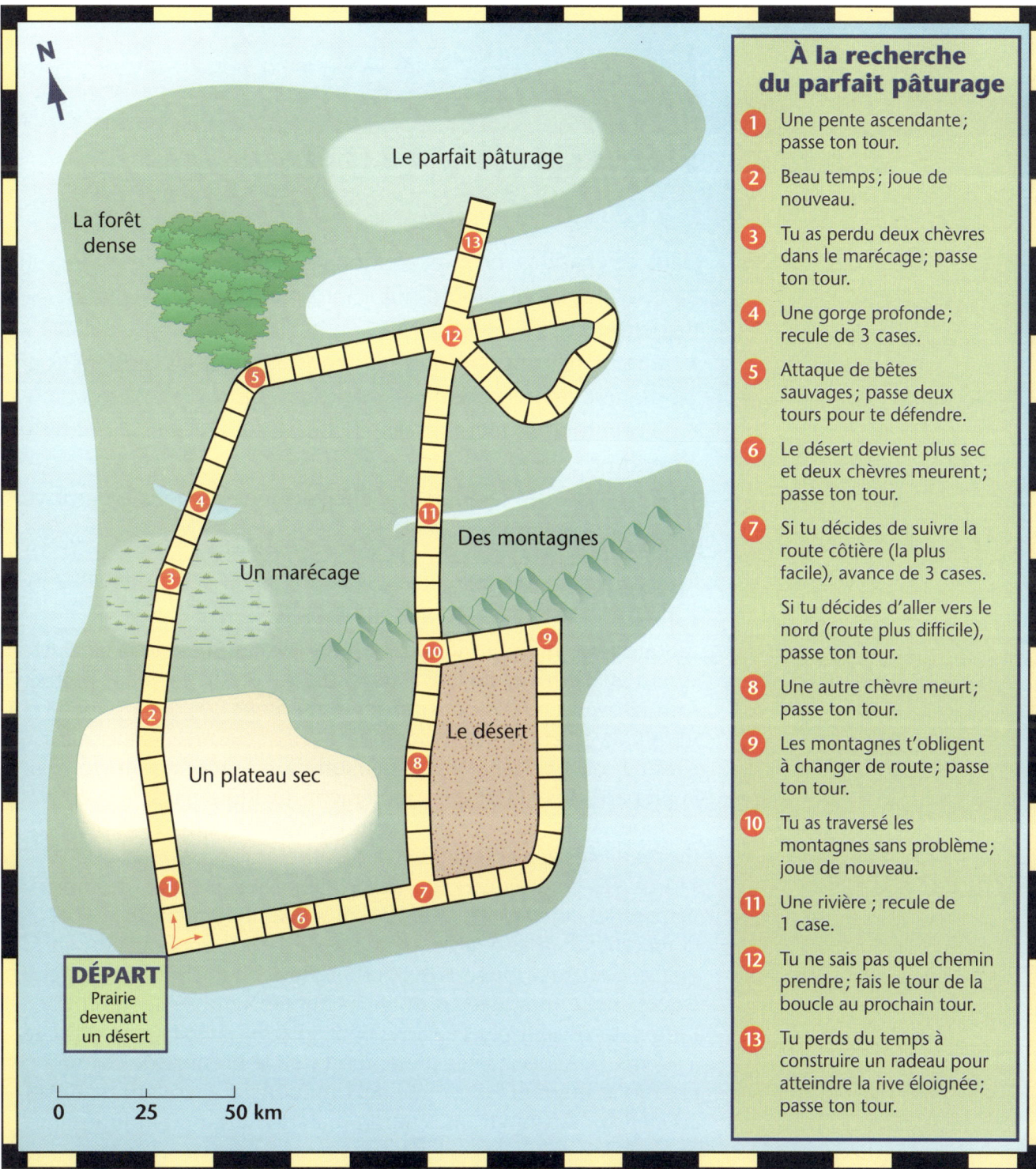

Figure 11
Chaque élève jette les dés et avance le long de la piste. La première ou le premier à atteindre le parfait pâturage gagne la partie!

Chapitre 15

Les constantes de migration

Mots clés

guerre civile
facteur de répulsion
facteur d'attraction
discrimination

Dans ce chapitre, nous examinons les constantes de migration dans le monde d'aujourd'hui. L'information et les activités t'aideront :

▸ à reconnaître et à décrire les constantes et les tendances en matière de migration ;
▸ à nommer les facteurs qui encouragent les gens à quitter un endroit ;
▸ à nommer les facteurs qui encouragent les gens à partir vers un autre endroit.

La migration dans le monde

Aujourd'hui, dans le monde, plus de 120 millions de personnes vivent à l'extérieur de leur pays d'origine ou du pays dont elles sont citoyennes. Ces personnes représentent 2 % de la population mondiale et leur nombre augmente chaque année. Cependant, elles ne sont pas réparties également dans le monde. Au contraire, la plupart s'installent dans seulement quelques pays.

Nous avons vu dans le chapitre précédent que les déplacements de ces gens peuvent être de différents types, tels que « forcés », « volontaires » et « de survie ». Dans ce chapitre, nous verrons les constantes d'emplacements et de directions de ces déplacements. Les quatre constantes à l'étude apparaissent en quatre couleurs (rouge, rose, vert et jaune) dans les figures 1 et 2. La constante indiquée en rouge — des gens qui se déplacent à l'intérieur de leur pays à cause de la guerre — est la plus difficile à suivre. Des spécialistes prétendent que le nombre de ces migrantes et migrants n'est que de 4 millions. Cependant, d'autres spécialistes affirment que ce nombre atteindrait 50 millions.

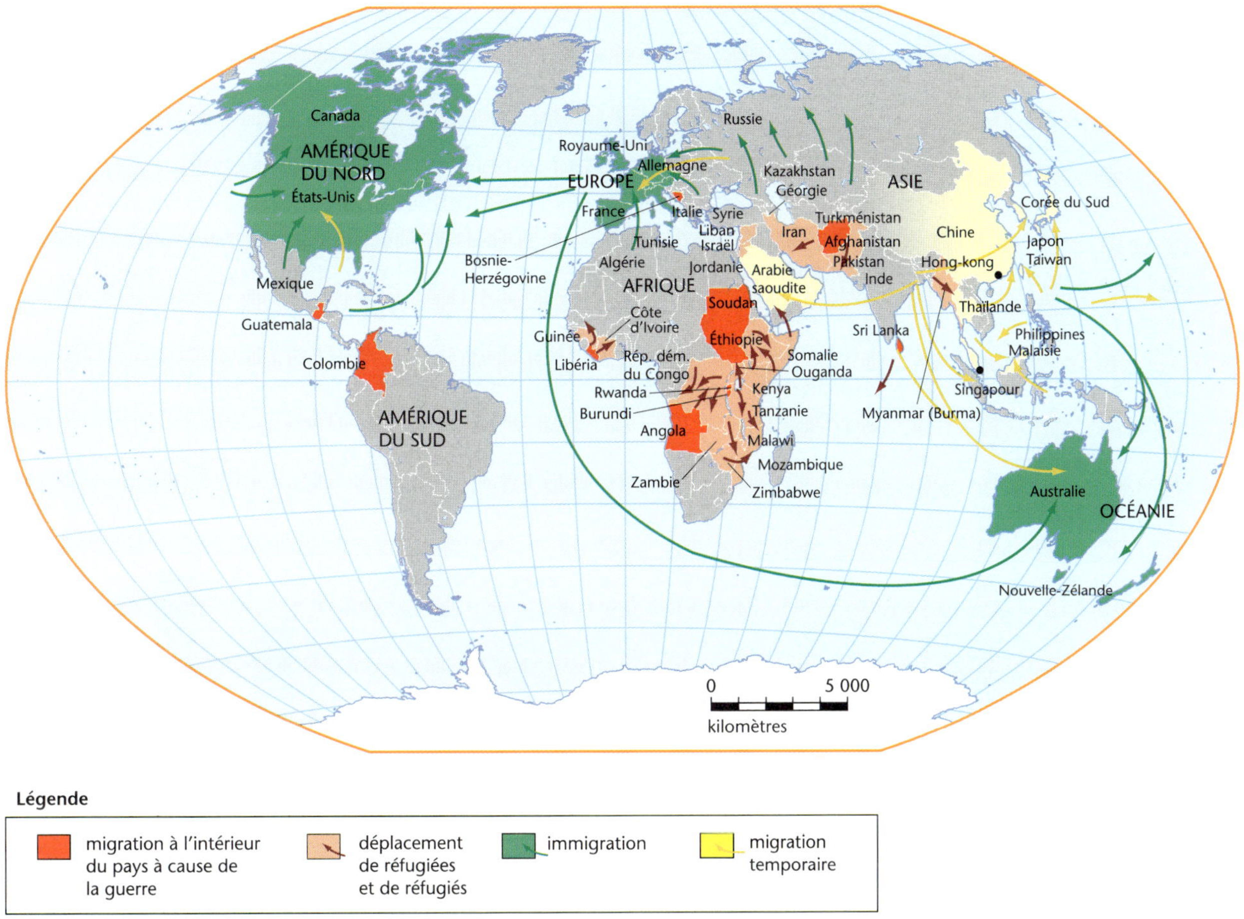

Chapitre 15 Les constantes de migration

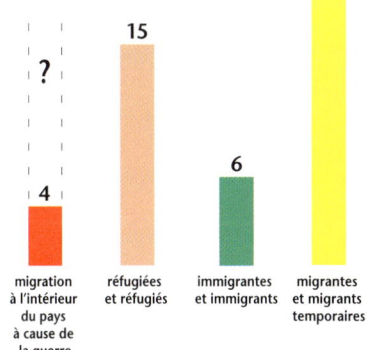

Légende

- 🟧 migration à l'intérieur du pays à cause de la guerre
- déplacement de réfugiées et de réfugiés
- 🟩 immigration
- 🟨 migration temporaire

Figure 1
Les constantes de migration dans le monde aujourd'hui

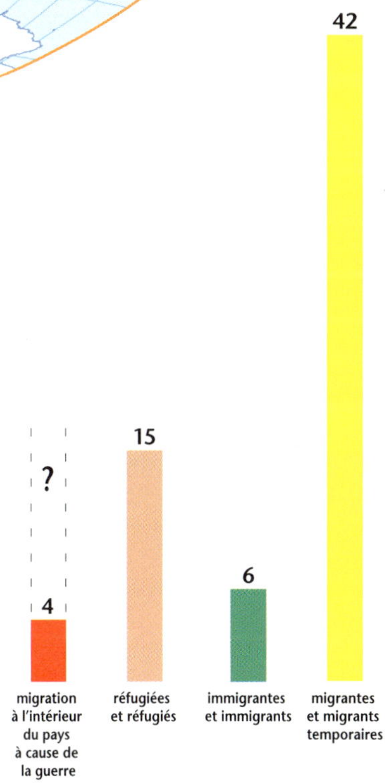

Fais des découvertes
avec des diagrammes

1. Examine la figure 2. À ton avis, pourquoi les spécialistes n'arrivent-ils pas à s'entendre sur le nombre de migrantes et de migrants qui se déplacent à l'intérieur de leur propre pays à cause de la guerre ?
2. La figure 3 à la page 210 montre les parties du monde où il y a plus de migrantes et de migrants qui arrivent qu'il n'y en a qui partent, et les parties du monde où il y a plus de migrantes et de migrants qui partent qu'il n'y en a qui arrivent.

Figure 2
Estimation du nombre de migrantes et de migrants dans chacune des catégories (en millions)

a) Classe les six régions en « régions de départ » (les gens qui partent) et « régions d'arrivée » (les gens qui arrivent).
b) Compare la figure 3 avec la figure 1. Pour chaque région de départ, nomme un pays où les migrantes et les migrants se rendent. Pour chaque région d'arrivée, nomme un pays d'où les migrantes et les migrants viennent.
3. La figure 3 montre que peu de migrantes et de migrants quittent l'Afrique pour se rendre dans d'autres régions. Cependant, au moins un quart de la migration mondiale se fait en Afrique. En quoi la figure 1 te permet-elle d'expliquer cette contradiction ?

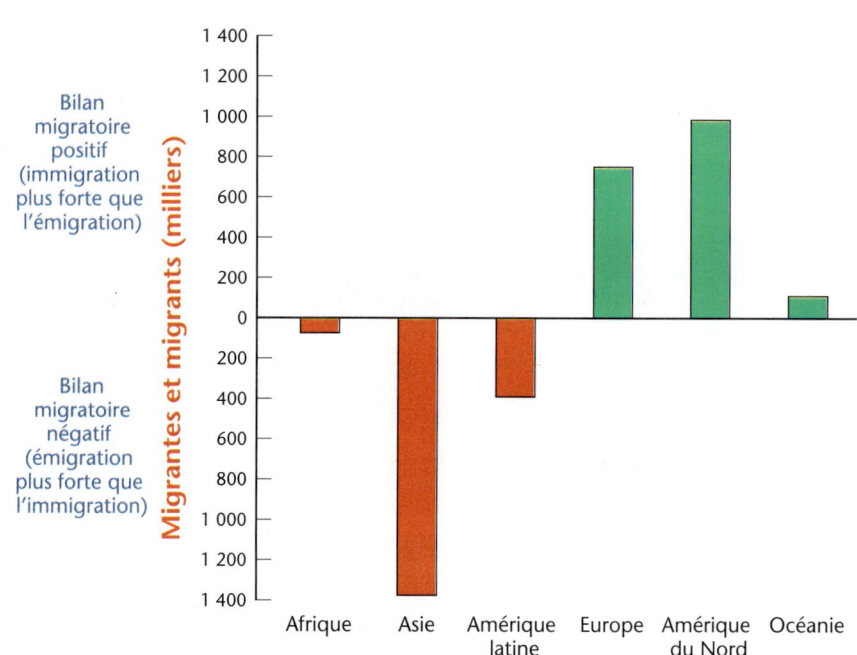

Figure 3
Gains et pertes de migrantes et de migrants par région, 1990-1995

La migration à l'intérieur d'un pays

En plus des millions de personnes qui ont migré vers un autre pays, de 4 à 50 millions de personnes auraient migré vers une autre région de leur propre pays. La figure 1 montre dix pays où ce genre de déplacements a été particulièrement important dans les années 1990 : le Guatemala, la Colombie, la Bosnie-Herzégovine, le Libéria, l'Angola, le Soudan, le Burundi, la Somalie, l'Afghanistan et le Sri Lanka.

Dans la plupart de ces pays, de violents conflits ou même une **guerre civile** entre des groupes opposés durent depuis des

Guerre civile : un conflit armé entre des gens d'un même pays. La guerre civile peut commencer lorsqu'un groupe veut enlever le pouvoir au groupe dirigeant, ou lorsqu'un groupe veut qu'un autre groupe quitte le pays.

dizaines d'années. En Colombie, par exemple, il y a depuis 30 ans une lutte entre les guérilleros gauchistes et les groupes paramilitaires de droite. En Afrique et en Asie, ces conflits obligent les gens à se déplacer soit vers des régions plus sûres de leur propre pays, soit vers d'autres pays comme réfugiées et réfugiés. À cause de la guerre civile au Libéria dans les années 1990, des milliers de personnes ont fui leur demeure ; parmi elles, au moins 750 000 ont quitté le pays.

C'est au Soudan, le plus grand pays d'Afrique, qu'on trouve le plus grand nombre de personnes qui ont migré à l'intérieur d'un pays. Cette constante de migration persiste depuis longtemps. Par exemple, au 19e siècle, on a capturé 2 millions d'esclaves dans la partie sud du Soudan et on les a conduits au nord. L'étude de cas suivante présente les constantes de migration au Soudan aujourd'hui.

Étude de cas

Soudan : partir ou rester ?

Différents groupes ethniques et religieux font partie de l'histoire du Soudan. Un important groupe ethnique–religieux se compose de musulmans de langue arabe qui sont venus d'Égypte, migrant vers le sud jusqu'au Soudan il y a des centaines d'années. Ce groupe est le plus puissant dans le nord du Soudan. Il dirige le gouvernement du pays. La population du Sud comprend 600 groupes ethniques qui parlent 400 langues différentes et pratiquent les religions traditionnelles africaines ou chrétiennes.

Les gens du Sud pensent qu'ils gagnent peu à faire partie du Soudan. L'ensemble du pays est pauvre, mais les services et les conditions de vie sont pires dans le Sud. De 1955 à 1972, le Sud a combattu les forces du Nord dans une guerre civile. Le Sud voulait obtenir l'indépendance et devenir un pays. Une autre guerre a commencé en 1983, pour obtenir un traitement égal pour les gens du Sud, et elle continue encore aujourd'hui. Plus de 2 millions de Sudistes ont fui la guerre et vivent maintenant dans le Nord.

Pense aux **facteurs de répulsion** qui pourraient influer sur toi si tu vivais dans le sud du Soudan. Imagine que tu es membre d'une famille qui pratique une agriculture de subsistance. Pendant des siècles, ton peuple a fait pousser du sorgho (une céréale), gardé du bétail et vécu dans des villages de cabanes à toit de chaume. Depuis ta naissance, la guerre civile persiste entre les forces gouvernementales du Nord et les rebelles du Sud. Lorsque tu étais bébé, plusieurs membres de ta famille sont morts à cause d'une grande famine. Des bandes rebelles ont fait plus de raids dans ton village que tu ne peux en compter. Vous manquez

Facteurs de répulsion : les forces sociales, politiques, économiques et environnementales qui poussent les gens à quitter un endroit pour un autre.

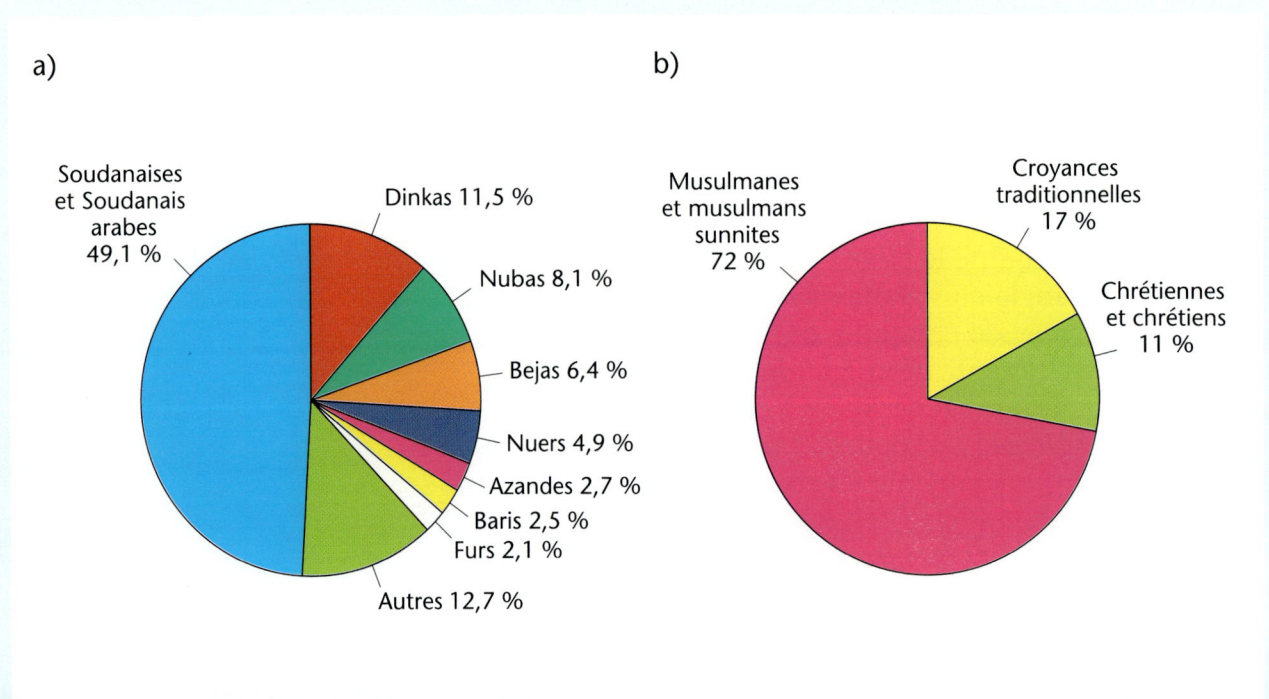

Figure 4
Groupes ethniques (a) et religieux (b) du Soudan

souvent de nourriture parce qu'on vole vos animaux et qu'on détruit vos récoltes. L'année dernière, il n'y avait pas d'eau potable et plusieurs personnes sont mortes du choléra. Les écoles, les hôpitaux et les routes les plus près sont fermés. Une aide alimentaire des Nations Unies et d'autres organismes a aidé à nourrir ton peuple de temps à autre. Depuis peu, ton village sert de centre d'entreposage de céréales pour le Programme alimentaire mondial des Nations Unies. Tu t'attends que des milliers de gens affamés des autres villages arrivent bientôt. Tu as finalement décidé de partir vers le nord lorsque des avions-cargos du gouvernement ont laissé tomber des bombes sur ton village.

Figure 5
La guerre civile est une guerre continue dans le sud du Soudan.

La vie des migrantes et des migrants dans le Nord

Environ la moitié des gens qui ont migré vers le nord habitent près de Khartoum, la capitale du pays. Ces personnes ont des emplois mal rémunérés, comme faire la cuisine et le ménage chez les autres. Elles vivent parfois dans des bidonvilles, dans des abris faits de morceaux d'étain, de plastique et de carton. Beaucoup de gens dorment dans les rues. Dans les camps du désert qui entoure Khartoum, des maisons aux toits plats faites de briques de boue forment des rangées longues de plusieurs kilomètres, sans un arbre ou un buisson en vue. Les gens acceptent ces mauvaises conditions s'ils peuvent trouver du travail. Toutefois, les résidentes et les résidents arabes de Khartoum voient ces migrantes et ces migrants comme une menace à leur propre emploi et aux taux de salaire ; ils veulent donc les voir partir.

Figure 6
Des réfugiées et des réfugiés du Sud dans un camp du nord du Soudan

FAIS DES DÉCOUVERTES

1. Travaille en équipe. Imagine que tu es membre d'une famille qui pratique l'agriculture de subsistance dans le sud du Soudan.
   a) Énumère quatre facteurs de répulsion qui t'incitent à quitter le village.
   b) Énumère deux **facteurs d'attraction** qui contribuent à ta décision de quitter le village.
   c) Revois les obstacles à la migration aux pages 202 à 204. Quels seraient les obstacles dans ton cas ? Décris l'effet de ces obstacles.
2. En équipe, discute des différences entre la population du sud du Soudan et la population du nord du Soudan. Écris les différences point par point et décris au moins deux différences en détail. Discute du fait qu'il est probable que ces différences feront durer la guerre encore longtemps.
3. Examine la figure 6 à la page 188. Quel diagramme de mélange culturel s'applique au Soudan ? Quel lien y a-t-il entre ce diagramme et la guerre civile ? entre ce diagramme et ta réponse à la question 2 ?

Facteurs d'attraction : les attraits sociaux, culturels, religieux, politiques, économiques et environnementaux de nouvelles régions qui incitent les gens à quitter un endroit pour aller vivre dans ces régions.

La migration des réfugiées et des réfugiés

Dans les années 1990, des millions de réfugiées et réfugiés ont dû migrer vers d'autres pays, par migration imposée ou forcée. La plupart ont rejoint la zone sécuritaire la plus près d'un pays voisin (figure 1, page 209). Souvent, les pays d'origine des réfugiées et des réfugiés et les pays d'accueil qui les reçoivent sont situés dans des régions en voie de développement.

La figure 7 donne un exemple d'un déplacement récent de réfugiées et de réfugiés. Il s'agit d'Albanaises et d'Albanais de souche vivant dans une république du sud de la Yougoslavie appelée le Kosovo. En 1990, les Albanaises et les Albanais de souche du Kosovo constituaient 90 % de la population de la région. Bon nombre d'entre eux voulaient former leur propre nation. Cependant, le gouvernement de la Yougoslavie était déterminé à garder le contrôle du Kosovo. Les combats dans la région ont commencé en 1991. Pendant toutes les années 1990, les forces serbes ont persécuté les Albanaises et les Albanais de souche, les ont tués ou les ont forcés à s'enfuir vers les pays voisins. En 1999, l'OTAN (Organisation du traité de l'Atlantique Nord, constituée du Canada, des États-Unis et de plusieurs pays européens) est intervenue. Les avions militaires de l'OTAN ont attaqué des positions stratégiques au Kosovo et d'autres endroits de la Yougoslavie. L'objectif de l'OTAN était de paralyser les forces serbes au Kosovo et de leur rendre la vie difficile. Les nombreux facteurs de répulsion au Kosovo ont poussé 700 000 personnes à se réfugier en Macédoine et en Albanie. Certains sont entrés clandestinement par bateau en Italie. Lorsque les camps près de la frontière yougoslave ont débordé, l'OTAN a déplacé plusieurs réfugiées et réfugiés vers d'autres pays européens ainsi qu'en Amérique du Nord.

Figure 7
Les réfugiées et les réfugiés peuvent s'établir dans une région voisine où des organismes internationaux peuvent les aider à s'installer dans un pays plus éloigné. Lorsque leurs régions d'origine sont assez sûres, beaucoup de personnes y sont rapatriées (on les renvoie chez elles).

L'immigration et la migration temporaire

On peut expliquer beaucoup de constantes d'immigration et de migration temporaire dans le monde grâce aux constantes des populations. La main-d'œuvre dans les pays en voie de développement compte plus de 2 milliards de personnes. Chaque année, dans les pays en voie de développement, 80 millions de personnes atteignent l'âge de travailler et viennent grossir ce nombre. Au Mexique, en Turquie et aux Philippines, il faut créer près de un million de nouveaux emplois chaque année pour embaucher les jeunes adultes qui entrent dans le monde du travail.

Pour ces millions de gens, la possibilité de travailler est un facteur d'attraction très puissant. Ce sont les pays industrialisés qui les attirent le plus. Voilà pourquoi sept des pays les plus riches au monde (l'Allemagne, la France, le Royaume-Uni, les États-Unis, l'Italie, le Japon et le Canada) comptent environ un tiers de la population migrante du monde. Dans les trois régions d'arrivée que sont l'Europe, l'Amérique du Nord et l'Océanie (figure 3 à la page 210), on peut observer plusieurs constantes :

- Europe : une augmentation de la population par l'immigration s'est produite en Europe du Nord et de l'Ouest. Le sud et l'est de l'Europe ont connu une diminution de population à cause de l'émigration.
- Amérique du Nord : le Canada a l'un des taux d'immigration les plus élevés au monde, avec un accroissement de la population attribuable à l'immigration dans une proportion de 40 %.
- Océanie : une augmentation de la population par l'immigration s'est produite en Australie et en Nouvelle-Zélande seulement. Comme pour le Canada, 40 % de l'accroissement de la population est attribuable à l'immigration.

Beaucoup de gens qui habitent ces régions d'arrivée veulent réduire l'immigration. Lis l'étude de cas suivante pour connaître les conséquences de cette attitude.

Étude de cas : La gestion de la migration en Allemagne

L'Allemagne, un des pays les plus puissants et les plus riches de la planète, agit comme un aimant sur les immigrantes et les immigrants et les réfugiées et les réfugiés. Après la Seconde Guerre mondiale, de grandes parties du pays avaient été détruites par les bombes et d'autres armes de guerre. Il manquait de main-d'œuvre pour aider à reconstruire les industries, les routes et les édifices. L'Allemagne a fait venir des travailleuses et des travailleurs de l'étranger, principalement de la Turquie et de la Yougoslavie. C'était la première vague moderne d'immigration en Allemagne. La seconde vague est survenue en 1989 et 1990, lors de la réunification de l'Allemagne de l'Est et de l'Allemagne de l'Ouest ainsi qu'au moment de l'éclatement de l'URSS. Les gens pouvaient se déplacer plus librement que jamais en Allemagne. Depuis 1997, encore plus de gens des autres pays de l'Union européenne ont migré en Allemagne.

Comme plusieurs autres pays d'Europe, l'Allemagne a besoin de l'immigration. Sans cela, sa population chuterait à un taux alarmant. Deux raisons expliquent cette baisse. D'abord, beaucoup de gens choisissent de ne pas avoir d'enfants ou de n'en avoir qu'un ou deux. (Chaque femme allemande a, en moyenne, 1,3 enfant. Pour conserver une population stable, chaque femme devrait avoir en moyenne 2,1 enfants.) Ensuite, la population de l'Allemagne, comme celle du Canada, comprend de plus en plus de personnes âgées. Ces gens reçoivent des rentes de retraite du gouvernement. Les travailleuses et les travailleurs étrangers aident à payer les taxes qui contribuent aux rentes et soutiennent le système de santé du pays.

Il y a des Allemandes et des Allemands qui ont des préjugés et qui font preuve de **discrimination** envers les immigrantes et les immigrants du pays. Ce comportement existe en dépit des lois visant à le décourager. La figure 8 montre le nombre de crimes liés aux préjugés commis contre les étrangères et les étrangers en Allemagne. Dans beaucoup de cas, on a mis le feu aux maisons des victimes.

Les gens qui commettent ces crimes ont habituellement peur que les migrantes et les migrants qui arrivent dans leur quartier prennent leurs emplois. Pourtant, les statistiques montrent que cela ne se produit pas. En fait, l'argent que les immigrantes et les immigrants dépensent contribue à l'amélioration de l'économie. Lorsque les gens commenceront à le comprendre, ils en viendront peut-être à accepter et même à apprécier la culture de leurs voisines et voisins.

Discrimination : un traitement injuste envers une personne ou un groupe à cause de son sexe, de sa race, de sa religion, etc.

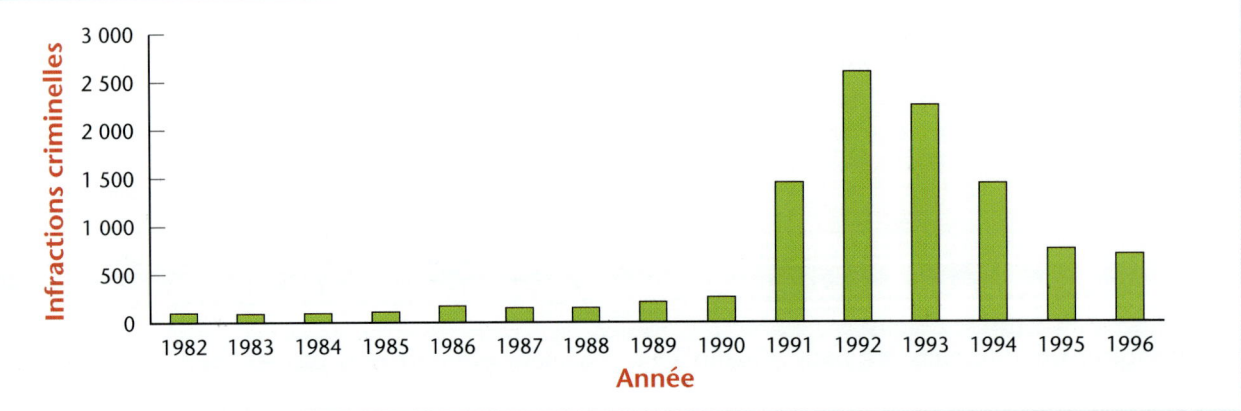

Figure 8
Infractions criminelles liées aux préjugés commises en Allemagne contre des étrangères et des étrangers de 1982 à 1996

Chapitre 15 Les constantes de migration

FAIS DES DÉCOUVERTES
AVEC DES CARTES ET DES DIAGRAMMES

1. La figure 9 montre le nombre de personnes qui sont entrées en Allemagne en 1996.
   a) Sur une carte politique vierge de l'Europe et de l'Asie de l'Ouest, identifie et colorie (avec une seule couleur) chacun des pays énumérés à la figure 9.
   b) Choisis trois couleurs différentes de celle que tu as utilisée en a). Une couleur représentera les étrangères et les étrangers, une deuxième couleur représentera les réfugiées et les réfugiés et une troisième couleur représentera les Allemandes et les Allemands de souche. Avec ce code de couleurs, dessine des flèches qui montrent les déplacements des gens de leur lieu d'origine jusqu'en Allemagne. Fais des flèches larges pour montrer des afflux importants de gens et des flèches plus étroites pour les afflux moins importants.
   c) Écris le nombre de personnes concernées dans un petit cercle à l'origine de chaque flèche.
   d) Pour terminer, donne un titre approprié à ta carte, puis inclus une légende et une flèche indiquant le nord.

Pays d'origine	Étrangères et étrangers	Réfugiées et réfugiés	Allemandes et Allemands de souche*
Pologne	77,4		1,2
Turquie	73,2	23,8	
Italie	45,8		
Yougoslavie	42,9	18,1	
Portugal	32,0		
Russie	31,9		172,2
Roumanie			4,3
Irak		10,8	
Afghanistan		5,7	

* Personnes d'ascendance allemande

Figure 9
Nombre (en milliers) d'étrangères et d'étrangers, de réfugiées et de réfugiés ainsi que d'Allemandes et d'Allemands de souche arrivés en Allemagne en 1996

2. Compare le diagramme de la figure 8 à la page 216 avec celui de la figure 10 ci-dessous. En équipe, discute des constantes que tu observes. Qu'est-ce qui peut expliquer ces tendances, selon toi ?

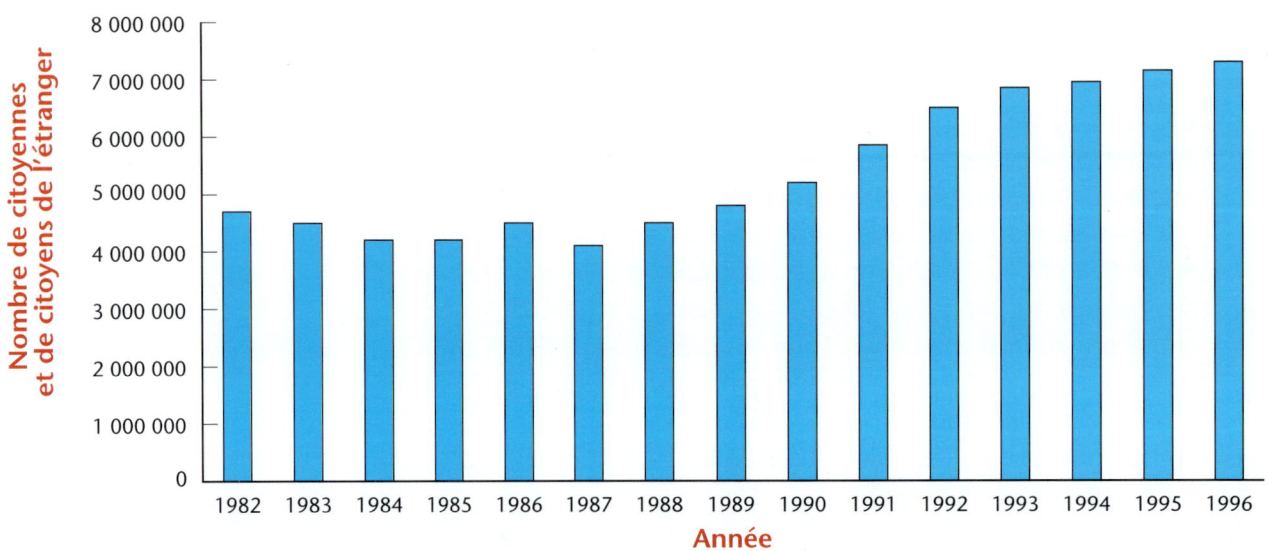

Figure 10
Nombre de citoyennes et de citoyens de l'étranger en Allemagne de 1982 à 1996

Résumé

Dans ce chapitre, tu as découvert des constantes de migration à l'intérieur d'un pays, des déplacements de réfugiées et de réfugiés, et des constantes d'immigration et de migration temporaire. Tu as appris quels facteurs d'incitation peuvent entraîner une migration à l'intérieur d'un pays ainsi que des déplacements de réfugiées et de réfugiés. Tu as aussi examiné les avantages et les inconvénients qu'il y a à immigrer dans un autre pays pour trouver du travail.

Révise tes découvertes

1. Définis l'expression « facteur de répulsion ». Donne deux exemples.
2. Définis l'expression « facteur d'attraction ». Donne deux exemples.
3. Comment la migration interne au Soudan ressemble-t-elle au déplacement des réfugiées et des réfugiés du Kosovo ?
4. Donne trois raisons qui expliquent le grand nombre d'immigrantes et d'immigrants en Allemagne.

Mets tes découvertes en pratique

1. En équipe, fais une recherche sur une situation présente qui force des gens à quitter leur demeure. La situation peut entraîner une migration permanente ou temporaire. Au besoin, consulte la figure 1 à la page 209 pour trouver un cas. Les journaux, les magazines et l'Internet te seront aussi utiles. Produis un support visuel qui inclura les éléments suivants :
   a) une carte qui montre la région que les gens quittent et la région où ils vont s'installer.
   b) des statistiques sur le nombre de personnes concernées.
   c) une description des facteurs de répulsion et des facteurs d'attraction de la situation.
   d) une interview simulée écrite (environ trois paragraphes) avec un petit groupe de migrantes et de migrants immédiatement après leur arrivée à destination. Tes personnages devraient raconter leur expérience dans leurs propres mots.

Figure 11
Pendant l'été de 1999, deux bateaux pleins de réfugiées et de réfugiés de Chine sont arrivés sur la côte ouest du Canada. Les gens que tu vois dans la photographie sont arrivés clandestinement sur les îles de la Reine-Charlotte à bord d'un chalutier de pêche, puis un bateau du gouvernement canadien les a amenés à Port Hardy. Les réfugiées et les réfugiés des deux bateaux provenaient de Fujian, une province de la Chine du Sud-Est. En 1998, près de 100 000 personnes de cette province (approximativement un membre de chaque famille de la province) ont traversé l'océan clandestinement.

INTERNET Pour en apprendre davantage sur la migration humaine, consulte le site Internet de l'éditeur à l'adresse suivante : http://www.dlcmcgrawhill.ca

Chapitre 16

L'immigration au Canada

Mots clés

politique d'ouverture
à l'immigration

bilingue

langues officielles

Dans ce chapitre, nous examinons les constantes d'immigration au Canada. L'information et les activités t'aideront :
- à décrire les constantes et les tendances de l'immigration au Canada ;
- à utiliser des diagrammes et des cartes pour connaître l'origine des immigrantes et des immigrants au Canada ainsi que leurs constantes de peuplement ;
- à montrer que tu comprends les effets de la migration sur le développement du Canada.

Les constantes d'immigration

De tous les groupes culturels au Canada, les Autochtones sont les plus anciens. Ces peuples ont vu leurs terres et leur vie transformées par l'arrivée des immigrantes et des immigrants.

Les premières immigrantes et les premiers immigrants sont arrivés d'Europe au 16e siècle. Il s'agissait surtout de Français. En 1759, les forces britanniques ont défait les Français au cours d'une bataille dans la ville de Québec. Après, les pionnières et les pionniers britanniques sont venus en grand nombre. Un nombre important d'immigrantes et d'immigrants européens ont commencé à arriver vers le milieu des années 1800. La figure 1 montre les principales vagues d'immigration entre 1870 et 1989.

Avant la Confédération de 1867, le Canada avait une **politique d'ouverture à l'immigration**. Quiconque voulait venir au Canada et avait les moyens de payer son voyage pouvait le faire. À cette époque, environ 90 % de la population du Canada était soit britannique (60 %) soit française (30 %).

Pendant le siècle suivant, le gouvernement a instauré une politique d'immigration plus restrictive. Il favorisait les populations du Royaume-Uni, des États-Unis et de l'Europe de l'Ouest.

Politique d'ouverture à l'immigration : l'immigration libre ou inconditionnelle.

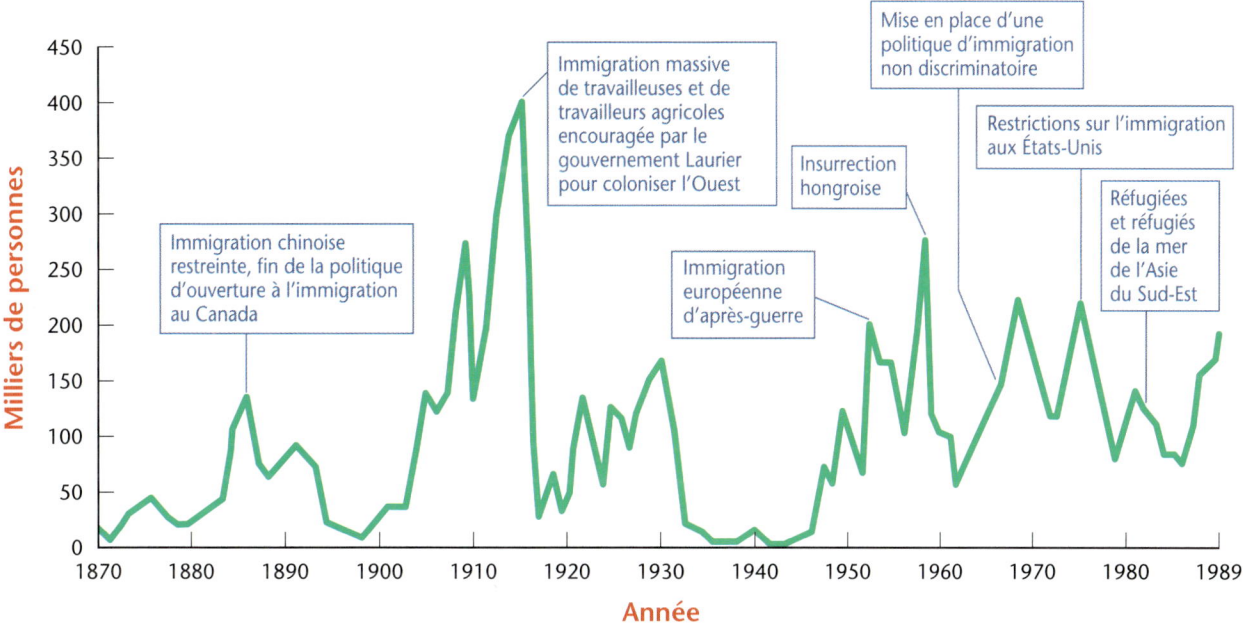

Figure 1
Au 20ᵉ siècle, les niveaux d'immigration au Canada étaient au plus bas durant la crise de 1929 et la Seconde Guerre mondiale, dans les années 1940.

Le Canada avait peu de bureaux d'immigration en Asie, en Afrique et dans les Antilles ; il était donc difficile pour les gens de ces régions de faire une demande d'immigration. Des lois réglementaient le nombre d'immigrantes et d'immigrants afro-américains, indiens et japonais acceptés au pays. Le Canada a même refusé l'arrivée de Juives et de Juifs fuyant la persécution nazie durant la Seconde Guerre mondiale. Il rejetait les communistes, les syndicalistes et les gens ayant des maladies infectieuses ou des handicaps physiques ou mentaux.

La Loi sur l'immigration chinoise de 1885 prévoyait une « taxe d'entrée » (un droit à payer pour chaque personne d'origine chinoise) pour décourager l'immigration de Chine. En 1903, la taxe d'entrée de 500 $ équivalait à 10 000 $ aujourd'hui. La plupart du temps, un seul membre d'une famille, généralement le père, avait les moyens de venir au Canada. Les hommes menaient une vie solitaire dans leur nouveau pays. Ils travaillaient fort pour pouvoir envoyer de l'argent à leur famille. En 1923, le Parlement canadien a passé une loi encore plus restrictive empêchant pratiquement toute Chinoise ou tout Chinois d'immigrer au Canada. Cette loi discriminatoire a été abrogée (annulée) en 1947.

Vers la fin des années 1950, le Canada imposait peu d'exigences aux requérantes et requérants du Royaume-Uni, de la France et des États-Unis. En conséquence, l'immigration se composait en grande partie de travailleuses et de travailleurs non qualifiés d'Europe. En 1962, de nouvelles réglementations ont été adoptées. Les premiers critères d'admissibilité pour l'immigration sont devenus l'éducation et les compétences professionnelles, et les dispositions spéciales envers les immigrantes et les immigrants du Royaume-Uni, de la France et des États-Unis ont été abandonnées.

En 1967, le Canada a adopté une politique d'immigration « sans aucune discrimination ». On évaluait les immigrantes et les immigrants de tous les pays selon les mêmes normes grâce à un système de points.

En 1971, le gouvernement a déclaré que le Canada était un pays « multiculturel à l'intérieur d'une structure **bilingue** ».

En 1978, le Canada classait les immigrantes et les immigrants en trois catégories : les réfugiées et les réfugiés, les familles et les personnes indépendantes. Le système de points de 1967 sert encore à choisir les immigrantes et les immigrants de la catégorie « personnes indépendantes ». Depuis 1992, le gouvernement canadien a favorisé les immigrantes et les immigrants indépendants qui a) ont des compétences en affaires ou de l'argent à investir au Canada et b) sauront s'adapter à la société canadienne.

Chaque année, le gouvernement établit le quota de personnes qui pourront entrer au pays. Une fois le nombre atteint, il peut rejeter même les personnes qui ont les 70 points nécessaires pour se qualifier comme immigrantes et immigrants indépendants. En 1990, par exemple, *1,5 million* de familles indépendantes ont fait une demande d'immigration. Cette année-là, le gouvernement a décidé d'accepter un *total* de 250 000 immigrantes et immigrants, avec une limite de *20 000* familles indépendantes. (Les autres limites étaient : 21 000 familles patronnées, 10 000 familles réfugiées et 4 000 familles entrepreneures.)

La figure 2 montre comment le nombre d'immigrantes et d'immigrants de différentes parties du monde a varié selon les diverses politiques d'immigration du Canada. La figure 3 montre les lieux d'origine des immigrantes et des immigrants maintenant établis au Canada.

Bilingue : qui concerne deux langues. Au Canada, les deux langues sont le français et l'anglais.

Chapitre 16 L'immigration au Canada 223

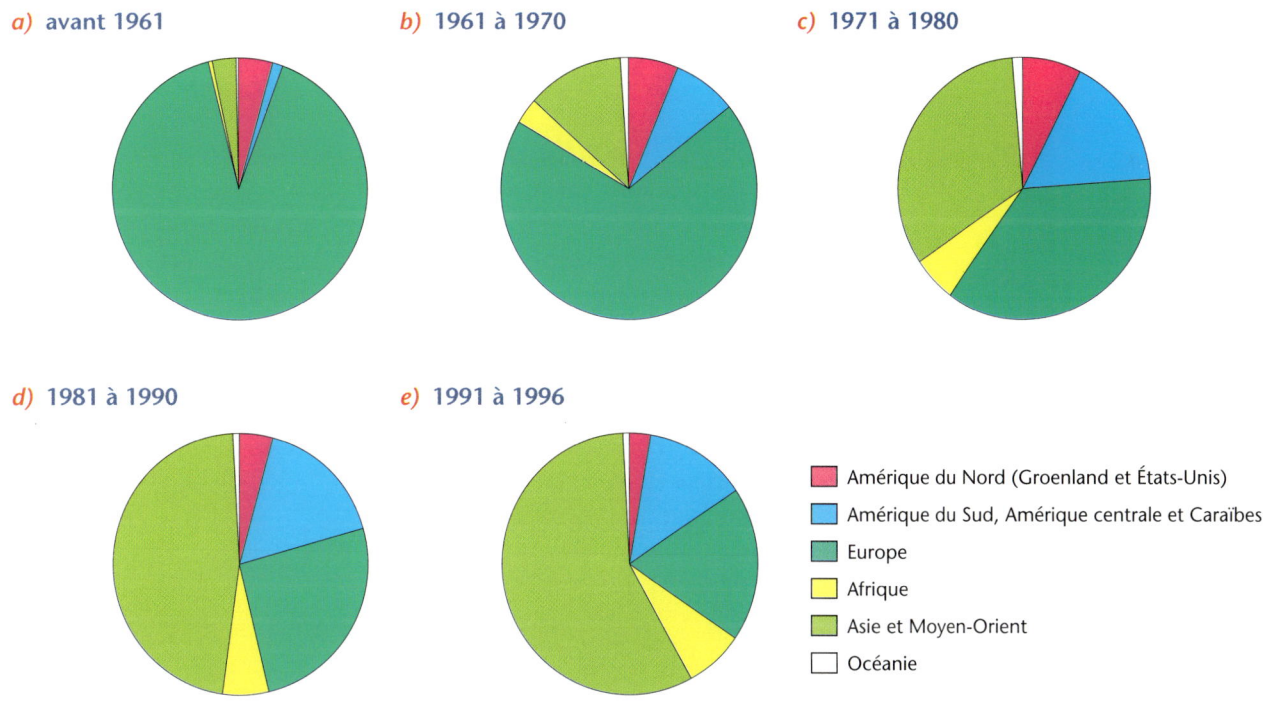

Figure 2
Immigrantes et immigrants du Canada selon la région d'origine

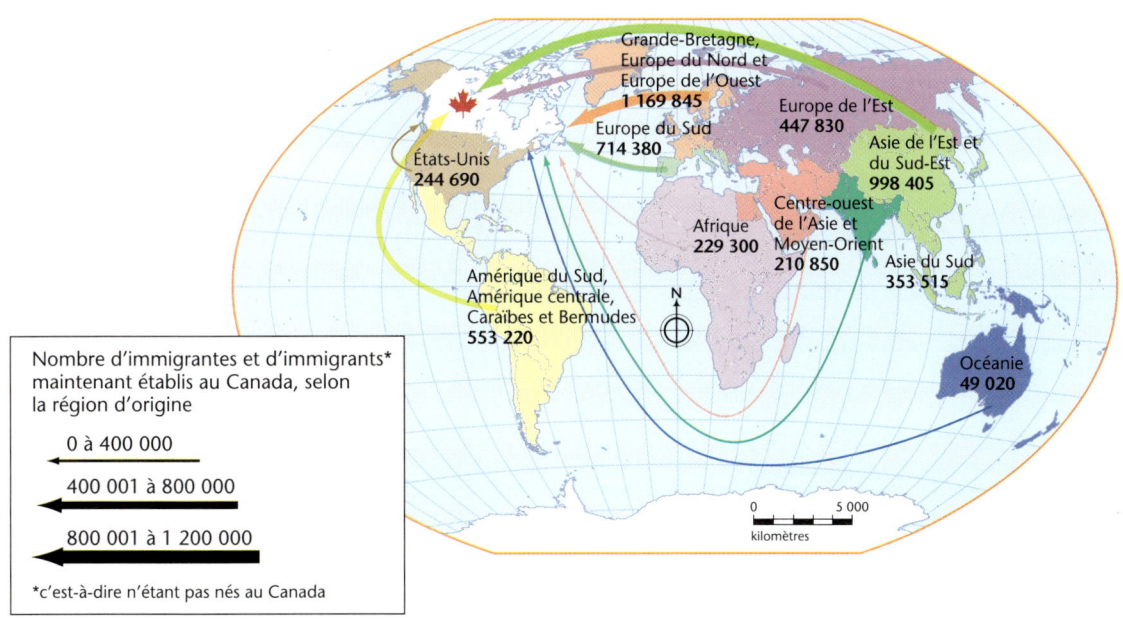

Figure 3
Nombre et origine des immigrantes et des immigrants établis au Canada, 1999

FAIS DES DÉCOUVERTES
AVEC DES DIAGRAMMES

1. Examine la figure 1 à la page 221.
   a) En quelle année le Canada a-t-il reçu le plus grand nombre d'immigrantes et d'immigrants ? Combien en a-t-il reçu ?
   b) Entre quelles années y a-t-il eu une longue période où le Canada a reçu très peu d'immigrantes et d'immigrants ?
   c) Donne deux raisons qui pourraient expliquer la baisse de l'immigration durant :
      – la crise de 1929.
      – la Seconde Guerre mondiale.
   d) Donne deux exemples d'une forte immigration motivée par des facteurs de répulsion. Indique la date. Dans chaque situation, indique pourquoi ces gens ont quitté leur terre natale, d'après toi.
   e) Donne un exemple d'un facteur d'attraction indiqué dans le diagramme. Explique pourquoi il s'agit d'un facteur d'attraction.
2. Donne trois exemples différents de politique d'immigration restrictive du Canada de 1867 à 1967. Décris-les brièvement. Quelles sortes d'obstacles à l'immigration ces politiques présentaient-elles ? Explique ta réponse.
3. À partir de la figure 4, construis ton propre diagramme linéaire de l'immigration canadienne de 1990 à 1997. Ajoute des données plus récentes si possible.
   a) Compare les nombres d'immigrantes et d'immigrants de la figure 4 avec ceux des années précédentes indiqués dans la figure 1. Que remarques-tu ?
   b) Compare les variations dans les nombres d'immigrantes et d'immigrants de ton diagramme avec les variations de la figure 1. Essaie d'expliquer la différence.

Consulte les pages 211 et 213 pour revoir les facteurs de répulsion et d'attraction. Consulte la page 202 pour revoir les obstacles à l'immigration.

Année	Immigrantes et immigrants
1990	213 334
1991	232 020
1992	253 345
1993	255 935
1994	223 912
1995	212 463
1996	226 074
1997	216 044

Source : Statistique Canada

Figure 4
Nombre d'immigrantes et d'immigrants au Canada de 1990 à 1997

4. Examine les figures 2 et 3 à la page 223.
    a) Quel groupe de la population immigrante a diminué considérablement ?
    b) D'où viennent la plupart des immigrantes et des immigrants aujourd'hui ?
    c) Vers quelle période ce groupe est-il devenu le plus nombreux ?
    d) À l'aide d'un atlas ou d'une autre source, trouve le PNB par personne et la densité de population du Canada, des États-Unis, de l'Australie et de la Nouvelle-Zélande. Quelles ressemblances remarques-tu ? Comment ces données aident-elles à expliquer pourquoi il y a moins d'immigrantes et d'immigrants provenant des États-Unis et de l'Océanie ?

Figure 5
En 1993, presque 256 000 personnes ont immigré au Canada. Ce nombre est l'un des plus élevés dans l'histoire canadienne. Le record de 400 000 appartient toutefois à l'année 1913, moment où on a pris cette photographie.

Où s'établissent les immigrantes et les immigrants ?

La plupart des immigrantes et des immigrants qui arrivent au Canada aujourd'hui vivent dans les grandes villes. Pourquoi ? D'abord parce qu'il y a davantage d'emplois disponibles dans les villes. Ensuite parce qu'il y a souvent dans les grandes villes des membres du même groupe culturel que les immigrantes et les immigrants. On aime se retrouver avec des personnes avec lesquelles on peut parler et se sentir apparenté. C'est particulièrement vrai pour les nouvelles et nouveaux venus qui n'ont pas appris à parler l'anglais ou le français.

Toronto attire plus d'immigrantes et d'immigrants que toute autre ville du Canada. Plus de 30 % des immigrantes et des immigrants récemment arrivés au Canada (entre 1991 et 1996) résident à Toronto. Dans cette ville, 42 % des gens sont nés ailleurs qu'au Canada. On y compte au moins 1 000 immigrantes et immigrants de chacun des 100 pays qui y sont représentés. Qu'en est-il du reste du Canada ? La figure 6 montre les provinces et les territoires où les immigrantes et les immigrants voulaient s'installer à leur arrivée au Canada en 1997.

Consulte la page 86 pour revoir le PNB par personne.

Figure 6
Immigration selon la destination prévue, 1997

Yn	T. N.-O.*	C.-B.	Alb.	Sask.	Man.	Ont.	QC	N.-B.	N.-É.	Î.-P.-É.	T.-N.	Total
100	86	47 459	12 919	1 742	3 804	118 060	27 672	663	2 891	151	437	216 044

*Incluant le Nunavut

226 Module 3 Découvrir les déplacements de la population

Fais des découvertes
AVEC DES DIAGRAMMES ET DES CARTES

1. Construis un diagramme à bandes pour représenter les données de la figure 6 à la page 225.
   a) Quel pourcentage des immigrantes et des immigrants de 1997 sont allés en Ontario?
   b) Nomme les quatre premières provinces choisies par les immigrantes et les immigrants.
   c) D'après toi, qu'est-ce qui rend ces provinces plus attirantes que les autres provinces et les territoires?

2. La figure 7 montre les constantes de peuplement de cinq groupes d'immigrantes et d'immigrants récemment arrivés à Toronto. La figure 7 f) est une carte de la région de Toronto. En équipe, analyse les cartes et réponds aux questions suivantes.
   a) Pour chaque groupe, décris les emplacements où se retrouvent les immigrantes et les immigrants récents. Sers-toi de la figure 7 f).
   b) Donne trois raisons pour lesquelles un groupe spécifique pourrait préférer un quartier de la ville plutôt qu'un autre.

LIEN MATHÉMATIQUES

Figure 7
Constantes de peuplement de quelques groupes d'immigrantes et d'immigrants à Toronto, 1991 à 1996 (1 point représente 20 personnes)

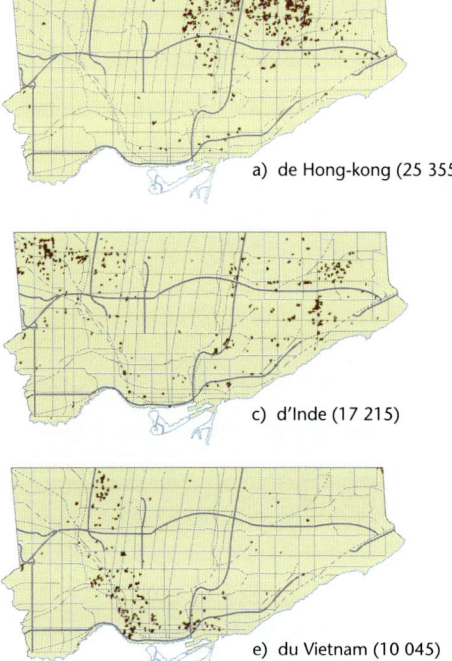

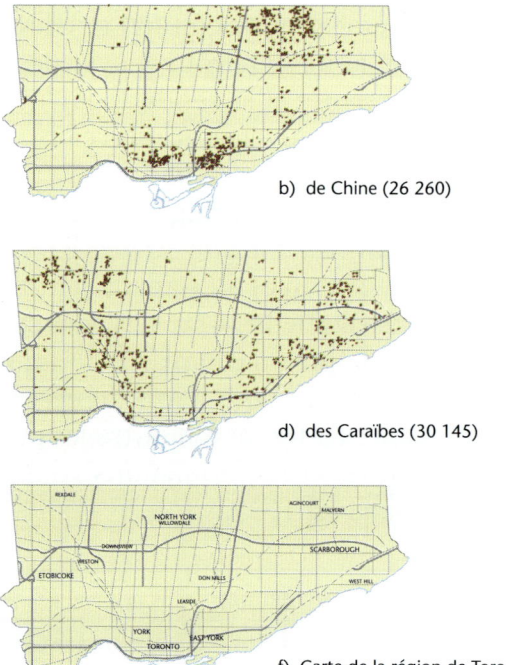

a) de Hong-kong (25 355)
b) de Chine (26 260)
c) d'Inde (17 215)
d) des Caraïbes (30 145)
e) du Vietnam (10 045)
f) Carte de la région de Toronto

La contribution au Canada

Les immigrantes et les immigrants et leur descendance ont grandement influencé le Canada. Voici une vue d'ensemble de la contribution des immigrantes et des immigrants au Canada dans l'histoire.

Dès le milieu des années 1500, les Européens étaient attirés par l'abondance du poisson au large de la côte est du pays. Au début, ils débarquaient seulement pour saler et sécher le poisson en vue du voyage de retour. Par la suite, des gens ont décidé d'établir de petits villages le long de la côte. Ils apportaient avec eux leurs connaissances des techniques de pêche. L'industrie de la pêche existe encore aujourd'hui.

L'arrivée de nombreux colons français et britanniques a mis en marche le processus du développement de l'identité canadienne. La France et le Royaume-Uni ont donné au Canada ses deux **langues officielles**, le français et l'anglais, et sa structure gouvernementale et légale.

Les immigrantes et les immigrants agricoles du Canada ont choisi de construire leur ferme sur le même type de sol que dans leur pays d'origine. Vers la fin des années 1800 et au début des années 1900, on donnait des terres des provinces des Prairies à toutes les personnes qui désiraient les cultiver. C'était un puissant facteur d'attraction, en particulier pour les gens d'origine ukrainienne, car beaucoup d'entre eux connaissaient la culture du blé. Ils appréciaient les paysages plats et les sols de la prairie si semblables à ceux de leur patrie. Les fermières et fermiers d'origine hollandaise savaient comment transformer les terres marécageuses en sols fertiles. Ces gens ont asséché Holland Marsh, en Ontario, et en ont fait une riche région maraîchère au nord de Toronto. Cette région est encore prospère aujourd'hui. Dans plusieurs cas, ce sont les descendantes et les descendants des premières familles hollandaises qui exploitent les fermes.

Une grande partie du savoir-faire industriel est arrivé au Canada par la voie de l'immigration. Parmi les gens qui arrivaient, beaucoup savaient comment construire des voies ferrées, des écluses et des mines, en plus des moulins à farine, des scieries et des usines de textiles. Dans certains cas, il a fallu adapter ces structures en fonction des conditions climatiques du Canada. Par exemple, on a placé des roues à eau à l'intérieur des moulins pour empêcher la neige et la glace de les endommager. On a modifié les charrues traditionnelles européennes afin de pouvoir manœuvrer autour des souches d'arbres et des roches. On a conçu des bateaux pour la navigation sur les Grands Lacs et les fleuves peu profonds.

Langues officielles : les langues d'usage dans les services du gouvernement fédéral. Certains gouvernements provinciaux et plusieurs entreprises se servent des deux langues officielles dans leurs documents écrits. L'Ontario a une loi sur les services en français. Le Nouveau-Brunswick est la seule province officiellement bilingue.

Figure 8
Holland Marsh approvisionne le sud de l'Ontario en légumes frais.

Figure 9
Un laquier dans le canal Welland, en Ontario

Nous devons les premières voies ferrées canadiennes aux immigrantes et aux immigrants, de Chine surtout. Les immigrantes et les immigrants extrayaient des mines le minerai de fer nécessaire et fabriquaient les rails d'acier. Le chemin de fer a permis aux gens de s'établir en divers endroits, de développer les ressources et d'expédier leurs produits.

Aujourd'hui, en matière d'immigration, le gouvernement choisit les personnes qui peuvent aider le Canada à se développer. Les immigrantes et les immigrants d'aujourd'hui sont plus instruits en moyenne que leurs homologues canadiens. Par exemple, 34 % des immigrantes et des immigrants de 25 à 44 ans qui sont arrivés entre 1991 et 1996 avaient un diplôme universitaire, comparativement à 19 % des Canadiennes et des Canadiens de souche du même groupe d'âge. Presque 90 % de ces immigrantes et immigrants avaient étudié en sciences et en technologies.

Le savoir, la formation et l'expérience des immigrantes et des immigrants les rendent essentiels à notre main-d'œuvre. À Toronto, par exemple, les immigrantes et les immigrants représentent :

- 58 % des chimistes ;
- 33 % des enseignantes et des enseignants ;
- 63 % des travailleuses et des travailleurs du domaine de l'automobile ;
- 45 % des médecins généralistes et des chirurgiennes et chirurgiens ;
- 32 % du personnel de vente ;
- 58 % des responsables des services de restauration et d'hébergement ;
- 37 % des employées et des employés de bureau.

Et ce ne sont que quelques exemples.

Les immigrantes et les immigrants qui travaillent paient des impôts qui contribuent à l'éducation, aux soins de santé et aux prestations de retraite. L'argent qu'ils dépensent pour se loger, se nourrir et acheter des biens contribue à l'essor économique du Canada.

À leur arrivée, les immigrantes et les immigrants ont un taux de chômage plus élevé et des revenus généralement plus bas que l'ensemble de la population. Mais dès leur entrée sur le marché du travail, leur taux de chômage est plus bas et leurs revenus sont plus élevés que la moyenne. Les immigrantes et les immigrants ont moins tendance à utiliser l'aide sociale que les travailleuses et les travailleurs nés au Canada. Toutefois, la situation pourrait changer, car les statistiques indiquent que moins d'immigrantes et d'immigrants ont trouvé du travail en 1996 qu'en 1986.

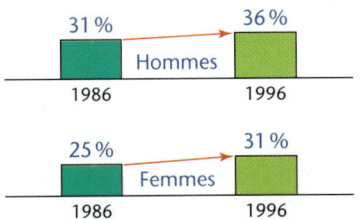

Pourcentage d'immigrantes et d'immigrants** récents ayant un diplôme universitaire

Hommes : 31 % (1986) → 36 % (1996)
Femmes : 25 % (1986) → 31 % (1996)

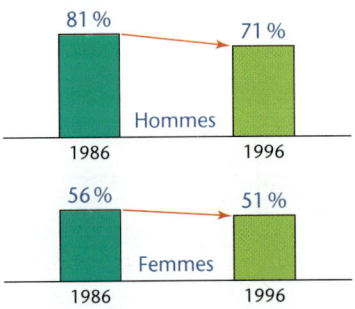

Pourcentage d'immigrantes et d'immigrants** récents ayant un emploi

Hommes : 81 % (1986) → 71 % (1996)
Femmes : 56 % (1986) → 51 % (1996)

** de 25 à 44 ans et arrivés au Canada au cours des cinq années précédentes

Source : Statistique Canada/*The Globe and Mail*, lundi 14 mai 1999, p. B1. Mention de source : Carrie Cockburn/ The Globe and Mail.

Figure 10
Les niveaux d'éducation des immigrantes et des immigrants ont augmenté, mais les niveaux d'emploi ont chuté.

Étude de cas

Une famille immigrante à Toronto

M. Rajiv Kashi s'est installé à Toronto vers la fin des années 1960. Il venait d'une petite ville du Pendjab, en Inde. Il avait fait des études supérieures en administration des affaires. En 1974, son jeune frère est venu le rejoindre et a fréquenté l'université pendant quatre ans. Les deux frères ont fondé un commerce d'appareillage électrique.

Les parents des deux frères, qui demeuraient toujours en Inde, leur ont choisi des épouses. Les frères ont rencontré et épousé ces femmes pendant un voyage en Inde et sont revenus au Canada avec elles.

Au début des années 1980, les deux frères ont parrainé leurs parents et un plus jeune frère lors de leur immigration au Canada. Le père, Mohan, a contribué à l'achat d'une maison de six chambres au nord de Toronto. Trois générations habitent la maison :
- Mohan et sa femme, Shivani ;
- Rajiv, sa femme, ses deux frères et la femme de son frère ;
- les quatre enfants de Rajiv et les familles de ses frères.

Les Kashi gagnent assez d'argent pour bien vivre et sont bien adaptés à la vie au Canada. Ils ont conservé plusieurs traditions culturelles. Par exemple, ils sont végétariens et pratiquent la religion hindouiste. Shivani et ses deux belles-filles observent le jeûne annuel (appelé *karva chauth*) pour le bien-être de leurs époux.

Une fois les enfants à l'école toute la journée, leurs mères ont trouvé un emploi, l'une comme secrétaire et l'autre comme vendeuse. Au travail, elles s'habillent comme les autres employées et employés. Pour des occasions spéciales, elles portent chez elles le *sari* traditionnel, ou *salwarkameez*. Les hommes et les femmes parlent le panjabi entre eux, mais ne s'attendent pas que les enfants l'apprennent. Shivani, la grand-mère des enfants, se sent délaissée parce qu'elle ne comprend pas très bien l'anglais. Elle aimerait aussi que ses belles-filles portent toujours, comme elle, le vêtement traditionnel indien.

Les enfants sont maintenant des adolescentes et des adolescents. Les grands-parents sont tristes parce que les jeunes refusent de porter des vêtements indiens et mangent des hamburgers lors de leurs sorties (la consommation du bœuf est interdite selon les traditions indiennes). Les parents ont peur que leurs enfants perdent leur culture. Ils préféreraient les voir suivre leurs traditions. Toutefois, ils comprennent qu'il leur sera très difficile d'imposer leur point de vue à mesure que les enfants vieilliront.

Figure 11
Une des nombreuses communautés indiennes à Toronto

Fais des découvertes

1. En équipe, discute des questions suivantes au sujet de l'étude de cas.
   a) Nomme trois choses qui changent d'une génération à l'autre dans la famille Kashi. Explique chacun des changements.
   b) Explique pourquoi, selon toi, ces changements se produisent.
   c) D'après toi, qu'est-ce que les arrière-petits-enfants de Shivani et de Mohan conserveront de leur culture panjabi ? À ton avis, est-ce une bonne chose ou une mauvaise chose ? Explique.

Figure 12
Adrienne Clarkson est née à Hong-kong de parents chinois. Ses parents et elle sont arrivés au Canada en 1942 avec le statut de réfugiés. En 1999, elle est devenue la 26ᵉ gouverneure générale du Canada.

Résumé

Dans ce chapitre, tu as appris que la population du Canada se compose des peuples autochtones ainsi que d'immigrantes et d'immigrants et leur descendance. Tu as découvert quels groupes sont venus peupler le Canada à différentes périodes de son histoire. Tu as aussi vu que les immigrantes et les immigrants contribuent à l'économie du Canada, même s'il leur est parfois difficile de trouver du travail et de conserver leur culture.

Révise tes découvertes

1. De quel continent arrivent la plupart des immigrantes et des immigrants d'aujourd'hui ? Quelle différence y a-t-il avec les lieux d'origine des immigrantes et des immigrants arrivés avant 1961 ?
2. Décris trois façons dont les immigrantes et les immigrants
   a) ont contribué au développement du Canada dans le passé.
   b) jouent un rôle important dans la société canadienne d'aujourd'hui.

Mets tes découvertes en pratique

1. Examine le répertoire de restaurants de l'annuaire téléphonique de ta région.
   a) Énumère les pays ou les parties du monde dont la nourriture est représentée.
   b) Identifie et colorie les pays ou les régions sur une carte du monde. Donne un titre approprié à ta carte.
   c) Explique de quelle autre façon les immigrantes et les immigrants de ces pays et régions ont contribué à l'enrichissement socioculturel du Canada.

2. La figure 13 présente les témoignages de jeunes immigrantes et immigrants qui vivent maintenant au Canada. Lis ce qu'ils disent au sujet de leur adaptation à leur nouveau pays, puis réponds aux questions suivantes.
   a) Décris comment tu pourrais aider les membres d'une famille immigrante à s'adapter plus facilement:
      I) à l'école.
      II) à la vie dans ton quartier.
   b) En équipe de deux ou trois, prépare un projet qui permettrait à des élèves immigrants de mieux connaître leur nouveau milieu de vie. Assure-toi que ton projet sera facile à comprendre et à réaliser pour tout le monde, y compris pour tes nouveaux camarades. Ton projet devra aussi prévoir des tâches pour ces nouveaux élèves.

« J'ai eu du mal à me faire de nouveaux amis à l'école. J'ai parfois l'impression qu'on ne se comprendra jamais. »
Emilio, 17 ans

« Mon principal défi était d'apprendre la langue. Heureusement, nous avons reçu beaucoup de conseils et de soutien de la part des gens qui nous ont accueillis. Pour mes parents, par contre, c'est encore plus difficile. »
Michel, 16 ans

« Deux semaines après notre arrivée, nos voisins nous ont initiés à la glissade. Comme nous n'avions pas de luge, ils nous ont montré comment en fabriquer une avec un grand carton. »
Soon Yi, 15 ans

« Des élèves de ma classe ont proposé d'organiser une journée multiculturelle à l'école. Nous avons même découvert des plats de différents pays, que nos parents nous avaient aidés à préparer. »
Maria, 14 ans

Figure 13
Comme le montrent ces témoignages, l'adaptation à un nouveau pays est parfois facile, parfois difficile.

Chapitre 17

Les moyens de transport

Mots clés

moyens de transport
touriste
carrefour de déplacements

Dans ce chapitre, nous examinons les constantes de déplacements des gens dans la vie de tous les jours. L'information et les activités t'aideront :
- à reconnaître les tendances dans l'utilisation des voitures et des autres moyens de transport ;
- à décrire les défis que représentent les déplacements dans une grande ville ;
- à utiliser un outil de prise de décision pour choisir un endroit idéal à visiter.

Les moyens de transport

Pense à la façon dont tu as voyagé jusqu'à l'école ce matin. Combien de **moyens de transport** as-tu utilisés ?

Lorsque Muhammad va à l'école, il se déplace en fauteuil roulant jusqu'au bout de l'allée de sa demeure et y attend l'autobus. Un autobus vient le prendre et arrête le long du trajet pour prendre d'autres enfants. Muhammad se déplace ensuite en fauteuil roulant de l'autobus jusqu'à l'école. Ces trois étapes forment une chaîne de déplacements. Cette chaîne comporte trois étapes ou « liens » : le fauteuil roulant, l'autobus, le fauteuil roulant. À la fin de chaque lien, un changement de moyen de transport se produit. Cette étape est appelée une « jonction ».

La partie la plus longue de la chaîne se passe dans l'autobus, même si monter dans l'autobus et en descendre prend aussi beaucoup de temps. Puisque l'autobus prend trois autres élèves en fauteuil roulant, le temps de parcours est long pour une distance plutôt courte. La figure 1 montre le trajet de Muhammad jusqu'à l'école. La figure 2 montre le temps de déplacement de chaque étape du voyage.

Moyens de transport : les moyens spécifiques que les gens utilisent pour se déplacer d'un endroit à un autre (ex. : la marche, la bicyclette, la voiture).

Chapitre 17 Les moyens de transport

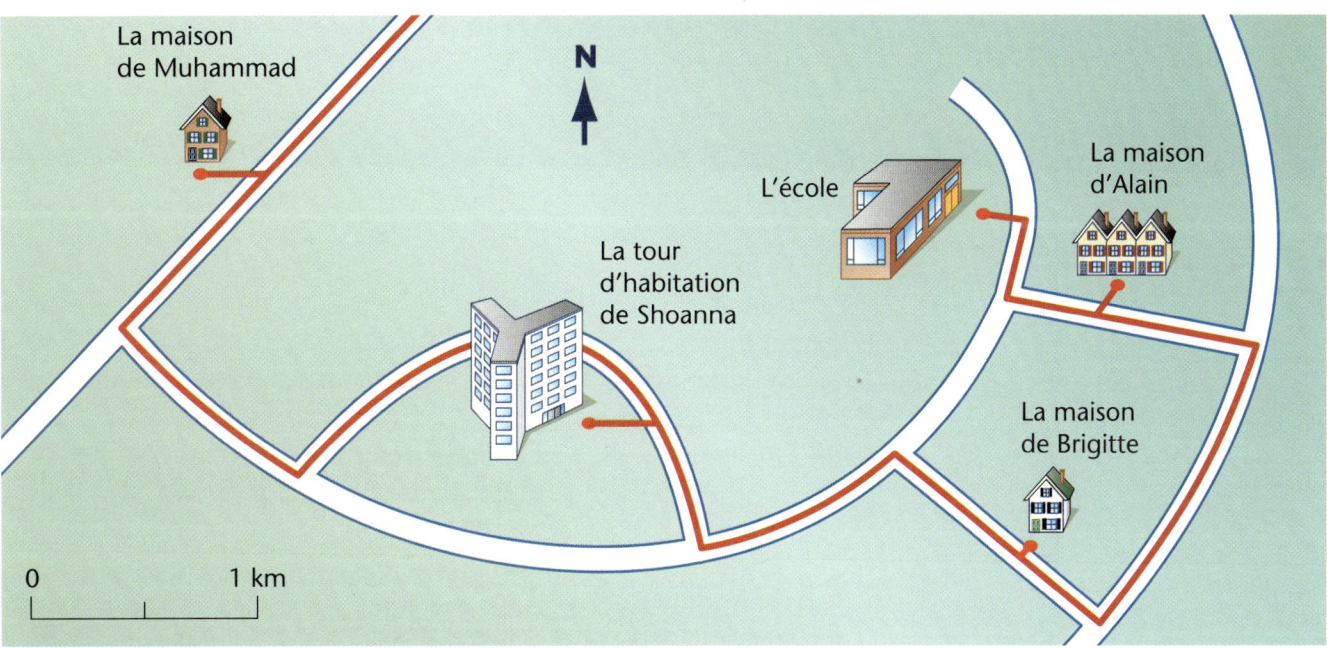

Figure 1
Le trajet de Muhammad est un déplacement en trois étapes : fauteuil roulant, autobus, fauteuil roulant.

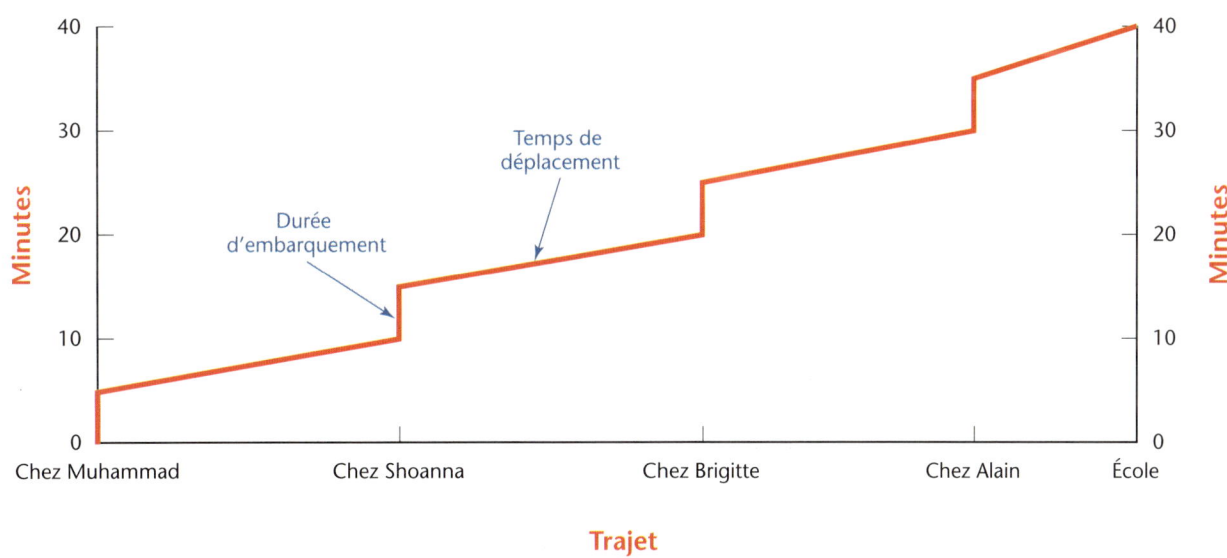

Figure 2
Ce diagramme décrit le séjour de Muhammad dans l'autobus jusqu'à l'école.

FAIS DES DÉCOUVERTES
AVEC DES CARTES ET DES DIAGRAMMES

1. Examine les figures 1 et 2 à la page 233.
   a) Mesure la distance que Muhammad parcourt en autobus pour se rendre à l'école. Donne ta réponse en kilomètres (km).
   b) En combien de temps Muhammad parcourt-il cette distance ? Donne ta réponse en minutes, puis en heures (h), en nombres décimaux.
   c) Combien de temps durerait le parcours s'il manquait une ou un élève ?
   d) Quelle est la vitesse moyenne pour tout le trajet ? Donne ta réponse en kilomètres par heure (km/h). Voici une formule pour calculer la vitesse moyenne :
   vitesse moyenne (km/h) = distance (km) ÷ temps (h)
2. Pense à ton trajet pour venir à l'école.
   a) Fais une carte qui montre ton trajet jusqu'à l'école et les différents moyens de transport que tu utilises. Utilise une couleur différente pour chacun des moyens de transport. Explique ces couleurs par une légende. Inclus une échelle linéaire et ajoute un symbole pour indiquer le nord.
   b) Fais un diagramme linéaire qui montre le temps consacré aux diverses étapes de ton trajet.
   c) Calcule la vitesse moyenne de ton trajet. Montre tes calculs.

Les moyens de transport à l'échelle mondiale

La population des pays développés comme le Canada a le plus grand choix de moyens de transport. En Amérique du Nord, le moyen de transport préféré est l'automobile. En effet, les gens parcourent une distance *10 à 20 fois* plus grande en automobile qu'en autobus ou en train. La constante est la même en Europe de l'Ouest, mais on y utilise un peu plus les autobus et les trains qu'ici.

Notre passion pour les automobiles a influé sur plusieurs aspects de notre culture. Les paysages de nos autoroutes, les motels, les services au volant des restaurants et des banques et la forte population des banlieues sont tous liés à notre grande dépendance envers les automoiles. Les succès de Jacques Villeneuve, en course de Formule 1, ont entraîné un intérêt croissant du public pour la course automobile.

Figure 3
Un service bancaire au volant comme on en voit dans plusieurs grandes villes

Cette utilisation des voitures est possible grâce à notre niveau de développement économique élevé. La situation des moyens de transport dans les pays plus pauvres est bien différente.

En Chine, la distance parcourue par les autobus est de 3 à 10 fois plus grande que la distance parcourue par les voitures. Il est difficile d'obtenir des statistiques sur les gens qui marchent ou vont à bicyclette, mais ces moyens de transport « non motorisés » sont beaucoup plus courants dans les pays en voie de développement que dans les pays développés.

Les gens les plus pauvres au monde voyagent très peu. S'ils doivent absolument se déplacer, ils prennent le plus souvent le train.

Figure 4
Les bicyclettes et les pousse-pousse (voiturettes sur roues tirées par des gens) sont des moyens de transport très populaires au Bangladesh, où la plupart des gens ne peuvent s'acheter une voiture.

Les trajets quotidiens

Notre choix d'un moyen de transport dépend de plusieurs facteurs : le coût du moyen de transport, sa rapidité, son efficacité, etc. Par exemple, il faut une heure de transport, en autobus ou en métro, pour aller de certaines parties du centre-ville de Toronto jusqu'à un lieu de travail à Don Mills. En voiture, le même trajet dure de une demi-heure à une heure, selon qu'on le fait pendant les heures de pointe ou à un moment plus tranquille de la journée. Une étude a montré que les gens, partout dans le monde, consacrent en moyenne entre une heure et une heure et demie par jour pour aller de la maison au travail. Cette étude faisait des comparaisons entre des villageoises et des villageois d'Afrique, des travailleuses et des travailleurs du secteur manufacturier au Japon, des employées et des employés du Canada, et beaucoup d'autres.

Dans les villes, les trajets quotidiens entre la maison et le travail ont lieu tôt le matin et tard en après-midi. Lors d'une journée moyenne à Toronto en 1996, environ 1,2 million de déplacements ont eu lieu en ville entre 6 h et 9 h. Il y a eu près de 5 millions de déplacements en tout au cours de la journée. Les moyens de transport étaient les suivants :

- l'automobile :   68 % (54 % de conductrices et conducteurs et 14 % de passagers)
- l'autobus et le métro : 22 %
- le train de banlieue :   1 %
- la bicyclette et la marche : 8 %
- autres :   1 %

Étude de cas : Tous les chemins mènent à Toronto

À Toronto, la circulation est très dense quand on *entre* et quand on *sort* de la ville, et même à l'intérieur de la ville. Durant une période moyenne de 24 heures en 1991, il y a eu près de 2 millions de déplacements pour se rendre au travail entre les municipalités de la région du Grand Toronto. La figure 5 montre ces municipalités. La figure 6 montre le réseau d'autoroutes utilisé pour ces déplacements. Les routes de la figure 6 sont des « autoroutes à accès limité », c'est-à-dire qu'on n'y a accès qu'à certains endroits, où il y a des rampes. Par comparaison avec les routes ordinaires, il y a beaucoup moins d'occasions de faire augmenter ou diminuer le débit de circulation ou encore de bloquer la circulation. Les déplacements y sont donc plus rapides et plus efficaces.

Figure 5
Municipalités avoisinant Toronto

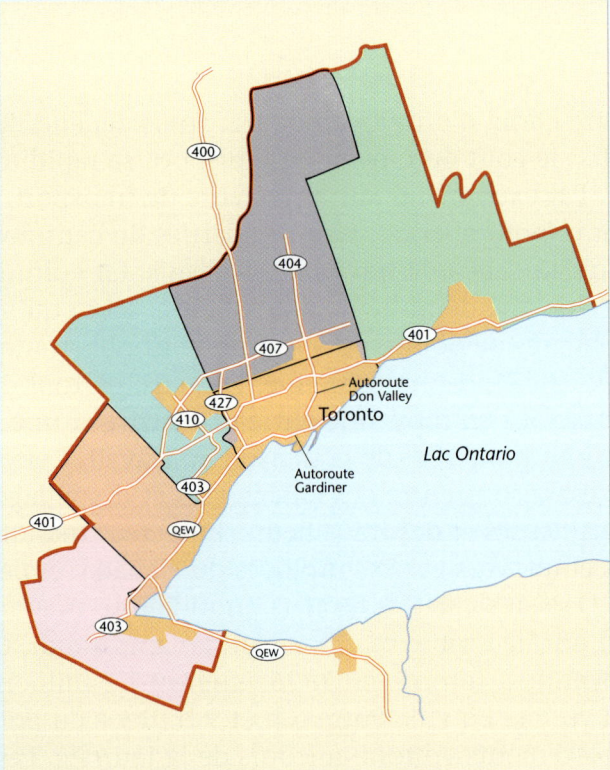

Figure 6
Principales autoroutes à Toronto et dans les municipalités avoisinantes

Fais des découvertes

1. Examine les données de la figure 7.
   a) Lors d'une journée ordinaire, combien de personnes se sont rendues à leur travail dans la région de Toronto ?
   b) Quelle était la destination de la plupart des travailleuses et des travailleurs ?
   c) Nomme les quatre villes d'où viennent le plus grand nombre de travailleuses et de travailleurs se rendant à l'endroit indiqué en b).
   d) Examine la carte de la figure 5. Comment t'aide-t-elle à justifier ta réponse en c) ?
   e) D'après toi, quels moyens pourrait-on utiliser pour réduire la circulation automobile
      I) entre les municipalités et le centre-ville de Toronto ?
      II) à l'intérieur des municipalités ?
      III) dans le centre-ville de Toronto ?

| | Vers | | | | | | |
De	Toronto	Durham	York	Peel	Halton	Hamilton-Wentworth	Total pour la région
Toronto	789 500	11 500	67 500	62 000	5 500	1 000	937 000
Durham	48 500	92 000	8 500	2 000	500	0	151 500
York	94 000	3 500	85 000	9 500	500	500	193 000
Peel	106 500	1 500	11 500	173 000	7 500	1 500	301 500
Halton	24 000	0	2 000	24 500	60 500	9 500	120 500
Hamilton-Wentworth	6 000	0	1 000	5 000	20 500	121 000	153 000
Total pour la région	1 068 500	109 000	175 000	275 500	94 500	133 500	1 856 000

(Les nombres sont arrondis au 500. C'est pourquoi certains totaux peuvent sembler inexacts.)

Figure 7
Durant une période moyenne de 24 heures en 1991, on a compté près de 2 millions de déplacements pour se rendre au travail entre les municipalités de la région du Grand Toronto.

2. Travaille en équipe. Reproduis en plus grand la carte de la figure 5 sur du papier de bricolage. Ta carte devrait mesurer 40 cm sur 40 cm. Suis les étapes ci-dessous.
   a) Choisis six couleurs pour représenter les six municipalités de la figure 5. Ombre légèrement chacune des municipalités de ta carte avec la couleur correspondante.
   b) Dessine un cercle dans chaque municipalité pour y représenter le nombre de déplacements intérieurs (par exemple, **de** Peel **à** Peel). Fais ton cercle plus grand ou plus petit selon le nombre de déplacements comptés. Suis ces directives :
      – plus de 800 000 déplacements : rayon du cercle de 5 cm ;
      – de 100 000 à 800 000 déplacements : rayon du cercle de 3,5 cm ;
      – de 50 000 à 100 000 déplacements : rayon du cercle de 1,5 cm.
      Note : Colorie les cercles d'une nuance plus foncée que la couleur choisie pour la municipalité.
   c) Trace des flèches entre les municipalités pour représenter les déplacements d'une municipalité à une autre. Fais tes flèches plus larges ou plus étroites selon le nombre de déplacements. Suis les directives ci-dessous :
      – plus de 80 000 déplacements : flèche de 5 mm de largeur ;
      – de 60 000 à 80 000 déplacements : flèche de 4 mm de largeur ;
      – de 40 000 à 60 000 déplacements : flèche de 3 mm de largeur ;
      – de 20 000 à 40 000 déplacements : flèche de 2 mm de largeur ;
      – de 500 à 20 000 déplacements : flèche de 1 mm de largeur.
      Note : Ta flèche devrait être de la même couleur que la municipalité de départ.
   d) Complète ta carte avec un titre approprié, une légende et un symbole indiquant le nord.
3. L'autoroute 407 de la figure 6 est une autoroute à « péage », c'est-à-dire que les gens doivent payer pour l'utiliser. Étant donné qu'un nombre limité de gens veulent payer pour utiliser l'autoroute, la circulation est moins dense et les déplacements sont beaucoup plus rapides que sur les autres autoroutes. Mais la 407 n'a pas été aussi populaire que prévu. Dans certaines villes, on a aménagé des voies réservées pour les autobus et les voitures qui comptent deux personnes ou plus. Ces voies réservées sont plus rapides et visent à réduire le nombre de voitures sur les routes.

Discute des questions suivantes en équipe.
a) Selon toi, les gens que tu connais utiliseraient-ils l'autoroute 407 si elle leur permettait de se déplacer plus rapidement ? Pourquoi ?
b) En équipe, élabore un changement au réseau d'autoroutes de la figure 6 qui pourrait améliorer les déplacements entre la maison et le travail. Justifie ta proposition à l'aide de la figure 5 ou de la carte que tu as faite à la question 2.
c) Imagine que ton équipe doit trouver des moyens pour encourager les automobilistes à pratiquer le covoiturage et à utiliser les transports en commun ou même la bicyclette. Quels arguments utiliserais-tu pour les convaincre de changer leurs habitudes ?

Figure 8
Des caméras sont installées au-dessus des rampes d'accès de l'autoroute 407. Elles captent un signal des radiophares ou enregistrent la plaque d'immatriculation et l'heure d'entrée sur l'autoroute ou de sortie de l'autoroute.

Plus riche, plus loin et plus vite

À mesure que les gens gagnent plus d'argent, ils parcourent habituellement de plus grandes distances. En 1960, une personne vivant en Amérique du Nord gagnait en moyenne 9 600 $ et parcourait 12 000 km par année. En 1990, le revenu moyen avait doublé et la distance parcourue avait, elle aussi, doublé. Toutefois, même si les gens voyagent deux fois plus loin, ils ne veulent toujours pas consacrer beaucoup plus qu'une heure à leurs déplacements. Pour y arriver, ils utilisent des moyens de transport plus rapides.

En Chine, le revenu a triplé entre 1960 et 1990. Mais en 1990, les gens parcouraient *10 fois* plus de kilomètres par année qu'en 1960. En 1960, la plupart des Chinoises et des Chinois se déplaçaient à bicyclette ou marchaient. Avec un meilleur revenu, ils pouvaient se permettre de prendre l'autobus et le train, qui sont des moyens de transport beaucoup plus rapides. Les villes se sont aussi développées entre 1960 et 1990 ; beaucoup de personnes vivaient donc plus loin de leur lieu de travail et avaient besoin de se déplacer plus loin.

Les gens des pays en voie de développement dépensent de 3 % à 5 % de leur faible revenu pour le transport. Dans les pays plus développés, où il est courant d'avoir une voiture, les gens dépensent en moyenne de 10 % à 15 % de leur revenu pour le transport.

Ces constantes peuvent aider les géographes à prévoir les tendances des déplacements de l'avenir. La première prédiction veut que les distances vont continuer à augmenter avec le revenu. Une autre prédiction annonce qu'on utilisera de plus en plus les moyens de transport à grande vitesse, comme les avions, pour se déplacer en Amérique du Nord. En même temps, l'utilisation des moyens de transport plus lents comme les trains, les autobus et les voitures diminuera. À l'échelle mondiale, le transport à grande vitesse représentera probablement 40 % des kilomètres parcourus par la population mondiale en un an. La troisième prédiction est que la plupart des gens vont continuer de voyager entre une heure et une heure et demie tous les jours. Dans les pays en voie de développement, les autobus seront encore assez rapides pour satisfaire aux besoins quotidiens en déplacement des populations. Dans les pays très riches, les avions, souvent privés, seront utilisés même pour de courts voyages.

Les tendances dans le domaine du transport changent lentement. Cette lenteur est due au fait que les *infrastructures* — les routes, les voies ferrées, les aéroports, les canaux et ainsi de suite — prennent des années à se développer et coûtent très cher. Les géographes devront attendre au moins la fin du 21e siècle avant d'étudier des constantes de déplacement différentes de celles d'aujourd'hui.

Fais des découvertes
AVEC DES DIAGRAMMES

1. La figure 9 montre des changements dans les moyens de transport de 1960 à 2050.
   a) Qu'arrive-t-il au nombre total de passagers-kilomètres (pkm) entre 1960 et 2050 ?
   b) Qu'arrive-t-il au pourcentage de la circulation qui représente :
      – les autobus ?
      – les trains ?
      – les voitures ?
      – les avions ?

c) Calcule le nombre réel de passagers-kilomètres (pkm) parcourus par les voitures (automobiles) en 1960. Sers-toi de la formule suivante :

> nombre de pkm par voiture = nombre total de pkm × pourcentage par voiture ÷ 100

(selon les données du diagramme de 1960 ci-dessous)

d) Calcule le nombre réel de passagers-kilomètres qui seront parcourus en voiture en 2050. Sers-toi de la même formule.
e) Qu'est-ce qui est trompeur dans l'aspect du diagramme au sujet de l'utilisation des voitures en 1960 et en 2050 ?
f) Même dans les pays plus pauvres, lorsque les revenus augmentent, les distances et les dépenses pour le transport augmentent aussi. Explique pourquoi l'utilisation du transport par autobus augmente de 1960 à 2020.

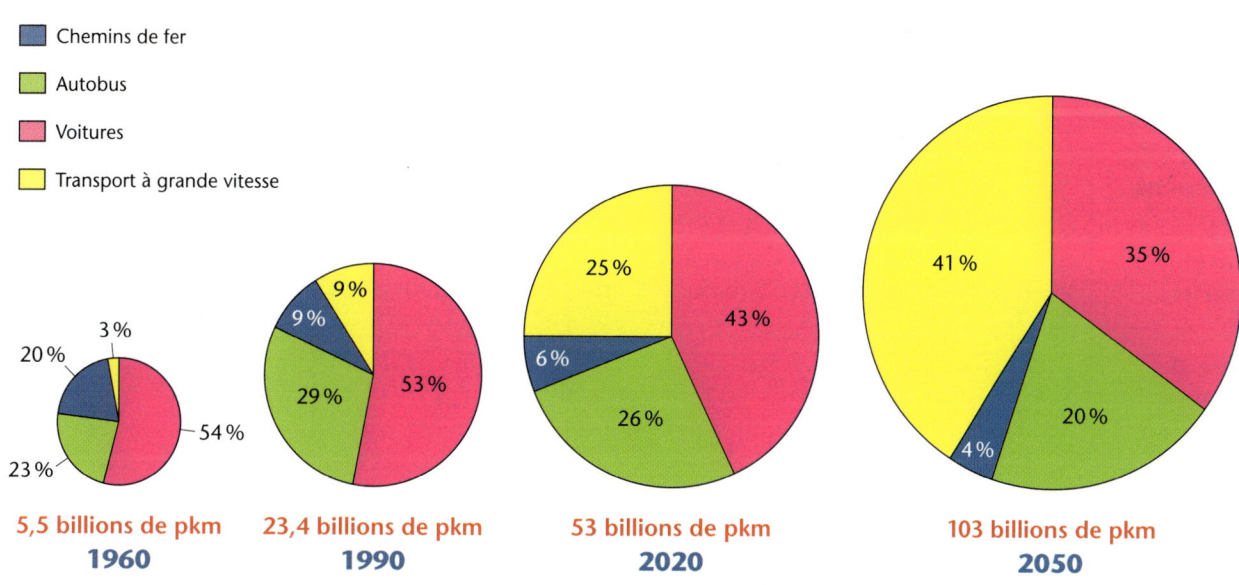

Source : Andreas Schafer et David Victor, *Scientific American*, octobre 1997, p. 61.

Figure 9
Dans ces diagrammes des constantes de déplacement à travers le monde, « pkm » est le symbole de « passagers-kilomètres », ou le nombre de kilomètres parcourus par les passagers.

Consulte la page 260 pour revoir la construction des diagrammes circulaires.

2. Fais ton propre diagramme circulaire des kilomètres que tu parcours et des moyens de transport que tu utilises dans une semaine ordinaire. Suis les étapes ci-dessous.
   a) Fais un tableau comme celui de la figure 10.
   b) Écris le nombre de kilomètres parcourus avec chacun des moyens de transport sous la forme d'une fraction du total. Par exemple, d'après la figure 10 :
      – bicyclette :   21/37
         (21 des 37 kilomètres parcourus l'ont été à bicyclette — 5 kilomètres entre la maison et l'école et 16 kilomètres entre la maison et celle de ta tante)
      – marche :   6/37
      – autobus/métro :   10/37
   c) Calcule le nombre de degrés que chaque moyen de transport occuperait à l'intérieur d'un cercle de 360°. Suis le modèle ci-dessous correspondant à l'information en b) :
      – bicyclette :   21 × 360 ÷ 37 = 204°
      – marche :   6 × 360 ÷ 37 = 58°
      – autobus/métro :   10 × 360 ÷ 37 = 97°
   d) Fais ton diagramme circulaire et identifie chaque section. Sers-toi des diagrammes de la figure 9 comme modèles.

Lieux de déplacement	Maison ↔ École	Maison ↔ Magasins	Maison ↔ Maison de ma tante	Maison ↔ Centre-ville
Distances parcourues	0,5 km à l'aller et au retour = 1 km	1,5 km à l'aller et au retour = 3 km	4 km à l'aller et au retour = 8 km	5 km à l'aller et au retour = 10 km
Nombre de déplacements par semaine	5	2	2	1
Total	5 km	6 km	16 km	10 km
Moyen de transport utilisé	Bicyclette	Marche	Bicyclette	Autobus/métro

Figure 10
Fais un tableau comme celui-ci pour les moyens de transport que tu utilises et les distances que tu parcours dans une semaine ordinaire.

Les déplacements des touristes

Jusqu'à il y a 70 ans environ, il y avait peu de **touristes**. Seuls les gens très riches qui avaient beaucoup de temps libre pouvaient parcourir de longues distances pour visiter un endroit en particulier. Par contre, aujourd'hui, le tourisme est l'industrie qui croît le plus vite au monde. En 1989, 426 millions de personnes ont visité un autre pays. En 1998, ce nombre a atteint 625 millions. On remarque aussi une augmentation du tourisme à l'intérieur des frontières d'un pays.

Cette croissance est due au fait qu'il est beaucoup plus facile de se déplacer aujourd'hui. Beaucoup de personnes ont plus de temps libre et plus d'argent à dépenser qu'autrefois. Les gens connaissent également mieux les caractéristiques de différentes parties du monde, ce qui leur donne le goût de voyager.

Le tourisme vers un autre pays (tourisme international) dépend des aéroports qui sont des **carrefours de déplacements**. Ces aéroports offrent de nombreux vols vers un grand nombre de destinations internationales. L'aéroport Lester B. Pearson est l'un de ces carrefours et il est aussi l'aéroport le plus achalandé au Canada.

Touriste : une personne qui visite un endroit autre que celui où elle vit. La visite dure plus d'une nuit mais moins d'une année.

Carrefour de déplacements : un aéroport qui est sur le trajet de beaucoup de destinations.

La plupart des gens planifient leurs vacances à l'époque où les conditions climatiques sont beaucoup plus agréables dans le pays de destination. Les familles avec des enfants inscrits à l'école limitent habituellement leurs voyages aux périodes de vacances scolaires. Pour ces deux raisons, l'été est le temps où les gens voyagent le plus. L'hiver et le printemps sont les deux autres périodes les plus populaires. Les compagnies aériennes et les hôtels augmentent leurs tarifs durant ces périodes de pointe. Par exemple, si tu avais pris deux semaines de vacances à Paris, en France, à partir du 1er juillet 1999, Air Canada aurait demandé 2 043,88 $ pour un billet aller-retour (à partir de l'aéroport de Toronto). Le même billet t'aurait coûté 981,88 $ le 1er février 2000.

Figure 11
La France est le pays le plus visité par les touristes.

Fais des découvertes

1. Selon toi, pourquoi les carrefours de déplacements sont-ils situés dans des régions densément peuplées ?
2. Selon toi, pourquoi les prix des vols diffèrent-ils selon la période de l'année ? Quels sont les avantages et les inconvénients de cette politique pour les compagnies aériennes ? pour les touristes ?
3. Travaille en équipe. Choisis une des destinations populaires de la figure 12 et fais une recherche à son sujet. Construis un organigramme qui présente au moins cinq raisons expliquant la popularité de cet endroit.

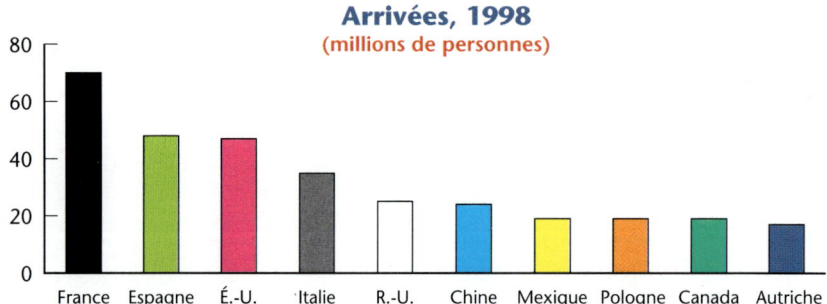

Figure 12
Les destinations touristiques les plus populaires dans le monde

Résumé

Dans ce chapitre, tu as vu les différences dans les moyens de transport autour du monde. Tu as examiné les constantes de circulation dans une grande ville et ses environs. Tu as aussi découvert l'importance de l'industrie en pleine croissance du tourisme.

Révise tes découvertes

1. En équipe, dresse une liste des moyens de transport mentionnés dans ce chapitre. Remplis un tableau qui décrit les changements, à l'échelle mondiale, de chacun des moyens de transport entre aujourd'hui et l'année 2050. Inclus des justifications de tes prédictions.
2. Comment les autoroutes à accès limité rendent-elles les déplacements entre la maison et le travail plus faciles et plus rapides ?
3. Pourquoi le tourisme est-il devenu l'industrie à la croissance la plus rapide ?

Mets tes découvertes en pratique

1. Imagine que tu es une entrepreneuse ou un entrepreneur qui ouvre une agence de voyages. Tu désires organiser des vacances pour 11 personnes, y compris toi-même. Tu feras toute la planification et tu demanderas aux 10 autres personnes du voyage 10 % de plus que le coût réel du voyage. De cette façon, tes propres dépenses seront payées.
   a) Choisis trois destinations possibles pour ton voyage : une au Canada, une aux États-Unis et une troisième dans un autre pays. Remplis un tableau comme celui de la figure 13 pour t'aider à choisir la meilleure destination. Ajoute, dans tes propres mots, deux questions dans la première colonne pour t'assurer que tu prends la meilleure décision. Tu devras faire certaines recherches sur la destination pour répondre aux questions.
   b) Prends ta décision et explique en un paragraphe pourquoi la destination que tu as choisie est la meilleure.
   c) Conçois une annonce publicitaire pour les journaux ou un message publicitaire télévisé au sujet du voyage. Ton annonce ou ton message devrait inclure :
      – les détails du voyage : destination, dates, coût, points saillants ;
      – les coordonnées de la personne-ressource pour permettre aux gens de se renseigner.
   d) Prépare une brochure qui fournit plus de détails sur le voyage. En plus de l'information dans le journal ou à la télévision, la brochure devrait inclure :
      – l'horaire et les activités planifiées ;
      – les réservations pour le transport local une fois dans le pays de destination.

Les facteurs décisifs reposent sur les questions suivantes :	Destination canadienne	Destination américaine	Autre destination
Les gens sont-ils assez intéressés à cette destination et à ses caractéristiques ?			
Le temps sera-t-il assez beau pour nos activités ?			
Pourrai-je fournir tout équipement spécial ou puis-je l'acheter ou le louer ?			
Y aura-t-il 10 personnes intéressées et ayant assez d'argent ?			

Figure 13
Ajoute deux autres questions à ce tableau puis remplis-le.

Chapitre 18

Le transport et les communications : hier et aujourd'hui

Mots clés
mobilité
poussée
aérodynamique

Dans ce chapitre, nous examinons les progrès technologiques dans le domaine des communications et du transport. L'information et les activités t'aideront :
- à décrire l'évolution des technologies de l'information et du transport ;
- à décrire comment la technologie a amélioré la mobilité des gens ;
- à prédire comment la mobilité et les voyages pourraient changer dans l'avenir.

Vers le 20ᵉ siècle

Imagine que tu voyages dans le temps pour observer les changements dans les déplacements humains. Tu commences ton voyage il y a plus de 5 000 ans. Tu regardes des êtres humains de divers groupes échanger des biens faits à la main contre de la nourriture. Ces personnes essaient d'améliorer leurs moyens de transport pour accroître leurs possibilités d'échanges. La façon la plus rapide de voyager est d'aller sur l'eau, avec des perches et des avirons pour déplacer les bateaux, les canots et les radeaux le long des fleuves et des rivières.

Te voilà il y a 5 000 ans. Avec l'invention de la roue, les gens se déplacent avec leurs biens dans des charrettes tirées par des bœufs de trait, à une vitesse d'environ 3 km/h. Environ 2 000 ans plus tard (il y a 3 000 ans), les charrettes sont tirées par des chevaux, beaucoup plus rapides. Pour les longues distances, les ânes ou les caravanes de chameaux voyagent le long des routes de commerce. À la même époque, sur la mer, des vaisseaux pour faire le commerce se déplacent à l'aide de voiles et d'avirons. Ils sont de plus en plus gros.

Tu arrives enfin à l'an 0. On construit des rues pavées et on développe des réseaux de routes. Des milliers de kilomètres de routes apparaissent en Chine, dans l'Empire romain, en Europe, et dans l'Empire maya, en Amérique du Sud et en Amérique centrale.

Toutefois, le transport par voie d'eau demeure le moyen de voyager le plus rapide et le plus sûr. Ton voyage dans le temps te conduit en l'an 1700. Tu remarques un fait marquant dans l'histoire des moyens de transport: la machine à vapeur. Le moteur à vapeur rend le voyage par train possible. On construit des milliers de kilomètres de voies ferrées pendant le 19e siècle, y compris des ponts à chemins de fer et des tunnels. Dans les grandes villes, tu vois des tramways électriques à partir des années 1880. La première automobile fait son apparition en 1893. Le métro est instauré à Paris en 1900, quoique des voies ferrées souterraines fonctionnent déjà depuis quelques années à Londres, en Angleterre. Les bateaux continuent à devenir de plus en plus gros et de plus en plus rapides.

Comment l'information se déplace plus vite

Comme nos déplacements, nos moyens de communication se sont beaucoup améliorés. Pendant des milliers d'années, la communication orale et l'écriture étaient les seuls moyens de communiquer et de conserver des données. Puis, en 1455, l'imprimerie est inventée. Grâce à elle, on peut enfin reproduire des textes en plusieurs exemplaires et donner accès à l'information à un plus grand nombre de personnes. Malgré cette incroyable invention, les gens avaient besoin de faire circuler l'information plus rapidement. Grâce à l'invention du télégraphe, en 1844, du téléphone, en 1876, puis de la radio, au début des années 1900, on a réussi à transmettre l'information par la voie des ondes. Par la suite, en 100 ans seulement, notre façon de communiquer a connu des progrès formidables et a réduit de plus en plus la distance entre les humains. Par exemple, au début des années 1980, l'arrivée du

Figure 1
Au début des années 1980, le télécopieur a transformé notre façon de travailler. Pourquoi, selon toi?

télécopieur a permis de transmettre des documents écrits par les lignes téléphoniques. Vingt ans plus tard, on utilise de moins en moins le télécopieur parce que le courrier électronique nous permet d'envoyer de très gros documents en moins de temps et pour beaucoup moins cher.

Aujourd'hui, des gens des quatre coins du monde sont connectés virtuellement : ils peuvent s'échanger des nouvelles, suivre un cours universitaire par Internet ou travailler sans sortir de chez eux. Des milliers de télétravailleuses et de télétravailleurs sont en contact virtuel avec l'entreprise qui les embauche. Ils n'ont plus à se déplacer pour gagner leur vie.

Figure 2
Le téléphone cellulaire est de plus en plus populaire parce qu'il permet aux gens d'être plus mobiles.

FAIS DES DÉCOUVERTES

1. Fais une ligne du temps pour montrer le développement des moyens de transport et des moyens de communication depuis le début de l'ère moderne jusqu'à aujourd'hui.
2. En équipe de deux ou de trois, choisis deux inventions du domaine des communications et décris l'impact qu'elles ont eu sur les transports.
3. Pense à un métier que tu aimerais exercer plus tard. Crois-tu que les technologies pourraient te permettre de pratiquer ce métier de chez toi ? Explique.

Étude de cas

Un retour dans le temps

Au début du 20e siècle, beaucoup de personnes ont quitté l'Europe pour venir s'établir au Canada. Quels moyens de transport ont-elles utilisés et combien de temps le voyage a-t-il duré ?

En 1897, la famille Basarabi a entendu dire que le gouvernement du Canada donnait de vastes fermes dans les provinces des Prairies. La famille a décidé de quitter son village situé au sud-ouest de Bucarest, en Roumanie. Sa destination était Neepawa, une petite agglomération à 180 km au nord-ouest de Winnipeg. La carte de la figure 3 montre le chemin parcouru.

La première journée, les Basarabi ont parcouru 60 km dans une charrette tirée par un cheval jusqu'à Bucarest. La route était cahoteuse et poussiéreuse. Ils étaient épuisés à leur arrivée en soirée. La deuxième journée, ils ont pris un train de Bucarest jusqu'à L'viv, en Ukraine. À la frontière, on a vérifié si les membres de la famille avaient des maladies. Le déplacement en train a duré deux jours.

À L'viv, la famille a changé de train pour se rendre à Kraków, en Pologne. Ce trajet a aussi duré deux jours, avec un autre examen médical à la frontière. Il restait un seul autre train à prendre !

Le train de Kraków a été rempli durant tout le trajet de deux jours pour arriver à Hambourg, en Allemagne. Après un autre contrôle médical, la famille a embarqué sur un bateau qui devait lui faire traverser l'océan jusqu'au Canada. On aurait dit que le monde entier se joignait aux Basarabi tant il y avait de gens sur le bateau.

Les membres de la famille se rappellent surtout la traversée de l'océan : la mer était agitée, le bateau était surpeuplé, la nourriture était mauvaise et beaucoup de gens étaient malades. Le trajet a duré 13 jours. Lorsque le bateau a accosté à Québec, tout le monde a subi un autre examen médical. Les Basarabi ont pris un autre train bondé jusqu'à Winnipeg. Pendant quatre jours, ils ont roulé avec des gens presque

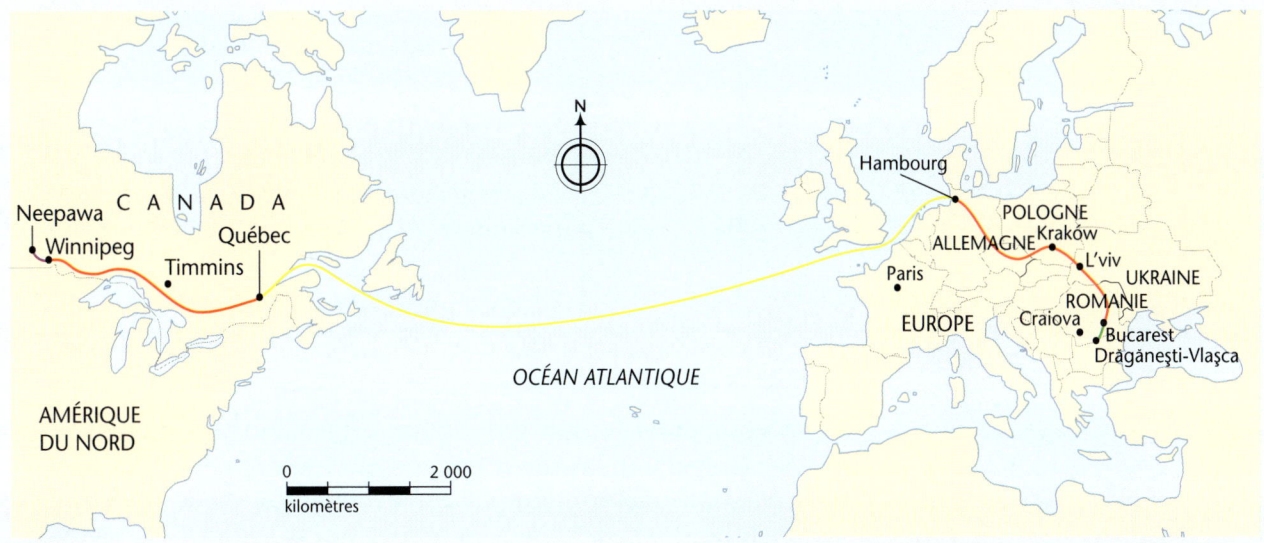

Figure 3
Le voyage de la famille Basarabi a duré 24 jours, de leur village, en Roumanie, à Neepawa, au Manitoba.

tous originaires du Royaume-Uni. Arrivés à la gare, ils se sont rendus à un bureau tout près et ont fait une demande pour l'obtention d'une ferme près de Neepawa. Ils ont loué une charrette pour transporter leurs effets personnels et se sont rendus à l'hôtel pour y passer la nuit.

Le lendemain, les Basarabi se sont mis en route pour Neepawa. Le trajet de 200 kilomètres a duré deux jours. Ils devaient se faire un chemin à travers la plaine poussiéreuse. Avant la construction des routes, la famille Basarabi et d'autres propriétaires de fermes agricoles seront plutôt isolés dans les Prairies. Seront-ils capables de transformer le sol des Prairies en domaine agricole ?

FAIS DES DÉCOUVERTES

1. Copie le tableau de la figure 4 et remplis les cases vides.

Jour	De	Vers	Moyen de transport	Commentaires
1	Drăgăneşti-Vlaşca		Charrette et cheval	La route était cahoteuse et poussiéreuse. Le trajet a duré toute la journée.
2-3		L'viv, Ukraine		
		Kraków, Pologne		
		Hambourg, Allemagne		
				Mer agitée. Bateau surpeuplé, mauvaise nourriture, beaucoup de malades. Examen médical à Québec.
19-22				Bondé, beaucoup de personnes très pauvres, la plupart du Royaume-Uni.
		Hôtel pour la nuit	Wagon	Charrette louée pour transporter les effets personnels.
				Très chaud, chemin cahoteux, poussiéreux, aucune route. Enfin arrivés !

Figure 4
Sers-toi de la carte de la page 249 pour remplir ce tableau.

2. Imagine que tu es une agente ou un agent de voyages aujourd'hui en Roumanie. Tu dois prendre les dispositions nécessaires pour les membres d'une famille roumaine qui ont été acceptés comme immigrants ayant obtenu le droit d'établissement au Canada. La famille demeure à Craiova et doit se rendre à Timmins, en Ontario. Ces endroits apparaissent dans la carte de la figure 3. Suppose que le seul moyen de se rendre de Craiova à Bucarest est la route — il n'y a pas de service ferroviaire jusqu'à Bucarest. Suppose

également que les passagers voyageant par avion de Bucarest au Canada doivent changer d'avion à Paris.

a) En équipe, fais un tableau comme celui de la figure 4. Remplis la deuxième colonne à mesure que tu détermines chaque étape des dispositions du voyage de la famille. Sers-toi d'une carte routière ou de toute autre source d'information pour trouver le meilleur moyen de se rendre de l'aéroport international Pearson à Timmins.

b) Chaque membre de l'équipe devrait choisir une étape du voyage et faire une recherche à son sujet. Pour ton étape, détermine le temps de déplacement. Tu auras peut-être besoin de communiquer avec une agence de voyages et une compagnie aérienne ou de consulter une carte routière. (Pour l'étape ou les étapes de déplacement terrestre, suppose que ces gens n'ont pas la compétence nécessaire pour conduire sur une grande distance.) Dans la colonne « Commentaires » du tableau, décris les conditions de voyage auxquelles la famille devrait s'attendre pendant cette partie du voyage.

c) En équipe, dessine une carte qui montre le trajet que tu as choisi. Sers-toi de couleurs différentes pour représenter les différents moyens de transport, comme dans la figure 3 de la page 249. Ajoute une légende, un titre et le symbole pour indiquer le nord.

d) Discute des différences entre un voyage aujourd'hui et un voyage au 19ᵉ siècle. Mentionne les changements technologiques survenus dans le domaine des transports au cours des 100 dernières années. Résume la discussion en un ou deux paragraphes.

Des faits marquants dans le domaine des moyens de transport modernes

Il y a deux façons d'améliorer la **mobilité**. Une façon consiste à améliorer le moyen de transport. L'autre consiste à diminuer les obstacles qui empêchent ou ralentissent le mouvement.

La plus grande amélioration dans les moyens de transport au 20ᵉ siècle est l'avènement du transport aérien. L'invention des ailes mécaniques, courbées sur le dessus et plates en dessous, a permis aux avions de voler. L'invention du moteur à réaction, qui se sert de **poussées**, a rendu le vol beaucoup plus rapide. La vitesse a augmenté encore plus lorsqu'on a donné aux avions une forme **aérodynamique**.

Mobilité : l'habileté à se déplacer.

Poussée : une force créée dans un moteur à réaction qui conduit ou pousse un véhicule en avant.

Aérodynamique : se dit d'une conception qui permet un mouvement plus rapide et plus stable du véhicule.

Figure 5
Un Concorde

Dans la conception aérodynamique du Concorde, la forme triangulaire des ailes en forme de flèche entraîne un meilleur flux d'air pour le vol à haute vitesse. Le Concorde peut voyager deux fois plus vite que le son et traverse l'océan Atlantique en trois heures. Étant donné qu'il y a une différence de cinq heures entre Londres et New York, un Concorde qui décolle de Londres à 10 h arrive à New York deux heures « plus tôt », c'est-à-dire à 8 h.

Les améliorations aux moyens de transport n'auraient pas été très utiles sans la construction de routes, de voies ferrées, de ports, de canaux et d'aéroports.

Les canaux ont joué un rôle vital dans l'amélioration des voies fluviales autour du monde. Les canaux de Suez et de Panama permettent d'économiser des milliers de kilomètres et d'heures de transport. Les canaux à écluses, grâce auxquels on peut contrôler les niveaux d'eau, ont permis aux bateaux de voyager là où les niveaux d'eau étaient trop bas ou là où il n'y avait pas de route fluviale.

L'ouverture de la voie maritime du Saint-Laurent, en 1959, a grandement amélioré le passage des bateaux de l'océan Atlantique jusqu'à l'extrémité du lac Supérieur. Grâce à des canaux, des écluses et des barrages de régulation, la voie maritime fournit une route d'eau profonde permettant aux gros bateaux de transporter les matières premières et les produits finis.

Les tunnels et les ponts créent de nouvelles routes en reliant des endroits séparés par des montagnes ou de l'eau. La plus récente réalisation technologique en matière de tunnels est le tunnel sous la Manche, achevé en 1994. Une des plus récentes réalisations en matière de longs ponts est le pont de la Confédération, d'une longueur de 13 km, qui relie le Nouveau-Brunswick et l'Île-du-Prince-Édouard (1997). Avant la construction du pont, le trajet par traversier durait 45 minutes et occasionnait souvent des heures d'attente. Le mauvais temps augmentait encore ces délais. La traversée du pont dure maintenant 12 minutes, et les délais sont rares.

L'avenir du transport

L'avenir du transport est présentement à l'étude. Depuis plusieurs années, des scientifiques et des ingénieures et des ingénieurs ont essayé de produire un véhicule ne causant pas de pollution. La solution de l'électricité pour alimenter les moteurs a eu un certain succès. On doit brancher la voiture lorsqu'on ne l'utilise pas. La voiture fonctionne ensuite avec l'énergie de la batterie. Toutefois,

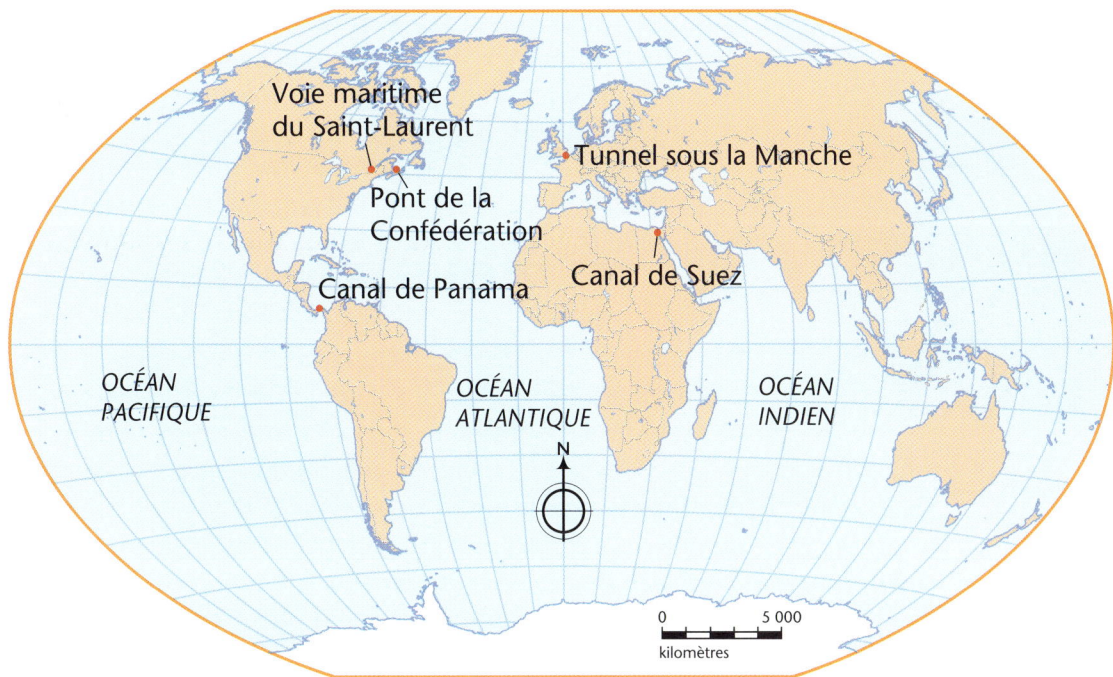

Figure 6
Décris comment chacun des progrès technologiques indiqués sur la carte a permis de surmonter un obstacle aux déplacements.

les véhicules alimentés par l'énergie électrique ne roulent pas aussi vite que les autres véhicules. Il faut veiller à les recharger régulièrement. On prévoit cependant que la voiture électrique sera améliorée et que, d'ici cinq ans, elle sera aussi concurrentielle qu'une voiture à essence.

Les voitures alimentées à l'énergie solaire peuvent convenir à des climats chauds. Elles ont cependant les mêmes problèmes de pile que les voitures électriques — puisque la pile ne peut emmagasiner beaucoup de puissance, il est nécessaire de la recharger fréquemment.

Au cours de ta vie, les voyages dans l'espace deviendront peut-être une réalité pour plus de gens que jamais. L'invention de la navette spatiale réutilisable a réduit le coût d'un voyage dans l'espace. La station spatiale permanente sera peut-être une étape cruciale pour l'être humain dans l'exploration du système solaire.

Alors que quelques personnes auront la chance de voyager vers d'autres mondes, la plupart d'entre nous essaieront d'améliorer leur mobilité sur Terre. Plus de véhicules signifie plus de circulation et plus de pollution, à moins de trouver de nouvelles

Figure 7
Quels sont les avantages et les inconvénients des trottoirs roulants?

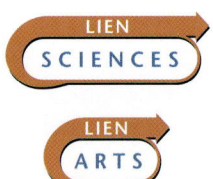

technologies pour résoudre ces problèmes. Le développement de telles technologies requiert que des gens pensent de manière différente. Plusieurs idées échoueront mais certaines réussiront. Notre mobilité future dépend de ces succès.

Fais des découvertes
AVEC DES PHOTOGRAPHIES

1. Les figures 7 et 8 montrent deux idées de moyens de transport qui n'ont pas eu de succès. En équipe, discute des questions suivantes.
   a) Selon toi, pourquoi les trottoirs roulants ne sont-ils pas utilisés dans les villes? Inclus la question du coût et celle du climat dans ta réponse.
   b) Où y a-t-il des trottoirs roulants? Selon toi, pourquoi font-ils partie de ces environnements?
   c) Les ceintures-fusées et les ceintures à réaction ont été mises au point des années 1950 aux années 1970. Pourquoi est-ce que personne ne les utilise aujourd'hui? Inclus les aspects de l'utilité, du combustible et de l'atterrissage dans ta réponse.
   d) D'après tes réponses aux questions a) à c), dresse une liste de critères qu'une nouvelle invention pour le transport devrait comporter pour devenir populaire.
2. En équipe, sers-toi de ta liste de critères élaborée en 1 d) pour imaginer trois nouveaux moyens de transport. Pour chacun:
   a) décris l'idée. Inclus dans ta description un problème de circulation ou de déplacement que ton idée résoudrait. Ajoute aussi un schéma de ton idée.
   b) décris l'effet que ton idée aurait sur les déplacements de l'avenir.

Résumé

Dans ce chapitre, tu as découvert comment la mobilité a changé grâce aux progrès technologiques. Tu as vu quelques réalisations et quelques échecs dans notre poursuite d'amélioration de la mobilité. Tu as aussi eu un aperçu de ce qui pourrait survenir dans le domaine du transport et des communications.

Figure 8
Quels sont les avantages et les inconvénients des ceintures-fusées?

Révise tes découvertes

1. Donne un exemple d'une technologie qui a amélioré un véhicule destiné à transporter des gens.

2. Donne trois exemples de réseaux différents construits ou améliorés pour permettre aux véhicules de se déplacer plus facilement.
3. Nomme deux problèmes que les scientifiques et les ingénieures et les ingénieurs doivent prendre en compte dans la conception d'un moyen de transport de l'avenir.

Mets tes découvertes en pratique

1. Les nouvelles technologies de communication et de gestion de l'information ont bouleversé les rapports humains plusieurs fois au cours des trois derniers millénaires. Avec deux ou trois camarades,
    a) Choisis une technologie du domaine des communications parmi les suivantes :
        – l'écriture ;
        – l'imprimerie ;
        – la télégraphie ;
        – le téléphone ;
        – la télévision ;
        – le télécopieur ;
        – les satellites de communications ;
        – Internet ;
        – le téléphone cellulaire.
    b) Décris comment fonctionne cette technologie et quelles personnes l'utilisent.
    c) Décris comment cette technologie a amélioré les rapports entre les êtres humains.
    d) Présente ton travail à la classe de façon dynamique. Prévois une façon de faire participer les membres de ton public.

L'atelier de géographie

Dans ce module, tu as étudié divers aspects des déplacements humains, y compris les cinq suivants :

▸ la diffusion de différents éléments de culture à travers le monde, qui a formé des sociétés multiculturelles ;

▸ les déplacements de réfugiées et de réfugiés et de migrantes et de migrants à l'intérieur d'un pays à cause de la guerre et de la famine ;

▸ les déplacements d'immigrantes et d'immigrants temporaires à la recherche de travail et d'autres occasions d'améliorer leur vie ;

▸ les moyens de transport utilisés par les êtres humains pour leurs déplacements ;

▸ les effets de la technologie sur les moyens de transport et les trajets empruntés.

À présent, tu te serviras de tes connaissances sur les déplacements humains pour décrire et expliquer les expériences d'un groupe culturel particulier du Canada.

Les Estoniens au Canada

Date : 1er juin   Noms : Tina Randoja, Jenny Armin, Stéphane Corbin

La **page couverture** présente l'album de collage et comporte le titre, la date et ton nom. Il est bon d'inclure des éléments visuels qui reflètent le contenu de l'album.

Pourquoi venir au Canada ?

Les raisons qui ont incité les Estoniennes et les Estoniens à venir au Canada varient selon la période de leur arrivée.

De 1945 à 1954

À la fin de la Seconde Guerre mondiale, il y avait plus de 70 000 réfugiées et réfugiés de l'Estonie en Suède et en Allemagne. La plupart vivaient dans des camps pour « personnes déplacées » où les conditions de vie étaient dures. Les Estoniennes et les Estoniens s'inquiétaient pour leur avenir. Ces gens ne voulaient pas retourner en Estonie parce que leur pays faisait maintenant partie de l'Union soviétique, dirigée par Staline. Ils pensaient que la vie au Canada serait plus sûre que la vie dans les camps.

Calendrier des événements importants
1945 Fin de la Seconde Guerre mondiale
1946 Un groupe de ressortissantes et de ressortissants de la Baltique réfugiés en Suède est retourné en Union soviétique.
1945-1946 Un premier flot d'immigrantes et d'immigrants arrivent en Nouvelle-Écosse en « bateaux Viking ».
1991 L'Estonie devient un pays indépendant.

Les premières personnes qui ont immigré au Canada après la Seconde Guerre mondiale sont arrivées dans des petits bateaux. Certains bateaux mesuraient seulement de 9 à 20 mètres de longueur.

Le gouvernement canadien a aidé des Estoniennes et des Estoniens à immigrer au Canada. Il payait leur transport en échange de deux années de travail.

suite à la page suivante

Caractéristiques spéciales et traditio[nnelles]

Pendant longtemps, la population d'Estonie a fo[rmé une société] ou agricole. Les célébrations et les traditions cul[turelles reflètent les] liens de ces gens avec la nature. Voici quelques [mets] traditionnels estoniens.

Mets de tous les jours	Mets de célébrations
Pommes de terre bouillies	Boudin
Soupe au lait	Fromage de porc
Gruau d'orge	Porc rôti ou oie rôtie
Pain de seigle	Choucroute
Hareng salé	Pommes et mandarines
Champignons sauvages	Pain au gingembre, noix
Yogourt	

Les vêtements traditionnels sont portés lors des c[élébrations]. La photographie ci-dessous montre des gens por[tant le costume] traditionnel lors de la **Fête nationale de la chan**[son qui a lieu tous] les cinq ans.

Des illustrations et du texte expliquent les **raisons** qui ont poussé des membres du groupe à quitter leur terre natale pour venir au Canada et racontent les **événements marquants** de leur voyage.

Des cartes, des illustrations et du texte montrent le **lieu d'origine** du groupe, l'**année de leur immigration** au Canada, les **trajets** suivis et les **moyens de transport** utilisés.

Lieu d'origine

Les Estoniennes et les Estoniens viennent de l'Estonie, un pays de l'Europe du Nord-Est. La superficie occupée sur le continent est d'environ 45 100 kilomètres carrés. L'Estonie comprend aussi 800 îles dans la mer Baltique, près de la partie continentale. C'est un pays où il y a beaucoup de lacs, de rivières et de fleuves, avec un climat continental qui ressemble beaucoup à celui du Canada. L'Estonie est aujourd'hui un pays indépendant, mais de 1944 à 1991, elle était une république de l'Union soviétique, la RSSE (République socialiste soviétique de l'Estonie). Durant ces années, les Estoniennes et les Estoniens n'avaient pas le droit d'émigrer.

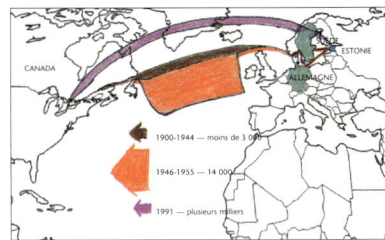

Migration vers le Canada

Entre 1900 et 1944, moins de 3 000 Estoniennes et Estoniens ont immigré au Canada.

Durant la Seconde Guerre mondiale, 72 000 Estoniennes et Estoniens se sont enfuis de leur terre natale. Ces réfugiées et réfugiés politiques et ces « personnes déplacées » se sont d'abord installés en Suède et en Allemagne.

suite à la page suivante

Des illustrations et du texte montrent les **caractéristiques spéciales** et les **traditions** du groupe dans sa région d'origine.

Les contributions au Canada

Les gens venus d'Estonie font partie des immigrantes et des immigrants qui ont le plus d'instruction. Ils ont apporté leur contribution au domaine scolaire, aux sports amateurs, à l'architecture et à beaucoup d'autres domaines. En voici quelques exemples.

Gymnastique rythmique

La gymnastique rythmique a débuté en Europe de l'Est il y a environ 100 ans, grâce à l'Estonienne Ernst Idla. Mme Idla a inventé la danse rythmique et fondé l'Institut de gymnastique à Tallin, en Estonie, en 1929. Une de ses élèves, Evelyn Koop, a immigré au Canada et a fondé le Club de sport Kalev en 1951. Au début, la plupart des membres étaient Estoniennes. Le Club était le seul endroit au Canada où l'on pratiquait la gymnastique rythmique. Aujourd'hui, des Canadiennes et Canadiens de toutes les classes de la société pratiquent la gymnastique rythmique dans l'un des clubs à travers le pays. Le Canada participe depuis 1971 aux championnats mondiaux de gymnastique rythmique. La Canadienne Lori Fung, qu'Evelyn Koop a entraînée dans l'un de ses clubs, a reçu la première médaille d'or olympique du Canada en gymnastique rythmique en 1984. En 1996, une autre élève d'Evelyn Koop, Camille Martens, était la seule gymnaste rythmique canadienne aux Jeux olympiques.

Biographie
Evelyn Koop

Evelyn Koop est reconnue pour avoir fait de la gymnastique rythmique un sport national au Canada. Après avoir fondé le Club de sport Kalev en 1951, elle a créé la Fédération sportive de gymnastique canadienne en 1968. En 1976, elle a dirigé et fait la chorégraphie des cérémonies d'ouverture des Jeux olympiques de Montréal. Elle a ainsi contribué à faire admettre la gymnastique rythmique aux Jeux olympiques de 1984. Elle a reçu plusieurs prix, entre autres la Médaille pour service insigne de la Reine Élizabeth, le prix Air Canada du gestionnaire de l'année en sport amateur et une distinction honorifique de l'Ontario.

suite à la page suivante

Des illustrations et du texte montrent pourquoi et comment la **culture a changé** depuis l'arrivée du groupe au Canada et montrent aussi les **contributions** passées et présentes du groupe **au Canada**.

Ta tâche

En équipe de deux ou trois élèves, choisis un groupe culturel (ou une petite partie d'un groupe) présent au Canada. Ce peut être un des groupes dont toi ou tes ancêtres faites partie. Fais un album de collage sur le groupe choisi. Inclus des cartes, des illustrations, du texte ou tout autre élément approprié. Ton album devrait fournir les renseignements suivants sur le groupe :

▸ le lieu d'origine ;

▸ les caractéristiques particulières et les traditions ;

▸ les raisons de l'immigration au Canada ;

▸ des renseignements sur la migration : années, trajets, moyens de transport, expériences ;

▸ les changements dans la culture du groupe depuis son arrivée au Canada ;

▸ les contributions que le groupe a faites et continue de faire au Canada.

Agrafe ou relie ton album de collage et ajoute une page couverture attrayante. Prépare avec tes camarades un présentoir afin d'exposer tous les albums conçus en classe.

# Habiletés en géographie

Révision et exercices

Les courbes de niveau des cartes topographiques

Les cartes topographiques représentent une portion de terrain et les constructions humaines qui s'y trouvent, comme les agglomérations, les routes, les ponts, etc., ainsi que ses caractéristiques naturelles comme les collines, les falaises et les cours d'eau. Beaucoup de ces éléments apparaissent sur la carte comme on peut les voir par le hublot d'un avion. Par exemple, les maisons, les fermes et les autres édifices ressembleront à de petits carrés noirs ; les lacs seront des régions bleues et les routes seront habituellement des lignes droites ou légèrement sinueuses. Toutefois, les caractéristiques naturelles comme les collines sont plus difficiles à distinguer sur une carte. En effet, sur une carte topographique, on représente parfois l'altitude du sol par des courbes de niveau.

Les courbes de niveau sont des lignes qui relient des lieux de la même altitude au-dessus du niveau de la mer, mesurée en mètres (ou en pieds). Les nombres à côté des points ou à l'intérieur des petits triangles donnent de l'information additionnelle sur les altitudes.

Pas à pas : interprète les courbes de niveau

1. Examine la carte et repère les courbes de niveau. L'altitude qui correspond à chaque courbe est indiquée, en mètres ou en pieds au-dessus du niveau de la mer.
2. Le terrain sur un côté d'une courbe de niveau est plus élevé que l'altitude représentée par la courbe, et le terrain de l'autre côté de la courbe est moins élevé.
3. Si tu le peux, trouve des exemples où les courbes de niveau sont très proches les unes des autres. Cela indique que le terrain est en pente. Plus les courbes de niveau sont rapprochées, plus la pente est abrupte.
4. Si une courbe de niveau a la forme d'un « V » pointant vers un terrain plus élevé, elle représente une vallée (observe la figure 3 de la page 9).

5. Si la courbe de niveau a la forme d'un « V » pointant vers un terrain plus bas, elle représente une crête montagneuse, comme une montagne ou une colline (par exemple, Feather Point, au bout de la péninsule qui est au sud de Harbour Grace, dans la figure 4 de la page 10).
6. Les courbes de niveau ne se coupent jamais, mais si elles se rejoignent, elles indiquent une falaise.
7. Les terrains plats présentent peu de courbes de niveau, et elles semblent errer à travers la carte (par exemple, la courbe de niveau de 825 pieds qui passe à l'est de Plum Coulee dans la figure 7 de la page 14).

Exercices

1. Regarde l'étroite péninsule au sud de Harbour Grace dans la figure 4 de la page 10. Quel côté de la péninsule présente la pente la plus abrupte ?
2. Dans la figure 3 de la page 9, tu vois plusieurs ruisseaux qui s'écoulent dans le lac Érié. Quels problèmes ces ruisseaux pourraient-ils causer à l'agriculture dans la région ?
3. Observe le canal artificiel qui traverse la figure 7 de la page 14. Selon toi, pourquoi ce canal est-il nécessaire ?

Les images satellites

De nos jours, il y a beaucoup de satellites en orbite autour de la Terre. Certains sont des satellites de communication, toujours au-dessus du même endroit afin de transmettre des signaux téléphoniques ou des images télévisées d'un pays à un autre. D'autres, comme le satellite *Landsat* des États-Unis ou le satellite *Spot* de la France, gravitent autour de la Terre pour examiner les caractéristiques de la surface terrestre. Ils envoient des données digitales qui montrent des images en couleurs réelles ou non. Ces images peuvent fournir beaucoup d'information au sujet de la surface terrestre, y compris les roches, la couverture végétale, la pollution de l'air ou de l'eau, ainsi que sur des caractéristiques humaines comme les villes.

Le satellite *Landsat* examine la surface de la Terre par sections de 30 m^2. Le satellite *Spot* peut examiner une superficie aussi petite que 10 m^2.

Figure 1
Une image satellite de la ville d'Ottawa

Exercices

1. Sur l'image satellite de la figure 1,
   a) repère le centre des affaires, la colline parlementaire, la rivière Rideau et le canal Rideau.
   b) Quel élément du domaine des transports se trouve à l'extrême nord-est de l'image ?
   c) Compare cette image avec ta carte de densité de population à Ottawa (figure 7 de la page 58). Comment peux-tu distinguer les régions de haute densité et de faible densité sur l'image ?
   d) Quelle est la différence entre le tracé routier des banlieues plus récentes et celui des zones résidentielles plus anciennes ?
   e) Compare cette image avec celle de Winnipeg, à la page 42. Quelle image est représentée avec ses couleurs réelles ? avec de fausses couleurs ? Pourquoi utilise-t-on parfois de fausses couleurs ?

Les diagrammes circulaires

Un diagramme circulaire est un cercle divisé en secteurs qui ressemblent à des pointes de tarte. La grandeur de chaque secteur montre l'importance d'un élément par rapport à un tout. Par exemple, le diagramme circulaire de la figure 2 permet de comparer la superficie des provinces et des territoires qui forment le Canada.

Des valeurs numériques réelles, comme la superficie (en kilomètres carrés) ou des pourcentages, peuvent rendre l'information du diagramme plus précise. Dans cet exemple, les pourcentages sont indiqués. On aurait aussi pu noter la superficie (en kilomètres carrés) à côté de chaque secteur.

Pas à pas : construis un diagramme circulaire

1. Tu as peut-être des données déjà converties en pourcentages. Sinon, tu devras faire la conversion toi-même. Pour ce faire, divise chaque élément par la valeur totale de tous les éléments, puis multiplie le résultat par 100. Par exemple, pour convertir la superficie de l'Ontario en pourcentage, tu dois diviser la superficie de l'Ontario (en kilomètres carrés) par la superficie totale du Canada (en kilomètres carrés), puis multiplier le résultat par 100.
2. Lorsque tes données sont sous forme de pourcentages, tu peux les représenter dans ton diagramme circulaire. Sers-toi d'un crayon et d'une règle pour tracer les lignes à partir du centre jusqu'au bord de ton cercle.
3. Sur un cercle où 100 divisions sont indiquées sur la circonférence, compte dans le sens des aiguilles d'une montre autour de la circonférence et fais une petite marque à la division correspondant à la première des valeurs que tu dois représenter. (Si ton cercle n'a pas 100 divisions, tu dois multiplier la valeur de chaque pourcentage par 3,6 pour connaître l'angle correspondant. Tu utilises ensuite un rapporteur.)
4. Sers-toi d'un crayon et d'une règle pour tracer une ligne à partir du centre jusqu'à ce point sur la circonférence du cercle.
5. À partir de cette nouvelle ligne, compte jusqu'à ce que tu atteignes la prochaine valeur. Fais une marque et trace une ligne à partir du centre, comme tu viens de le faire.
6. Refais l'étape 3 pour représenter toutes les données. Si tu as réussi, ta dernière ligne coïncidera avec ta première ligne.
7. Pour terminer, colorie et identifie chaque secteur. Ajoute les données requises et donne un titre approprié à ton diagramme.

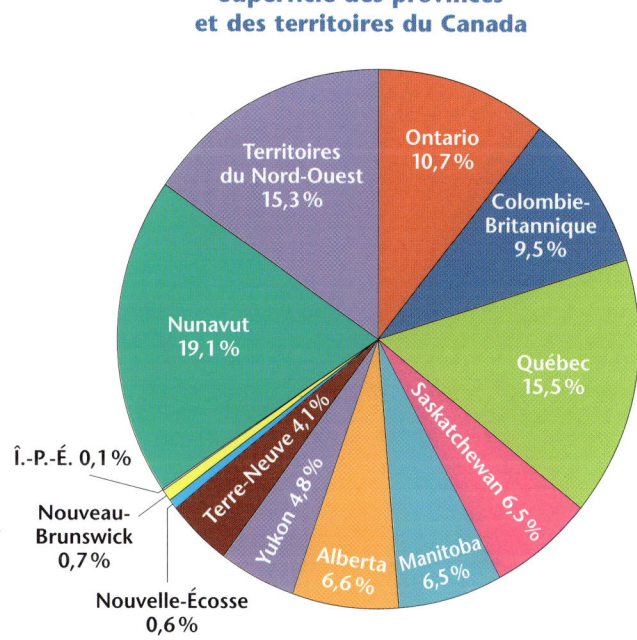

Figure 2
Diagramme circulaire qui compare la superficie des provinces et des territoires du Canada

Les pyramides des âges

Les pyramides des âges servent à représenter graphiquement la répartition de la population par sexes et par groupes d'âge. On les appelle parfois « pyramides âge-sexe ».

Les pyramides se divisent en trois catégories selon leurs formes (figure 3). Premièrement, les pyramides des âges des pays en voie de développement semblent avoir une véritable forme pyramidale, comme celle du Mozambique, à la page 73. Deuxièmement, les jeunes pays développés comme le Canada ont des pyramides avec une base étroite et un bourrelet pour les membres de la « génération du baby-boom » (qui étaient dans la trentaine et la quarantaine en 1996). Enfin, un pays développé plus âgé, comme la Suède, a un plus grand pourcentage de gens âgés, ce qui donne à la pyramide une apparence mal équilibrée.

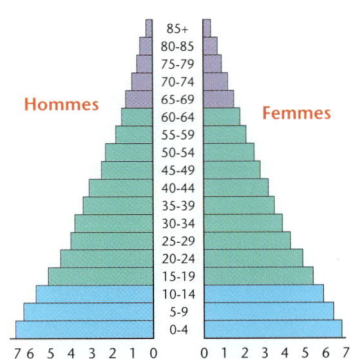

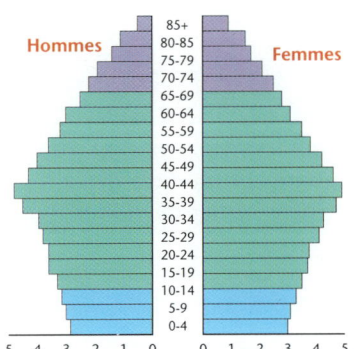

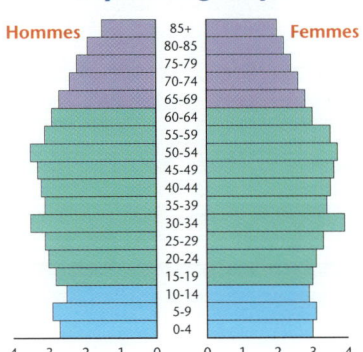

Figure 3
Des modèles de pyramides des âges

Pas à pas : construis une pyramide des âges

1. Si c'est nécessaire, convertis tes données en pourcentages de la population totale. Par exemple, dans la figure 3 de la page 74, on obtient le pourcentage des hommes de plus de 85 ans par rapport à la population totale comme suit :
   109,5 (hommes de plus de 85 ans) ÷ 29 969,2 (population totale du Canada) × 100 = 0,4
2. Trace un axe horizontal sur du papier quadrillé, où 1 cm représente 1 % du groupe âge/sexe. L'échelle commence à 0 au centre et au bas de ton papier quadrillé ; la partie de gauche correspond aux hommes et la partie de droite correspond aux femmes, comme dans la figure 2 de la page 73.
3. Trace un axe vertical vers le haut à partir du point 0 de l'axe horizontal. Si tu veux, tu peux tracer deux axes verticaux pour garder de l'espace au centre afin d'écrire les groupes d'âge (figure 3). L'échelle de l'axe vertical devrait être de 0,5 cm pour 5 ans.
4. Pour le groupe d'âge de 0 à 4 ans, trace une bande horizontale. Les hommes vont à gauche de l'axe vertical et les femmes, à droite.
5. Procède ainsi pour tous les groupes d'âge.
6. Tu peux colorier tes bandes pour distinguer les hommes et les femmes, ou pour distinguer les groupes d'âge comme les 0 à 4 ans, les 15 à 64 ans et les 65 ans et plus, comme dans la figure 3.

Exercices

1. Quelle forme de pyramide illustrée dans la figure 3 les pays suivants devraient-ils avoir, selon toi ? Explique.
   a) les États-Unis.
   b) la Zambie.
   c) l'Angleterre.
   d) le Japon.
   e) le Mexique.

2. Trouve comment les événements suivants pourraient modifier une pyramide des âges. Fais une esquisse de la forme de la pyramide 20 ans après chacun des événements suivants, selon ta prédiction.
   a) La Première Guerre mondiale et ses effets sur la population de la France.
   b) La politique, instaurée en Chine en 1979, qui oblige les couples à n'avoir qu'un seul enfant.
   c) La famine en Éthiopie en 1984-1985.
   d) L'épidémie de sida qui touche présentement un pays d'Afrique centrale.

   Tu peux travailler en équipe pour déterminer la forme de tes esquisses. Justifie la forme de tes pyramides.

Les diagrammes de dispersion

> Un diagramme de dispersion, ou nuage de points, est un type de graphique qui nous aide à juger s'il y a une relation entre deux facteurs, comme la latitude et la température en été, ou la superficie d'un pays et sa population. Un diagramme de dispersion consiste en points, chacun représentant une donnée. Si les points semblent montrer une relation entre les deux facteurs, on peut tracer une ligne entre les données pour représenter la tendance.

Pas à pas : construis un diagramme de dispersion

1. Trace deux axes avec une échelle appropriée ; chaque axe correspond à un facteur.
2. Trace les points pour représenter tes données.

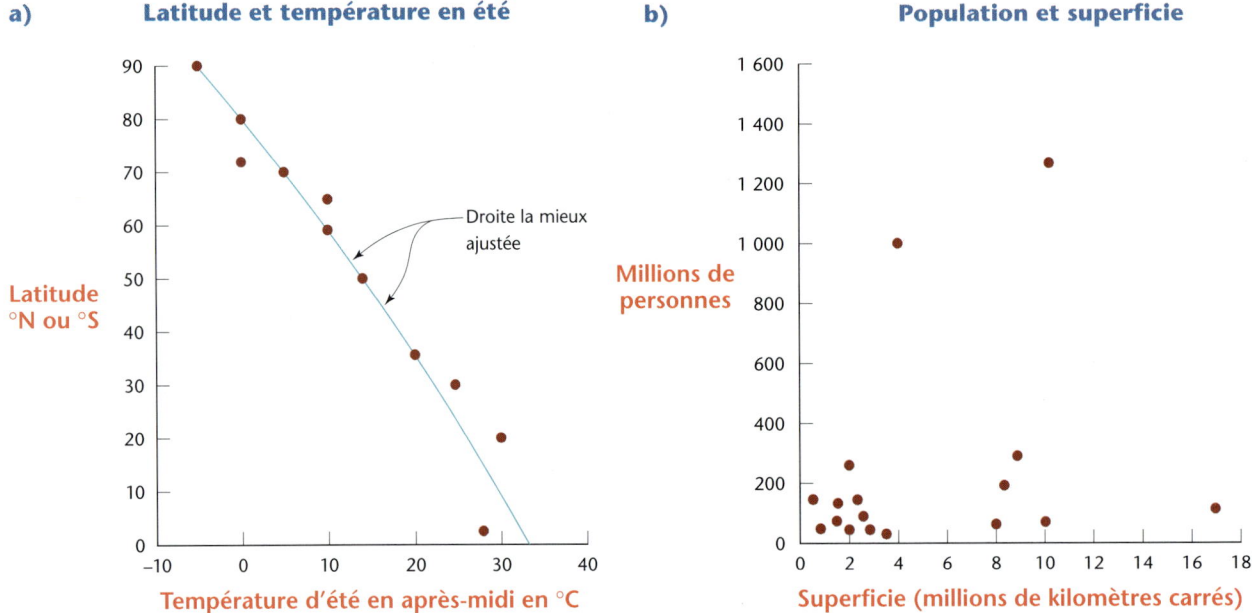

Figure 4
Le diagramme de dispersion en a) montre une relation étroite entre les deux facteurs : lorsque la latitude augmente, la température descend. En b), il n'y a pas de relation apparente entre la superficie d'un pays et sa population.

3. Si tu remarques qu'il y a une tendance évidente (la majorité des points suivent la même direction croissante ou décroissante générale), trace une ligne droite ou légèrement courbée qui passe parmi les points.

Les diagrammes à bandes empilées

> Un diagramme à bandes empilées consiste en bandes verticales ou horizontales, avec chaque bande subdivisée à la façon d'une pile de blocs de différentes couleurs. Chaque partie d'une bande indique la valeur d'un élément par rapport à la valeur totale.
>
> Les données des diagrammes à bandes empilées sont soit des nombres (figure 5 a), soit des pourcentages (figure 5 b). Si chaque bande représente une variation dans le temps, on se sert souvent de lignes pointillées pour relier les blocs de la pile (figure 5 c).

Pas à pas : construis un diagramme à bandes empilées

1. Trace deux axes. Prévois assez d'espace pour représenter la valeur totale de chaque bande.
2. Représente la valeur totale de l'information pour faire la première bande.
3. À l'intérieur de la bande que tu as tracée, dessine une ligne droite horizontale vis-à-vis la valeur du premier élément qui fait partie de la valeur totale de la bande.
4. À partir de la ligne que tu as tracée à l'étape précédente, compte la valeur du deuxième élément qui constitue une autre partie de la valeur totale de cette bande. Tu pourrais aussi additionner ces deux dernières valeurs pour savoir où tracer la ligne.
5. Refais l'étape 4 jusqu'à ce que toutes les valeurs soient représentées. Si tu as réussi, ta dernière ligne coïncidera avec le haut de la bande.
6. Une fois toutes les bandes tracées, colorie le bloc qui correspond à un élément d'une couleur donnée, et ce dans chaque bande.
7. Si la bande indique une notion de temps, tu peux tracer des lignes pointillées entre les bandes pour faire ressortir les changements.
8. Identifie chaque bande et chaque couleur et donne un titre approprié à ton diagramme.

Figure 5
Trois genres de diagrammes à bandes empilées

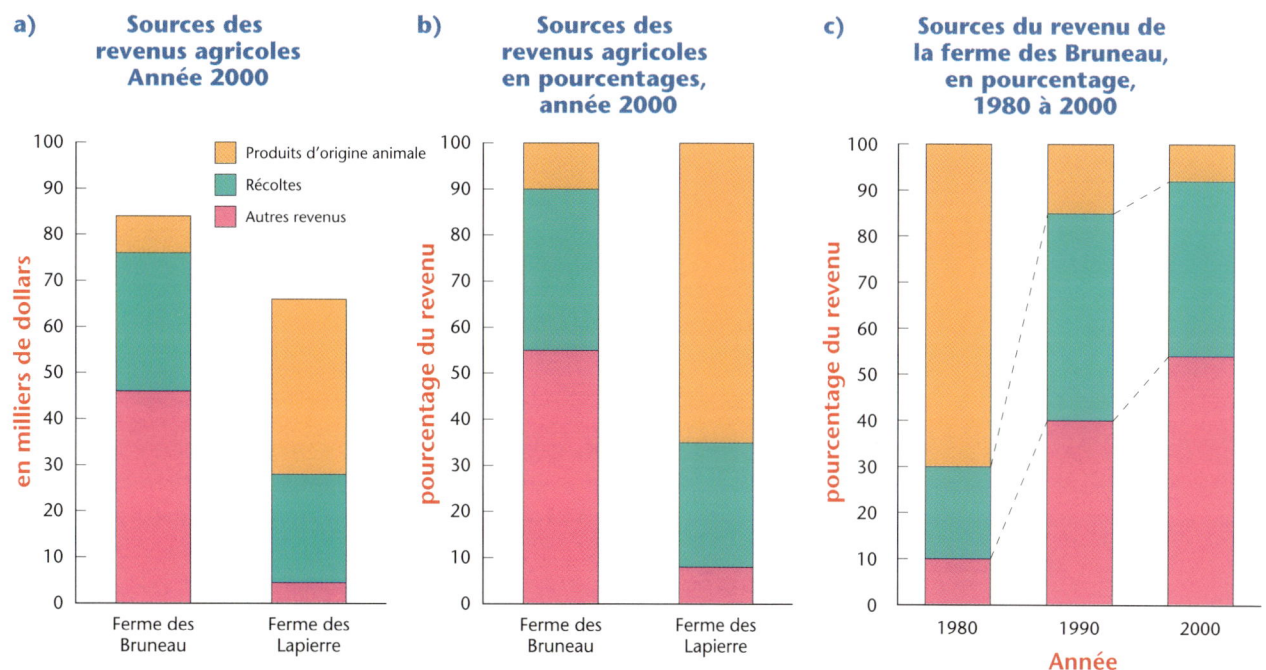

Exercices

1. Examine les trois exemples de diagrammes à bandes empilées dans la figure 5 et réponds aux questions suivantes. Quel genre de diagramme, a), b) ou c), serait le plus approprié
   a) pour montrer les variatons dans les proportions d'immigrantes et d'immigrants de différents groupes au Canada depuis 1900?
   b) pour montrer les proportions d'immigrantes et d'immigrants de différentes cultures dans certaines villes canadiennes en l'an 2000?
   c) pour montrer le nombre d'immigrantes et d'immigrants de différents groupes culturels dans chaque province et chaque territoire?
2. Fais une esquisse d'un diagramme à bandes empilées qui pourrait montrer les variations dans le nombre d'immigrantes et d'immigrants de cultures différentes au Canada depuis 1950.

Glossaire

(f) : mot féminin ; *(m)* : mot masculin

Accord *(m)* **de libre-échange nord-américain (ALENA)** l'accord commercial signé par le Canada, les États-Unis et le Mexique.

aérodynamique *(f/m)* une conception qui permet un mouvement plus rapide et plus stable du véhicule.

baby-boom *(m)* une période d'environ 20 ans après la Seconde Guerre mondiale durant laquelle un nombre exceptionnellement élevé de naissances a eu lieu. Cette période a été suivie par le « baby bust », une période de baisse significative de la natalité.

bilingue *(f/m)* qui concerne deux langues. Au Canada, les deux langues officielles sont le français et l'anglais.

carrefour *(m)* **de déplacements** un aéroport qui est sur le trajet de plusieurs directions.

centre *(m)* **des affaires** le cœur de la ville où convergent les grandes voies de transport. On y trouve les terrains ayant la plus grande valeur marchande.

collatéral *(m)* un bien d'une personne qui demande un prêt et qui peut être saisi si elle ne rembourse pas sa dette.

corrélation *(f)* une relation ou une tendance entre deux facteurs qui est plutôt prévisible. Les facteurs d'une corrélation sont habituellement exprimés par des ensembles de nombres.

culture *(f)* le comportement que les gens apprennent, composé des systèmes de croyances, de langues, de constantes sociales, de systèmes politiques, d'organismes, d'habitudes alimentaires et vestimentaires et d'utilisation d'édifices, d'outils et de machines.

densité *(f)* **de population** la mesure du nombre de personnes dans une unité de superficie, habituellement le kilomètre carré.

dérivé *(m)* un produit ou une idée qui découle d'une activité ayant un but différent au départ.

diffusion *(f)* la propagation d'une nouvelle caractéristique à partir d'un centre ou de plusieurs centres. Par exemple, l'emploi du piment du Chili dans la cuisson et l'alimentation a commencé en Amérique centrale il y a environ 5 000 ans. Les explorateurs et les colons en ont répandu l'usage (l'ont diffusé) en Europe. L'usage s'est ensuite propagé. Les colons portugais ont introduit cet usage en Asie méridionale où le piment du Chili est maintenant un ingrédient de base dans presque toute la région.

discrimination *(f)* un traitement injuste envers une personne ou un groupe à cause de son sexe, de sa religion, de sa race, etc.

district *(m)* **du centre des affaires** le cœur de la ville où se concentrent les réseaux de transport. Les terrains les plus coûteux s'y trouvent ainsi que plusieurs entreprises majeures.

économie *(f)* l'étude de la production, du mouvement, de la distribution, de la commercialisation et de la consommation de biens et de services. Plus particulièrement, l'économie décide quels biens et services nous produisons, comment nous les produisons et comment nous les distribuons.

économie *(f)* **de marché** un système économique où de simples particuliers établissent, possèdent et dirigent des entreprises qui produisent des biens et des services que les consommatrices et les consommateurs désirent. Ce système s'appelle aussi la « libre entreprise » ou le « capitalisme ».

économie *(f)* **de subsistance** un système économique où le travail ne produit que la nourriture, les vêtements et les logements nécessaires aux travailleuses et aux travailleurs.

économie *(f)* **dirigée** un système économique où le gouvernement possède et contrôle tous les aspects de l'économie.

économie *(f)* **mixte** un système économique qui combine la propriété privée avec un contrôle gouvernemental.

économie *(f)* **traditionnelle** un système économique dans lequel les méthodes de travail ont très peu changé d'une génération à l'autre. Les travailleuses et les travailleurs d'une économie traditionnelle essaient de produire un peu plus que ce qui est nécessaire à la subsistance.

effet *(m)* **ondulatoire** une chaîne d'effets ou d'événements qui découlent d'un événement initial. La chaîne se compare aux ondes qui se forment lorsqu'on jette une pierre à l'eau.

emplacement *(m)* la localisation d'une maison, d'un édifice ou d'une ville par rapport aux lieux avoisinants.

entente *(f)* **relative aux répercussions et aux avantages** un accord volontaire signé par une compagnie minière et un groupe local d'autochtones. La compagnie minière accepte de réduire l'incidence de la mine sur les écosystèmes et peut garantir de l'emploi aux résidentes et aux résidents locaux ainsi que des fonds pour la recherche environnementale.

entrepreneuse *(f)*, **entrepreneur** *(m)* une personne qui prend le risque de démarrer une entreprise et de la gérer.

esclave *(m)* une personne qui appartient à une autre personne et qui doit faire ce que sa ou son propriétaire désire.

espérance *(f)* **de vie** le nombre moyen d'années qu'une personne est susceptible de vivre. L'espérance de vie dépend de plusieurs facteurs, en particulier le niveau de vie du pays où la personne demeure.

exportations *(m)* les produits et services qui sortent d'un pays.

facteurs *(m)* **d'attraction** les attraits sociaux, culturels, religieux, politiques, économiques et environnementaux d'une région qui incitent les gens à quitter un endroit pour aller vivre dans cette région.

facteurs *(m)* **de répulsion** les forces sociales, politiques, économiques et environnementales qui poussent les gens à quitter un endroit pour en chercher un autre.

franchise *(f)* le droit de vendre un bien ou un service particulier. Chaque opération d'une franchise doit suivre des règles qui assurent que toutes les franchises offrent des services identiques.

guerre *(f)* **civile** un conflit armé entre des gens d'un même pays. La guerre civile peut se déclencher lorsqu'un groupe veut enlever le pouvoir aux dirigeants ou veut qu'un autre groupe quitte le pays.

immigration *(f)* l'action de gens qui entrent et s'établissent dans un pays qui n'est pas leur pays d'origine.

importations *(f)* les produits et services qui entrent dans un pays.

intrants *(m)* les facteurs de production d'un système manufacturier. Les intrants subissent divers traitements.

investissement *(m)* **étranger** un apport de capitaux de pays étrangers qui, avec l'accord du Canada, investissent dans les industries canadiennes.

langues *(f)* **officielles** les langues d'usage au gouvernement fédéral. Certains gouvernements provinciaux et plusieurs entreprises se servent des deux langues officielles dans leurs documents écrits. Cependant, le Nouveau-Brunswick est la seule province canadienne officiellement bilingue.

migration *(f)* le déplacement d'un lieu à un autre.

migration *(f)* **journalière** les déplacements quotidiens entre le lieu d'habitation et le lieu de travail ou d'étude.

mobilité *(f)* l'habileté à se déplacer.

moyens *(m)* **de transport** les moyens spécifiques que les gens utilisent pour se déplacer d'un endroit à un autre (ex.: la marche, la bicyclette, la voiture).

niveau *(m)* **de vie** la quantité de biens et de services qu'une population peut acquérir pour satisfaire ses besoins et ses désirs.

paysage *(m)* ce que nous voyons lorsque nous regardons autour de nous.

pays *(m)* **industrialisés** les pays qui utilisent une technologie hautement spécialisée dans tous les secteurs de l'économie.

peuple *(m)* **autochtone** un groupe culturel qui vivait dans une région bien avant l'arrivée des colonisateurs.

peuplement *(m)* **dispersé** une constante de peuplement où les maisons et les autres édifices sont très éloignés les uns des autres.

peuplement *(m)* **groupé** une constante de peuplement où les maisons et les autres édifices sont construits tout près les uns des autres.

peuplement *(m)* **linéaire** une constante de peuplement où les maisons et les autres édifices suivent le tracé des routes ou des cours d'eau.

pipe *(f)* **kimberlitique** un culot cylindrique fait d'une roche très rare appelée « kimberlite ». Ce culot ressemble à une cheminée et est formé par le refroidissement du magma; il peut contenir des diamants.

politique *(f)* **d'ouverture à l'immigration** l'immigration libre ou inconditionnelle.

position *(f)* l'emplacement d'une maison, d'un édifice ou d'une ville par rapport aux lieux avoisinants.

poussée *(f)* une force créée dans un moteur à réaction qui conduit ou pousse un véhicule vers l'avant.

produit *(m)* **national brut (PNB)** la somme de la valeur de tous les biens et services produits dans un pays au cours d'une année. Le produit national brut est souvent mesuré en dollars américains ($ US).

produits *(m)* les biens qui quittent le système manufacturier après leur traitement.

pyramide *(f)* **des âges** deux diagrammes à bandes disposés de part et d'autre d'un axe vertical. Un diagramme montre le nombre d'individus de sexe masculin et l'autre montre le nombre d'individus de sexe féminin d'un pays, par groupe d'âge.

rareté *(f)* les limites dans la quantité de ressources que nous avons. Certaines ressources sont rares (limitées), mais nos désirs sont grands (illimités).

recensement *(m)* le dénombrement détaillé des habitantes et des habitants d'un pays.

réfugiées *(f)* **et réfugiés** *(m)* des gens qui ont fui leur propre pays à cause de la guerre, d'une catastrophe naturelle ou de persécution quant à la race, la religion, la nationalité, le groupe social ou l'opinion politique.

révolution *(f)* **industrielle** un ensemble de changements dans la technologie, la vie sociale et la politique qui s'est produit à la fin du 19e siècle et au début du 20e siècle. À cette époque, le charbon était la source d'énergie des machines à vapeur et de plusieurs autres inventions mécaniques. L'Europe, et plus particulièrement la Grande-Bretagne, sont ainsi devenues les régions industrielles les plus importantes du monde.

secteur *(m)* **primaire** les industries qui extraient les matières premières ou les ressources naturelles (ex.: agriculture, forêts, pêche, mines).

secteur *(m)* **secondaire** les industries qui transforment les matières premières en produits finis.

secteurs *(m)* **tertiaire et quaternaire** les industries qui procurent des services (ex.: banques, vente au détail) ou qui produisent un service d'information (enseignement, informatique).

services *(m)* **publics** ce qui est utile pour nous. Les services publics des villes incluent le gaz, l'eau, l'électricité, le câble et les systèmes téléphoniques.

site *(m)* le terrain sur lequel on construit une maison, un édifice ou une ville.

société *(f)* **multiculturelle** un pays ou une partie d'un pays où une grande proportion de la population possède des traditions culturelles différentes. Dans ces sociétés, on encourage les gens à conserver leurs coutumes ou on leur permet de le faire.

tarif *(m)* **douanier** une taxe appliquée à une importation. En rendant les importations plus coûteuses, les tarifs douaniers protègent les industries et les emplois d'un pays.

taux *(m)* **d'alphabétisme** le pourcentage d'adultes (plus de 15 ans) qui savent lire et écrire.

taux *(m)* **de mortalité** le nombre total de décès par 1 000 personnes de la population d'un pays. La formule pour calculer le taux de mortalité est: total des décès ÷ population totale × 1 000.

taux *(m)* **de natalité** le nombre total de naissances par 1 000 personnes de la population d'un pays. La formule pour calculer le taux de natalité est:
total des naissances ÷ population totale × 1 000.

touriste *(f/m)* une personne qui visite un endroit autre que celui où elle vit. La visite dure plus d'une nuit mais moins d'une année.

urbanisation *(f)* la croissance des villes. Ce mot peut aussi vouloir dire « l'adoption d'un mode de vie urbain ».

Sources

Illustrations

P. 13 Extrait de carte, planche 26, "The Railway Age, 1834-1891", tiré du *Historical Atlas of Canada II* (University of Toronto Press, Toronto, 1993), reproduit avec la permission de l'éditeur; **p. 29** figure adaptée du *Canadian Oxford School Atlas*, 7e édition, de Quentin Stanford (Oxford University Press Canada, Toronto, 1998); **p. 44** figure 16 adaptée du site Internet http://www.who.int/whr/1998, reproduite avec la permission de l'Organisation mondiale de la santé; **p. 46** figure 7 adaptée du site Internet http://www.undp.org.popin/wdtrends/ura/uracht2.htm; **p. 50** figure 12 adaptée du site Internet http://www.undp.org/popin/wdtrends/urb/urbcht1.htm; **p. 54** carte de Winnipeg tirée du *Canadian Oxford School Atlas*, 7e édition, de Quentin Stanford (Oxford University Press Canada, Toronto, 1998); **p. 54** carte de Halifax tirée du *Canadian Oxford School Atlas*, 7e édition, de Quentin Stanford (Oxford University Press Canada, Toronto, 1998); **p. 55** plan de développement urbain, gracieuseté de la ville d'Edmonton; **p. 73** figure 2 adaptée de la planche 7 de l'annuaire démographique de 1997 des Nations Unies, reproduite avec la permission de l'ONU; **p. 82** figure 10 adaptée de *Population and Environment Dynamics* de Diana Cornelius et Jane Cover (Population Reference Bureau, Washington, DC, 1997), reproduite avec la permission de l'organisme; **p. 88** figure 4, © OCDE données présentées sur le site Internet de l'OCDE : http://www.oecd.org/dac/Indicators/htm/map4.htm; **p. 90** figure 5 tirée du site Internet http://www.fao.org/NEWS/FACTFILE/FF9609-e.htm; **p. 91** figure 6 adaptée du site Internet http://www.fao.org/NEWS/FACTFILE/FF9719-e.htm; **p. 92** figure 7 adaptée du site Internet http://www.who.int/ctd/html/malariageo.html, avec la permission de l'Organisation mondiale de la santé; **p. 94** figure 8 adaptée de "United Nations Children's Fund", *The State of the World's Children 1999*, UNICEF, New York, 1998, reproduite avec permission; **p. 111** figure 5 tirée du site Internet http://www.oecd.org/dac/Indicators/htm/map_a.htm © OECD, reproduite avec permission; **p. 111** figure 6 tirée de *World Population and the Environment* (Population Reference Bureau, Washington, DC, 1994), reproduite avec permission; **p. 112** figure 7 tirée de *World Population and Environment* (Population Reference Bureau, Washington, DC, 1994, et American Automobile Manufacturers Association, Detroit, MI, 1994); **p. 116** figure 2 adaptée de *A Historical Atlas of Canada* de D.G.G. Kerr (Nelson Canada, Scarborough, ON, 1961); **p. 122** figure 6 adaptée du *Canadian Oxford School Atlas*, 7e édition, de Quentin Stanford (Oxford University Press Canada, Toronto, 1998); **p. 135** figure 7 adaptée de *Global Links : Connecting Canada* de Robert Kolpin, © Oxford University Press Canada 1999, reproduite avec permission; **p. 173** figure 5, gracieuseté de BHP Diamonds Inc.; **p. 185** figure 2 tirée de *The Human World : A Changing Place*, 1re édition, de Robert Harshman et Christine Hannell, © 1985, reproduite avec la permission de Nelson Thomson Learning; **p. 186** cartes adaptées du *Canadian Oxford School Atlas*, 7e édition, de Quentin Stanford (Oxford University Press Canada, Toronto, 1998); **p. 195** figures adaptées de "Nenets : Surviving on the Siberian Tundra" de Fen Montaigne, dans *National Geographic*, mars 1998, reproduites avec permission; **p. 203** graphiques tirés du Rapport annuel 1998 de l'OCDE, p. 19 et 20, OCDE, 1998, reproduits avec permission; **p. 209** adaptation de "Making Tracks : Migration in the 1990's" de Doug Stern, dans "Human Migration", *National Geographic*, octobre 1998. Reproduit avec la permission de DOUG STERN/NGS Image Collection; **p. 216**, figure 8, et **p. 218**, figure 10, reproduites avec la permission du European Forum for Migration Studies, University of Bamberg; **p. 223** figure adaptée du journal *The Globe and Mail*, 20 juin 1992, reproduite avec permission; **p. 226** cartes tirées du site Internet http://www.city.toronto.on.ca/ourcity/profile2_maps.htm.; **p. 236** cartes adaptées du site Internet http://www.lbpia.toronto.on.ca/publication/Briefing%20Papers/market.htm.

Photos

P. 5 Richard Nowitz/VALAN; **p. 7, 9 et 10** Canada Map Company; **p. 7** © Sa Majesté la Reine du Chef du Canada, tirée de la Collection de la National Air Photo Library, avec la permission de Mines et Ressources Canada; **p. 16** V. Last/Geographical Visual Aids; **p. 21 et 23** Al Harvey; **p. 26** en haut, Kennon Cooke/VALAN; en bas, à gauche, John Fowler/VALAN; en bas, à droite, Al Harvey; **p. 32** à gauche, Tropix/D. Jenkins; à droite, Chisholm Film Productions/Ivy Images; **p. 33** V. Last/Geographical Visual Aids; **p. 34** Wayne Lankinen/VALAN; **p. 40** Dominic Gauthier; **p. 42** RADARSAT International; **p. 45 et 48** Stewart Dunlop; **p. 49** Roy Morsch/First Light; **p. 53** en haut, à gauche, Rudi Christi/Canada in Stock/Ivy Images; à droite, John Fowler/VALAN; en bas, Dick Hemingway; **p. 56** Norm Piluke/Ivy Images; **p. 59** RADARSAT International; **p. 60** Thomas Kitchin/First Light; **p. 63** à gauche, Brian Atkinson/Ivy Images; à droite, Larry MacDougall/First Light; **p. 67** Browne & Storey Architects; **p. 71** Al Harvey; **p. 75** H. Armstrong-Roberts; **p. 79** V. Last/Geographical Visual Aids; **p. 80** Stewart Dunlop; **p. 86** Mark Edwards/Still Pictures; **p. 94** Stewart Dunlop; **p. 96** Alan Marsh/First Light; **p. 99** Frances/Tropic; **p. 105** à gauche, V. Last/Geographical Visual Aids; au centre à droite, Ivy Images; **p. 107** Bettmann/CORBIS; **p. 124** Al Harvey: **p. 127** à gauche, Gilles Daigle/Ivy Images; à droite, Ron Watts/First Light; **p. 128** à gauche, J.A. Wilkinson/VALAN; à droite, Grant Black/First Light; **p. 129** à gauche, Dick Hemingway; **p. 132 et 133** gracieuseté de Dofasco; **p. 137** CP Photo; **p. 141** en haut, à gauche, V. Last/Geographical Visual Aids; en haut, à droite, Michel Faugère/ACDI; en bas, à gauche, Eastcott/Momatiuk/VALAN; à droite, Kennon Cooke/VALAN; **p. 150** à gauche, Richard Stewart/Photographiks; à droite, V. Last/Geographical Visual Aids; **p. 153** Dick Hemingway; **p. 164** Reuters/Pradepta/Archive Photos; **p. 167** gracieuseté de McNeil Consumer Products Company, Guelph; **p. 168** Greater Toronto Airport Authority; **p. 169** en haut, Greater Toronto Airport Authority; en bas, à gauche, Dick Hemingway; **p. 174 à 176** Gracieuseté de BH Diamonds, Yellowknife, NWT; **p. 190** Wolfgang Kaehler/CORBIS; **p. 192** M. Auckland/Tropix; **p. 195** Vincenzo Pietropaolo; **p. 196** à gauche, CP Photo; à droite, Collection Bob Brooks/Public Archives of Nova Scotia; **p. 201** NAC PA-124423/Archives Nationales du Canada; **p. 212** Jean-Marc Bouju/AP/Wide World Photos Inc.; **p. 213** Peter Turnley/CORBIS; **p. 219** Nick Didlick/Vancouver Sun; **p. 225** NA-984-2/Archives Glenbow, Calgary, Alberta; **p. 227** en haut, V. Last/Geographical Visual Aids; **p. 227** en bas, Kennon Cooke/VALAN; **p. 229** Dick Hemingway; **p. 230** CP Photo; **p. 234** Dominic Gauthier; **p. 235** en haut, Dick Hemingway; **p. 235** en bas, M&V Birley/Tropix; **p. 239** Dick Hemingway; **p. 243** Michel Poulin; **p. 252** à gauche, Labelle/Publiphoto; **p. 254** en haut, Bettmann/Corbis; en bas, Everett Collection; **p. 260** RADARSAT International.

Index

A

Accord de libre-échange, 155, 157-158, 160, 163-164
Accroissement de la population
  constantes des âges, 72-75, 83
  lien Internet, 82
  monde, 82
  mouvements, 76-79
  pyramide des âges, 72-75
  taux de mortalité, 76-79, 80-83
  taux de natalité, 71, 76-80
  tendances futures, 81
Aéroport international Pearson, 167-171
Agglomérations de recensement (AR), 21
Agriculture
  bassin de l'Amazone, 33
  colons européens, 114-117, 220, 227
  commerciale, 13, 30
  contrôle gouvernemental, 147
  de subsistance, 13, 30, 140, 142, 190, 211-212
  élévateurs de grain, 13
  environnement hostile pour l', 32-33, 193
  Holland Marsh, 227
  main-d'œuvre agricole migrante, 195
  peuples autochtones, 114
  pour résoudre les problèmes de malnutrition, 89
  Prairies, 13, 227, 249-250
  premiers peuplements, 4-5, 227
  rotation des cultures, 28
  sol, 5, 33, 227
ALENA (accord de libre-échange nord-américain), 155, 157-158, 160
Autoroute à péage, 238
Autoroutes à accès limité, 236

B

Baby-boom, 75
Biens
  définition, 104
  et services, 15-19, 59-62, 104-113, 118, 123
  production, 104-105, 126-129, 155
Biens d'équipement, 118, 127, 129
Bilharziose, 91, 93
Bilingue, 222

C

Capital, 121, 130
Centre des affaires (CDA), 56, 60, 70
Charte des droits et libertés de la personne, 84-85
Climat
  changements climatiques causant la migration, 193-196
  extrêmes, 32-34
  réchauffement de la planète, 195-197
Collatéral, 108
Commerce
  accords, 155, 157-162
  exportations, 155-157, 161-162, 163-165
  importations, 153-157, 158, 162, 163-164
  international du Canada, 155-156
  libre-échange, 155, 157-158, 163-164
  Union européenne, 158-160
Commerce des esclaves, 198
Commerce international, 153-165
Constantes de la population
  densité, 23-28, 35, 36
  Ontario, 25, 26-28
  recensement, 20-23
  répartition, 28-30, 32-33
Corrélation(s), 96-97, 123
Courbes de niveau, 6, 258-259
Culture
  définition, 182
  développement de la, 184-187
  diffusion, 182-192
  diversité, 189, 230
  en voie de disparition, 189-192, 229
  influence occidentale, 190, 191
  kitawan, 189-191
  nord-américaine, 182-184
  sentiment d'identité, 187-192
  société multiculturelle, 188-189
  traditions anciennes, 189-191

D

Densité de population, 23-28, 35, 36
Dérivé, 139
Diagramme de dispersion, 97-98, 124, 136, 263-264
Différences entre les populations
  alphabétisme et éducation, 93-96
  niveaux de vie, 84-87
  nutrition, 88-90
  revenu, 86
  risques pour la santé, 91-93
Discrimination, 216

E

Économie
  actions d'une entreprise, 107, 129
  ancien système, 140
  canadienne, 120, 134-135
  contrôle gouvernemental, 142-144, 145, 147-149
  définition, 104
  de la Pologne, 120-121
  de l'Ontario, 149-151
  de marché, 145-146
  de subsistance, 13, 30, 140, 142, 190, 211-212
  dirigée, 143-144, 146
  diversifiée, 149, 166
  échanges, 114-117
  franchises, 107, 108
  investissement étranger, 130-131
  liens avec l'économie mondiale, 165
  locale, 166-177
  marques de commerce, 178-179
  mixte, 147-151
  nationale, 142, 145, 147-149
  participation, 106
  ressources, 104-106, 111-112, 127
  systèmes, 104, 140-152
  traditionnelle, 141-142
Émigrantes et émigrants, 77
Emplois
  recensement, 61-62
  secteur primaire, 61, 117, 119, 120, 149, 174
  secteur secondaire, 61, 117, 119, 120, 126-127, 150
  secteurs tertiaire et quaternaire, 61, 118, 119, 120, 123, 170
  télétravail, 66, 248
Entente locale relative aux répercussions et aux avantages, 172, 174
Entrepreneuse ou entrepreneur
  compétences, 113, 129, 130-131, 138
  définition, 106
  immigrantes et immigrants, 222
  restaurants McDonald's, 107-109
Environnement
  consommation des ressources, 111-112
  protection gouvernementale de l', 148
  répercussions de l'industrie minière, 175
Espérance de vie, 81
Estuaire, 62

Index

Europe
  colons, 114-117, 220, 227
  immigrantes et immigrants, 5-8, 220-223
Exportations, 155-157, 161-162, 163-164, 165

G

G-7 (le groupe des Sept), 134, 136
Gouvernement
  communiste, 120, 143-144
  conservateur, 148
  contrôle de l'économie, 142-144, 145, 147-149
  local, 147
  politique d'immigration, 221-222
  socialiste, 148
Guerre civile, 211-212

H

Haut-Canada, 8

I

Images satellites, 41-42
Immigrantes et immigrants
  catégories, 222
  Chine, 221-222
  contribution au Canada, 227-228, 257
  définition, 77
  destinations, 225
  emploi, 228
  États-Unis, 221-223
  Europe, 5-8, 220-223
  familles entrepreneures, 222
  histoire d'une famille de l'Inde, 229-230
  Hollande, 227
  migration en Allemagne, 215-218
  nombres et origines, 221, 223, 224, 225
  Ukraine, 227
Immigration
  constantes, 215, 220-225
  destinations, 225
  nombres, 221, 223, 224, 225
  obstacles, 202-205
  politique, 221-222
  politique d'ouverture, 220, 221
Importations, 153-157, 158, 162, 163-164
Indice de fécondité, 79
Industrie(s)
  artisanale, 127
  de la pêche, 9-10, 114-115, 117, 155, 227
  effets sur la communauté locale, 167, 175, 177
  exploitation forestière, 115, 117, 124, 140, 149, 155
  exploitation minière, 115, 117, 140, 149, 172-176, 228
  facteurs de localisation, 121-125
  infrastructures, 166
  matières premières, 118, 121, 155, 163
  McNeil Consumer Products, 150, 166-167
  paiement de taxes, 126, 147-148, 167, 170
  primaire, 117, 119, 120, 121
  progrès technologiques, 117
  secondaire, 117-118, 119, 121-122
  tertiaire et quaternaire, 118, 119, 120, 123
Industrie artisanale, 127
Industrie de la pêche
  colons européens, 114-115, 227
  exportation, 155
  provinces atlantiques, 9-10, 141
Industriel(le)
  occupation des sols, 62-63
  paysage, 52
  révolution, 30
  secteurs 117-125
Industrie manufacturière
  acier Dofasco, 132-134
  effets du libre-échange, 158, 163-164
  emplois, 61-62, 117-120, 126
  facteurs de localisation, 121-125
  facteurs de production, 105, 127-129
  importance, 117-118, 120, 126-127
  intrants, 131, 168
  lois sur le contrôle de la pollution, 158
  mécanisée, 127
  produits, 131, 169
Industries dérivées, 172-173
Infrastructures, 166, 240

K

Kroc, Ray, 107-108

L

Langues officielles, 227

M

Main-d'œuvre, 154, 171
Malaria, 91-92
Malnutrition, 88-90
Marx, Karl, 143
Migrantes et migrants, 211-213
Migration
  à l'intérieur d'un pays, 210-213
  Allemagne, 215-218
  constantes, 208-219
  dans le monde, 208-210
  en chaîne, 201
  facteurs d'attraction, 213, 227
  facteurs de répulsion, 211
  forcée, 198-201
  humaine, 193-231
  de survie, 193-198
  libre, 201
  main-d'œuvre agricole, 195
  massive, 201
  obstacles, 202-205, 206
  raisons environnementales, 193-196
  réfugiées et réfugiés, 196, 214
  régions d'arrivée, 210, 215
  régions de départ, 210
  rurale/urbaine, 45, 48
  temporaire, 215
  volontaire, 201-202
Mine de diamants Ekati^{MD}, 172-176

N

Niveaux de vie
  dans les pays communistes, 143-144
  dans les pays en voie de développement, 88-99
  indicateurs, 84-87, 96-98
  lien avec le secteur secondaire, 118, 126
Notions de calcul, 94
Nutrition, 88-90

O

Occupation des sols
  centre des affaires, 56, 60
  commerciale, 59
  déplacements, 65
  industrielle, 62-63
  planification urbaine, 66-67
  récréative, 64
  résidentielle, 56
  services, 65-66
  types d', 52-65
  zones, 56-57, 66
Ontario
  densité de population, 25, 26-28
  économie, 149-151
  peuplement, 8
  répartition de la population, 28-30
OTAN (Organisation du traité de l'Atlantique Nord), 214

P

Paysage, 53-53
Paysages urbains, 52-53
Pays développés, 44-47
Pays en voie de développement, 44-47, 89-99
Pays industrialisés, 134, 139
Peuplement
  Colombie-Britannique, 12
  constantes, 4-19
  définition, 4
  dispersé, 12, 13
  division des terres, 5-6
  emplacement, 6
  groupé, 12, 13
  linéaire, 6
  Loi agraire de 1872, 12
  mennonites, 13, 15

Ontario, 8
Ouest canadien, 12
Prairies, 12-13, 227, 249-250
provinces atlantiques, 9-10
Québec, 5-6, 8
sites, 5, 6
système seigneurial, 5, 6, 8
Terre-Neuve, 9-10, 39
villes, 4
Peuples autochtones
culture en voie de disparition, 189-191
définition, 191-192
entente locale relative aux répercussions et aux avantages, 172-174
Kitawans, 189-191
Nenets, 195-196
utilisation des ressources, 114, 140
Pipes kimberlitiques, 172
Produit national brut (PNB)
du Canada, 135, 136
en fonction de la population, 136-137
États-Unis, 145
mesure du niveau de vie, 86-87, 109-111
par personne, 86-87, 109-111, 142
Programme spatial, 139
Projet BRAC, 95

R

Rareté, 105
Recensement, 20-23, 35-36
Régions métropolitaines de recensement (RMR)
croissance, 22-23
emploi, 61-62
Répartition de la population, 28-30, 32-33
Ressources
biens d'équipement, 118, 129
consommation, 111, 112
matières premières, 118, 121, 155, 163
naturelles, 114, 127, 128, 140, 149, 155
pour les biens et services, 104-105, 128, 155

S

Services
biens et, 15-19, 60-62, 104-113, 118, 123
définition, 15
exportations, 155
produits à forte, moyenne et faible consommation, 15
Smith, Adam, 145
Subsistance
agriculture, 13, 30, 140, 142, 211-212
économie, 140, 142, 190

T

Tarif douanier, 155, 158
Taux d'alphabétisme, 93-94
Taux de mortalité, 76-79, 80-83
Taux de mortalité infantile, 80-81
Taux de natalité, 76-80, 95-96, 97, 98
Taxe d'entrée, 221
Téléconférence, 66
Télécopieur, 247
Télétravail, 66, 248
Touristes, 243-244
Transports
autobus, 235
avions, 240, 243-244, 251-252
bateaux, 247, 249-250
bicyclettes, 235, 239, 240
canaux, 252
carrefour de déplacements, 243
constantes mondiales, 234-235, 240
en Chine, 239
histoire des, 246-252
ligne du temps, 248
migration journalière, 65, 235
mobilité, 247, 251
moyens de, 232-245
ponts, 252
programme spatial, 139
région de Toronto, 236-237
réseau d'autoroutes, 236-239
routes, 6, 8, 115, 246-247
tourisme, 243-245
trains, 235, 239, 240, 247, 249
voitures, 234, 252-253
voyage dans l'espace, 253

U

UNICEF, 81, 91
Union européenne, 158-160, 162

V

Vente au détail, 16, 106, 123
Vente en gros, 16, 106
Villes
bidonvilles, 45
carrefour de voies de communication, 40-43
constantes, 52-70
croissance des villes, 37-51
définition, 4
emplacement, 37, 40-43
Guelph, 150, 151, 166-167
Hamilton, 38
lieux de travail, 66
mégapoles, 48-51
Montréal, 40-41
occupation des sols, 52-70
planification urbaine, 66-67
régions métropolitaines, 21
services publics, 65
sites, 37-40
Toronto, 225, 235, 237
urbanisation, 44-47
Winnipeg, 42-43, 54-55
Virus asiatique, 163-164
Voies ferrées, 12, 13, 43, 115, 228, 247